赛迪研究院研究丛书 2023

国际经贸规则变局与重塑

梁一新 关 兵 韩 力 等 著

电子工业出版社·
Publishing House of Electronics Industry
北京·BEIJING

内 容 简 介

本书主要围绕三个问题来展开：一是国际经贸规则如何应对百年未有之大变局；二是从产业角度如何看待国际经贸规则重塑；三是应对国际经贸规则重塑的战略思考和系统策略是什么。

本书前三章回答第一个问题，对百年未有之大变局的趋势、国际经贸规则演变的诉求、国际经贸规则回应变局的路径以及国际经贸规则未来演变趋势和特征进行系统研究。

本书第四章至第九章回答第二个问题，分别就货物贸易规则、出口管制制度、国际投资规则、产业政策和产业补贴规则、供应链国际规则和数字经贸规则展开论述，这些都是对我国产业发展至关重要的议题，也是中国和美西方国家博弈的重点议题。

在阐述前两个问题的基础上，本书第十章回答第三个问题，提出对国际经贸规则重塑的系统性思考和应对。

本书可为政府部门、相关企业中从事相关政策制定、管理决策和咨询研究的人员提供参考，也可供高等院校相关专业师生及对国际经贸感兴趣的读者学习。

图书在版编目（CIP）数据

国际经贸规则变局与重塑 / 梁一新等著. —北京：电子工业出版社，2023.6
（赛迪研究院研究丛书. 2023）
ISBN 978-7-121-45801-9

Ⅰ. ①国… Ⅱ. ①梁… Ⅲ. ①进出口贸易商用规则—研究 Ⅳ. ①F746

中国国家版本馆 CIP 数据核字（2023）第 108310 号

责任编辑：许存权
印　　刷：北京虎彩文化传播有限公司
装　　订：北京虎彩文化传播有限公司
出版发行：电子工业出版社
　　　　　北京市海淀区万寿路 173 信箱　　邮编：100036
开　　本：720×1000　　1/16　　印张：14　　字数：269 千字
版　　次：2023 年 6 月第 1 版
印　　次：2024 年 4 月第 4 次印刷
定　　价：69.00 元

凡所购买电子工业出版社图书有缺损问题，请向购买书店调换。若书店售缺，请与本社发行部联系，联系及邮购电话：（010）88254888，88258888。

质量投诉请发邮件至 zlts@phei.com.cn，盗版侵权举报请发邮件至 dbqq@phei.com.cn。

本书咨询联系方式：（010）88254484，xucq@phei.com.cn。

国际经贸规则变局与重塑

课 题 组

课题顾问

金　碚　中国社会科学院学部委员、工业经济研究所原所长
肖　华　工业和信息化部规划司原司长
洪晓东　中国世界贸易组织研究会研究员、商务部世贸司原司长
杨国华　清华大学法学院教授、商务部条约法律司原副司长
崔　凡　对外经济贸易大学国际经贸学院教授、博士生导师
沈铭辉　中国社会科学院亚太与全球战略研究院研究员、副院长

课题负责人

梁一新　工业经济研究所副所长、副研究员

课题协调人

韩　力　工业经济研究所副研究员

课题组成员

梁一新　工业经济研究所副所长、副研究员
关　兵　工业经济研究所所长、副研究员
韩　力　工业经济研究所副研究员
王　昊　工业经济研究所副所长、副研究员
苍　岚　工业经济研究所副研究员
孟凡达　新型工业化研究所副研究员
张赛赛　工业经济研究所助理研究员
乔　晓　工业经济研究所助理研究员
贾子君　信息化与软件产业研究所副所长、副研究员
王宇霞　信息化与软件产业研究所副研究员
王　越　信息化与软件产业研究所助理研究员
李奕晨　信息化与软件产业研究所助理研究员
丁　悦　世界工业研究所副研究员
张学俊　世界工业研究所副研究员
李　鑫　世界工业研究所助理研究员

前言 | Preface

党的二十大报告强调，"推进高水平对外开放""稳步扩大规则、规制、管理、标准等制度型开放"。习近平总书记也指出，我国处于近代以来最好的发展时期，世界处于百年未有之大变局，两者同步交织、相互激荡。其具体表现在以下两个方面：一是全球经济和政治格局发生深刻调整变化，全球经济增长的重心由发达国家转向发展中国家与新兴经济体的态势更加明显。二是经济全球化向纵深发展，但全球化带来的收益不均问题更加突出。收益不均问题不再局限存在于发展中国家和发达国家之间，而是突出体现在发达国家的工人阶级和中产阶级身上，引发发达国家民粹主义以及贸易保护主义的兴盛。以美国特朗普政府发起中美贸易争端以及 WTO 争端解决机制瘫痪等为标志，经济全球化呈现加速退化态势。然而，作为全球化最大受益者的美国等部分发达国家并非不拥抱全球化，只是其将国内贫富差距加大的内部矛盾向中国等其他国家转移，将经济实力的相对下降归因为现行国际经贸规则体系更加有利于以中国为代表的发展中国家，进而希望对现行国际经贸规则体系进行调整重塑。

可以说，国际经贸规则正面临着 WTO 成立以来最深刻和最全面的一轮重塑和调整。第一，美国金融危机打破了世界原有的贸易和投资格局，以新兴经济体为代表的发展中国家竞争力全面提升，构成了对发达经济体的挑战。主要发达经济体希望构建新的标准或规则，并借助贸易投资谈判实现新一轮的经济复苏。例如，美国政府先后推出了所谓的"亚太再平衡战略""印太经济框架"，致力于重返亚洲；发展中国家也希望以更加建设性的态度参与全球经贸规则重构，国际经贸规则面临新的诉求。第二，全球价值链已经成为全球贸易和投资领域的主要关注点，传统的国际经贸规则需要适应新的趋势。在全球价值链重构趋势下，产品在被最终消费前需要多次跨越国境，进一步削减关税甚至实行

"零关税"成为货物贸易规则谈判的方向所在；服务深入到全球生产制造的每一个环节，服务贸易规则成为规则重构的重点；投资规则以及竞争中立、国有企业壁垒、知识产权等"边境后规则"取代关税和非关税壁垒成为国际规则的新内容。第三，WTO 多哈回合谈判陷入僵局，自由贸易协定成为国际经贸规则重构的重要载体。2001 年 11 月，WTO 多哈回合谈判启动，旨在构建更加开放的多边贸易体制。但多年以来，多哈回合谈判进展不顺。发达国家和跨国公司将贸易规则重构的平台从多边转到区域，通过自主设置谈判议题、定向选择谈判伙伴，缩短谈判周期，较快获得特定市场的市场准入。第四，在全球供应链重塑以及俄乌冲突背景下，美国正将 WTO 多边平台打造成价值观贸易"代言平台"，通过强力推行"以我划线"的价值观阵营，将 WTO 打造成维持其全球霸权的政治工具。

由此可见，在百年未有之大变局背景下，全球生产力分工和布局正在经历极为深刻甚至前所未有的调整，国际经贸规则的底层规律有被逐步颠覆的风险，并呈现出全新特征进而对我国产生一定影响。一方面，发达国家为进一步抢占主导权，在 WTO、G7 等多个平台，推出旨在限制发展中国家发展权利的众多新规则，压缩发展中国家的发展空间，并将人权、劳动、环境、供应链安全等纳入经贸规则体系中，对我国部分产业发展已经形成现实围堵。另一方面，以中国为代表的发展中国家的群体性崛起与西方国家的相对衰落形成鲜明对比。为留足产业发展空间，也迫使我国必须积极参与国际经贸规则重塑。此外，随着新一轮科技革命和产业革命的发展，数字经济等全新议题兴起，但 WTO 等平台缺乏相应约束规则，大国均在抢抓新兴领域规则的主导权，也迫切需要我们加强对国际经贸规则趋势的研究。在此背景下，大国博弈正由"经济之争"转向"规则之争"，参与和引领规则重塑成为顺利推进新型工业化的重要保障。

本书旨在解决三大问题：一是国际经贸规则如何回应百年未有之大变局？二是从产业角度如何看待国际经贸规则重塑？三是应对国际经贸规则重塑的战略思考和系统策略是什么？

为了回答第一个问题，需要对百年未有之大变局的趋势、国际经贸规则演变的诉求、国际经贸规则回应变局的路径以及国际经贸规则未来演变趋势和特征进行系统研究。本书前三章回答这个问题。

为了回答第二个问题，需要明晰在全球经济格局中我国产业的核心利益；现阶段对我国制造强国和网络强国建设产生最大影响的经贸规则。本书第四章到第九章将分别就货物贸易规则、出口管制制度、国际投资规则、产业政策和产业补贴规则、供应链国际规则和数字经贸规则展开论述，这些都是对我国产业发展至关重要的议题，也是中国和美西方国家博弈的重点议题。

在阐述上述两个问题的基础上，本书第十章将尝试性提出对国际经贸规则重塑的系统性思考和应对。

目录 | Contents

第一章 | Chapter 1

全球化不同阶段：理解国际经贸规则演变的经济基础

经贸规则是伴随着贸易、投资等经济行为出现而形成的。在一国国内，经贸规则体现为对国内贸易和投资行为的法律化规范与约束；在国际上，不同国家政府制定的国际经贸政策的外溢效应会对其他国家产生诸多影响，有必要加大政策协调以确保国际经贸活动在一定秩序下进行，国际经贸规则相应产生。国际经贸规则一般以双边、区域或多边协定的形式呈现，旨在使国家等国际经贸规则的参与者实现事前与事后决策的一致性。[1]作为一种上层建筑，国际经贸规则的经济基础就是不同发展阶段的全球生产力分工与布局。这也意味着，不同阶段的经济全球化对国际经贸规则的诉求不同，推动国际经贸规则重塑的主体也不尽相同。

"全球（Global）"一词已经出现 400 余年，但直到 20 世纪 80 年代末，"全球化（Globalization）"这一概念才引发学者深入探讨和研究。[2]时至今日，学者对其定义和起点也尚未达成一致，有学者更是主张"全球化，不论过去还是现在，都是指全球因素的增加，问题不在于全球性因素到底有多古老，而是在一定时期内，它到底是薄弱还是激烈"。[3]尽管"全球化"至少可以追溯至 15 世纪末 16 世纪初的地理大发现时期[4]，但由于以"奢侈品"为主的国际贸易规模偏小，对世界各国经济发展和普通大众的生活并未起到显著影响。牛津大学经济学家凯文·奥罗克和哈佛大学经济学家杰夫·威廉姆森在其著名论文《全球化何时开始》中将经济全球化的真正起源追溯至 1820 年左右。在其看来，经济全球化是国际商品市场的一体化整合[5]，这种整合可以通过小麦、纺织品等竞争商品的国际价格趋同速度来衡量，而只有到了 1820 年左右，英国等主要国家的国内价格设定才从国内供求关系决定拓展为更多由国际市场决定。[6]

---

① 参见 Kyle Bagwell, and Robert W. Staiger, "An Economic Theory of GATT," The American Economic Review, March 1999, Vol.89, Iss.1, p.215.

② 黄鹏. 世界经济再平衡下的国际经贸规则重构[M]. 上海：上海人民出版社，2020: 20.

③ 罗伯特·基欧汉，约瑟夫·奈，陈昌升. 全球化：来龙去脉[J]. 国外社会科学文摘，2000(10): 3.

④ 樊树志. "全球化"视野下的晚明[J]. 复旦学报：社会科学版，2003(1): 9.

⑤ Baldwin R. Trade and Industrialization after Globalization's Second Unbundling: How Building and Joining a Supply Chain Are Different and Why It Matters[J]. NBER Chapters, 2013.

⑥ O'ROURKE, K., & WILLIAMSON, J. (2002). When did globalization begin? European Review of Economic History, 6(1), 23-50.

瑞士日内瓦高级国际关系与发展学院理查德·鲍德温教授在其《大合流：信息技术和新全球化》①中将不同层次的全球化视作商品、信息和劳动力三种要素的流动约束被逐渐"解绑"的过程：第一次工业革命之后商品运输成本的下降引发的发达国家生产地和发展中国家消费地的分离是全球化的第一次大解绑。20 世纪 90 年代以后，随着信息通信技术的发展，不同国家之间技术和信息的转移变得非常容易，经济全球化进入了第二次大解绑阶段。未来，随着人工智能以及 5G 等远程视频通信发展，劳动力流动的放松将推动全球化进入第三次大解绑时期。基于前述文献，本文也将全球化对国际经贸规则影响的研究追溯至 1820年左右，并分为 19 世纪 20 年代至 20 世纪 90 年代的商品全球化阶段和 20 世纪90 年代至今的全球价值链阶段。

一、19 世纪 20 年代至 20 世纪 90 年代——商品全球化阶段，全球财富集中在以 G7 为代表的发达国家

（一）工业革命显著降低商品流动成本，商品首次实现生产地和消费地分离，大规模国际贸易得以产生

在工业革命之前，劳动力与土地完全捆绑在一起，商品运输、思想交流和人口流动的成本都非常昂贵，因而生产和消费在空间上被捆绑在一起；即便是存在"丝绸之路"之类的东西方交易通道，其交易量也非常小，主要以满足上层社会的香料等奢侈品为主，难以对国内商品价格和国际商品价格产生影响。工业革命之后，蒸汽机、铁路、集装箱、电力等相继出现，大大降低了交通成本，尤其是降低了商品的运输成本，使得商品的生产和消费在空间上有了分离的可能。与此同时，生产制造活动慢慢从村庄、家庭集中到城市中的工厂。生产和消费在空间的分离与大规模生产在工厂的集聚实现了矛盾统一。这是因为伴随国际贸易的开展，潜在客户不断增加，企业有机会和能力获得服务全球市

---

① 理查德·鲍德温. 大合流：信息技术和新全球化[M]. 李志远，刘晓捷，罗长远译. 上海：格致出版社，2020.

场的机会；为提高制造业生产效率，对生产过程的不同阶段进行分工协作是最佳方式和手段，方便更多生产阶段协调统一的工厂和城市成为最佳组织形式。如表 1-1 所示，自 1820 年开始，除两次世界大战期间外，其他时期的全球商品贸易增长率均持续高于全球 GDP 增长率[1]，世界进入商品全球化阶段，国际贸易的重要性不断提升。

表 1-1　1820—1999 年全球 GDP 和商品贸易增长率

年　份	1820—1870 年	1870—1913 年	1913—1950 年	1950—1973 年	1973—1990 年	1990—1999 年
GDP 增长率（%）	1.9	2.5	1.8	5.4	2.7	2
出口增长率（%）	4.5	3.9	0.5	9.8	4	6.5
出口增长率/GDP 增长率（%）	2.4	1.6	0.3	1.8	1.5	3.3

数据来源：WTO，转引自 Anderson(2001)。

（二）G7 国家的 GDP 迅速超越中印等国，并在二战后长期占到全球比重的 60% 以上

商品全球化阶段与 G7（Group of Seven，包括美国、日本、英国、加拿大、德国、法国和意大利）等西方发达国家的极速现代化密不可分。伴随商品运输成本下降，市场变成了全球性的，但工业生产则形成地区集聚，生产和消费实现大分离。[2]全球生产力的布局分布并不平均，工业规模化生产集中在以 G7 为代表的少数发达国家内部，并迅速形成产业集聚、产业创新再到产业发展的正向循环发展模式。与此同时，由于信息流动仍然受到很大制约，这些创新又集中在发达国家，难以向发展中国家扩散，导致工业现代化和技术进步主要集中在发达国家；而发展中国家由于缺乏工业基础，很难建立特定行业、产品的竞争优势并参与到国际贸易中来，G7 国家与全球其他国家的收入差距逐步被拉大。

从数据看，1820 年到 1990 年，A7 国家（Seven Ancient Countries，七大文明古国，包括中国、印度、伊拉克、伊朗、土耳其、意大利和埃及）和 G7 国家

---

[1] Anderson K. Globalization, WTO, and ASEAN[J]. ASEAN Economic Bulletin, 2001: 12-23.
[2] 理查德·鲍德温. 未来的全球化[J]. 董事会，2021: 105-109.

的 GDP 一直占据全球 80% 左右；但 1820 年时 A7 国家占比接近 60%、G7 国家占比 20% 左右；而到 1960 年 A7 国家占比下降至不到 20%、G7 国家则上升至接近 68%，并一直持续至 1990 年代。学者将这一巨变称之为"大分流时期"。[①]

（三）国际贸易的主要形式是发达国家对外出口工业品，国际经贸规则集中表现为进出边境的关税和非关税削减

到 1860 年时，英国已经成为全球工业化的领头羊。从自身利益出发，英国抛弃重商主义思想，取而代之实施自由贸易政策。1820 年英国的工业品关税仍然高达 50%，此后开始逐步降低工业品关税，并以"废除谷物法"为标志在 1846 年率先实现了自由贸易，到 1875 年时工业品关税已经削减为零。欧洲之外的其他主权国家，包括彼时的美国，则主要采取高关税立场，旨在保护本国制造业不受英国冲击。

19 世纪后半期开始的以电力和内燃气为代表的第二次工业革命给美国带来机遇，并使得美国工业实力超越英国。1913 年，美国工业生产已经占到世界产量的 1/3，对海外市场的需求日趋强烈。当时美国总统威尔逊执政后，一上任就开始着手降低关税，并期望通过一战后的巴黎会谈重塑有利于美国的国际经贸秩序。尤其是将自由贸易列入一战后"世界和平纲领"的"十四点原则"里。然而，一战后通过的《凡尔赛条约》并没有将维系世界贸易体系健康作为重心，这也为此后 20 世纪 20 年代和 30 年代的全球贸易保护主义埋下伏笔。一战和二战期间的全球贸易保护主义兴起的推动力量其实就是各国政治对全球化的抵制。美国经济学家查尔斯·金德尔伯格（Charles P. Kindleberger）在其论著《1929—1939 年世界经济萧条》将 20 世纪 30 年代世界经济大萧条的根本原因归结为国际公共产品的缺失。[②]第一次世界大战后，英国作为霸权国家的衰落，美国取代英国成为世界上实力最强的国家，但美国未能接替英国扮演的角色为全球提供国际

---

① O'ROURKE, K., & WILLIAMSON, J. (2002). When did globalisation begin? European Review of Economic History, 6(1), 23-50.

② 查尔斯 P 金德尔伯格. 1929—1933 年世界经济萧条[M]. 宋承先，洪文达译. 上海：上海译文出版社，1986.

公共产品，结果导致全球经济衰退和世界大战，也就是后来被熟知的"金德尔伯格陷阱"。这一时期压倒国际贸易体系的最后一根稻草就是来自美国的 1930 年《斯穆特霍利关税法案》，该法案将美国 20000 多种的进口商品关税提升到历史最高水平，美国的进口额从 1929 年的 44 亿美元骤降 67% 至 1933 年的 14.5 亿美元，出口额从 51.6 亿美元骤降 68% 至 16.5 亿美元，超过同期 GDP 降幅的 50%；[1]美国与欧洲等国家的进出口额也都骤降 50% 以上。此后，许多国家对美国采取了报复性关税措施，一直信奉自由贸易的英国也最终放弃自由贸易，开始实施英镑贬值并建立了帝国特惠制。

第二次世界大战后，商品在世界范围内的自由流动带来全球贸易规模的持续扩大，发端于第一次工业革命的"商品全球化"进入鼎盛发展时期。此时美国世界头号强国的地位更加巩固，而且美国对其因为《斯穆特霍利关税法案》掀起的全球贸易保护感到后悔，开始致力于构建一套以规则为主导的国际经贸秩序。[2]美国自身也从单边主义关税的设定者逐渐转变成自由贸易拥护者。[3]此时的美国不仅有能力成为全球霸主，而且有意愿为国际社会提供公共产品，英法等国意识到自由贸易对世界和平的重要作用，跟随美国主导，构建了以国际货币基金组织、世界银行、关贸总协定为基本框架的、基于自由贸易的全球经济治理体系，商品全球化自此进入鼎盛阶段。WTO 数据显示，1990 年全球总出口规模为 3.49 万亿美元，是二战后 1948 年 585 亿美元的近 59 倍，年度平均增速高达 10.7%。

此阶段的国际经贸规则最主要的议题就是货物贸易议题，发达国家通过多轮谈判，进一步降低最终产品关税，打开发达国家之间和发展中国家的消费市场。发展中国家由于工业基础薄弱，为了免受发达国家工业品冲击，一般选择

---

① 王国红.《斯姆特—霍利关税法案》对 1929 年经济危机的影响[J]. 北方经贸，2011(12): 1.

② 道格拉斯·欧文著. 贸易的冲突：美国贸易政策 200 年[M]. 北京：中信出版社，2019.

③ 实际上，美国并不是一步转为自由贸易支持者的，其在二战前已经逐步开始转向对等贸易. 1934 年美国国会通过《对等贸易协定法案》，此时美国国会试图扭转《斯穆特霍利关税法案》的不利影响，率先提出了对等贸易，并提出"最惠国"概念，即与贸易伙伴达成通过贸易协定形成的关税削减需要自动适用于所有其他贸易伙伴国.

保留较高水平的关税。1947 年关贸总协定成立后，为了削减关税和非关税壁垒，经历了多轮谈判，并最终在乌拉圭回合谈判中建立了世纪贸易组织（ WTO ），1995 年 WTO 正式成立，成为商品全球化阶段国际经贸规则的集大成者。从 GATT 到 WTO，世界从此拥有了一套范围更广、效力更大和更为完备的多边贸易规则，大大增加世界贸易的稳定性和可预见性，并为建立和巩固国际经济秩序奠定更为坚实的基础。

（四）以美国为主的发达国家遵循以绝对比较优势和相对比较优势为支撑的自由贸易理论

不同的全球化阶段不仅决定国际经贸规则走向，而且对国际经贸规则背后的价值观和发展理念也产生深远影响。在商品全球化阶段，为服务英美等主要工业国家在全球拓展市场，自由贸易理论逐步取代第一次工业革命之前的重商主义理论。其中 1776 年亚当·斯密在《国富论》中提出的绝对比较优势理论以及 1817 年大卫·李嘉图在《政治经济学及赋税原理》中提出的相对优势理论成为英美推行自由贸易的价值理念。

亚当·斯密的绝对比较优势理论基于两国各有的自然禀赋和竞争优势，解释了当两国在某一领域分别具有不同优势时，开展国际贸易和相互开放市场对双方都有利。但亚当·斯密没有回答一个问题：当 A 国同时在两个行业均有优势，B 国在两个行业均处于劣势，B 国是否应该采取贸易保护主义，不与 A 国进行贸易？大卫·李嘉图的比较优势理论解决了这一问题。尽管 B 国两个领域都比 A 国弱，但两个领域弱的程度肯定也不一样，相对强的领域就是 B 国的比较优势领域。B 国的比较优势不是与 A 国相比的比较优势，而是和自己相比较强的比较优势。根据李嘉图的理论，一个国家只需要专注于你最擅长生产的产品，进口不擅长生产的产品。在这一理论支撑下，在各方面都赶不上发达国家的发展中国家，其仍能够通过与发达国家的国际贸易来促进经济发展。尽管进口本国不擅长产品会打击本国该部门的生产，但与此同时出口本国擅长的部门能够获得更大出口机会，进而提高劳动生产效率。

在自由贸易理论的支撑下，所谓全球化的本质是：贸易成本下降产生更多贸易，更大规模的贸易提升了全球的生产效率，因为贸易促使各国专业化于最擅长的部门。[①]然而，尽管在商品全球化阶段所有国家都能从贸易中受益，但显然发达国家从全球化中的受益要显著高于发展中国家。

（五）受益不均问题集中体现在发达国家和发展中国家之间，发展中国家受益有限，没有动力参与关税削减

贸易规模的急剧扩大促进了工业的大规模生产，但此时的大规模生产仍然主要集中在发达国家内部，发展中国家主要充当原料供应地和最终产品的消费市场。[②]由于信息交流的束缚，知识创新只能局限在发达国家内部，这也使得政治、经济、文化和军事力量集中在以七国集团（G7）为代表的发达国家手中。发展中国家难以融入发达国家主导的全球化，只能充当廉价原料的出口者以及发达国家工业品的消费市场。在这种经济格局下，商品全球化阶段的受益不均问题集中体现在发达国家整体受益，发展中国家受益有限甚至可能受损的状态中。

为吸引更多发展中国家加入国际经贸秩序，关贸总协定和 WTO 赋予了发展中国家差别与优惠待遇，在最惠国待遇、服务贸易开放、市场准入以及知识产权保护等方面，发展中国家都不同程度地享受到差别优惠待遇。正是由于发展中国家差别与优惠待遇的存在，发展中国家可以在不对等进行关税削减或市场准入的情况下，享受到发达国家的关税削减。这一机制保证了国际经贸秩序按照美欧等少数国家主导的方向和路径演进。但同时也要看到，发达国家允许发展中国家不对等削减的深层次原因，还是因为在商品全球化阶段，发达国家是主要的工业品出口国，发展中国家几乎没有工业生产能力，发达国家对发展中国家采取低关税不但能够吸引发展中国家参与到其主导的国际经贸秩序中，同时也不会对其国内市场造成冲击和影响。

---

① 理查德·鲍德温著. 大合流：信息技术和新全球化[M]. 李志远，刘晓捷，罗长远译. 上海：格致出版社，2020.

② 黄鹏. 世界经济再平衡下的国际经贸规则重构[M]. 上海：上海人民出版社，2020.

但对于发展中国家来说，由于很难从商品全球化中获益，绝大多数发展中国家根本不参加关贸总协定的谈判。依靠发达国家赋予的"差别与优惠待遇"，发展中国家被放在了"不承担责任就不要反对"的位置上，即因为不需要在谈判中承诺关税削减，其对于发达国家的削减力度也无从评价。这也是二战以来国际经贸规则和秩序主要发达国家主导的背后动因，对这一历史问题的回顾，也有助于理解和反思当前美国采取的贸易保护主义。

二、20 世纪 90 年代以后——全球价值链阶段，新兴经济体崛起对世界格局产生深远影响

在商品全球化阶段，国际产业合作与转移主要集中表现为以美国为主导，以西欧诸国和日本等发达国家为承接方的发达国家内部产业转移，即国际产业转移和价值链分工合作主要局限在"北-北"之间。由于生产和创新都聚集在发达国家，发达国家经济总量和劳动生产率大幅度飞跃，工人的工资水平也比发展中国家的工资水平高。

但 20 世纪 90 年代以后，随着信息通信技术的发展，想法和知识可以通过光缆即刻传送到世界任何角落，复杂的生产过程也可以在很远距离之外得到协调，生产变得更加模块化，远程合作也变得更加容易。位于不同地点的生产基地可以交互共享与调整，使得发达国家的跨国公司有了劳动套利的可能，开始了以离岸外包和跨国海外投资为主要形式的向发展中国家的产业转移。与 90 年代之前的"北-北"产业转移相比，90 年代后的"北-南"产业转移将发展中国家纳入全球价值链体系中，并对国际格局产生了深远影响。

尽管全球价值链一词看似很常见，但学术界一致认可其作为共同的术语其分析框架最早也只能追溯至 2000 年前后。根据世界银行、世界贸易组织（WTO）、经济合作与发展组织（OECD）、日本亚洲经济研究所（IDE-JETRO）和中国对外经贸大学全球价值链研究院（UIBE）联合发布的《2017 年全球价值链发展报告——全球价值链对经济发展的影响：测度与分析》的文献综述，全球价值链

概念的演进历程主要包括：20 世纪 80 年代，以迈克尔·波特为代表的国际工商管理学者最先提出了"价值链"概念，其认为每个企业在设计、生产、销售、交付等互不相同但又相互关联等环节所形成的生产经营的集合体，构成了一个创造价值的动态过程，即价值链。[①]波特价值链的核心关注是企业如何通过将重点转移到业务活动配置来重整企业战略。此后很长时间，尽管没有统一使用全球价值链概念，但类似于"外包""离岸""全球生产网络"等用语也在表述类似概念。2000 年洛克菲勒基金会赞助的"全球价值链计划"（2000—2005 年）的讨论中集体勾勒出全球价值链概念，其研讨会成果《价值链的价值：传播全球化成果》于 2001 年出版，其中提到"尽管不同学者使用不同术语，但一致认可'全球价值链'一词作为共同术语和分析框架最具有包容性，系统反映了全球经济活动下不同活动环节的整个过程，反映了不同类型价值链和网络内容，从经济全球化下产业的组织层面（链条的全球组织）、空间层面（全球与地方）、产品和服务层面（链条各环节如何切分）等角度研究环节分工、产业转移等全球化下的经济现象"。[②][③]从这一定义也可以看出，全球价值链研究的主要目的是探讨价值分配机制与涉及跨境生产和消费的组织结构之间的相互关系。[④]

综合相关文献和数据，全球价值链时代的全球化呈现如下特征：

（一）全球价值链极大促进国际贸易发展，并在 1990—2008 年前后形成超级全球化周期

在全球价值链生产分工体系中，传统的"国家制造"转变为"全球制造"，跨国间的原材料及中间品贸易成为国际贸易的关键构成。当前世界贸易的三分之二都是由全球价值链推动的[⑤]，自 1990 年以来，在全球价值链相关贸易推动

---

① 杜大伟，王直，等. 全球价值链发展报告（2017）—全球价值链对经济发展的影响：测度与分析[M]. 北京：社会科学文献出版社，2018.

② Gereffi G, Kaplinsky R. The value of value chains: spreading the gains from globalisation[M]. Institute of Development Studies, 2001.

③ 黄鹏. 世界经济再平衡下的国际经贸规则重构[M]. 上海：上海人民出版社. 2020.

④ 同①.

⑤ 世界贸易组织，等. 全球价值链发展报告（2019）——技术革新、供应链贸易和全球化下的工人. 北京：对外经济贸易大学出版社，2020.

下，许多国家的交通和通信成本以及各种贸易壁垒显著下降，全球贸易和世界经济都迎来显著增长。1995 年 WTO 成立以后，全球化分工贸易体系进一步拓展，随着 2000 年以后跨国公司在全球的投资布局而进一步深化，并在 2007 年金融危机之前达到阶段性顶峰。

可以说，1990 年代至 2008 年金融危机前后是全球价值链扩张的全盛时期，学者将此阶段称之为"超级全球化时代"。在这时期，随着中国加入 WTO 以及越南等发展中国家开始走向开放，世界贸易增长尤其迅速，1991—2007 年，全球贸易额年增速是实际 GDP 年均增速的 2.7 倍。

（二）全球价值链在 2008 年金融危机后进入暂缓和调整阶段

根据全球价值链发展报告（2019），2017 年中美经贸争端之前，以全球价值链分工为代表的全球化就已经进入缓慢下行通道，但并未停止或逆转。与 1991—2007 年的 2.7 倍相比，2010—2017 年，全球贸易额增速只是 GDP 增速的 1.5 倍。出口总额的平均增速也从 2000—2010 年的 8.7%，下降为 2010—2019 年的 3.7%。

麦肯锡报告（2019）显示，2007—2017 年，尽管商品产量和贸易量的绝对值都在继续增长，但跨境贸易在全球商品产出中的占比却在下降，贸易强度（出口额在商品生产价值链中的总产出的占比）从 28.1% 下降至 22.5%，下降了 5.6 个百分点；其中，几乎所有行业的贸易强度都呈现下降趋势，尤其是计算机和电子、纺织服装、机械设备、电力设备、汽车等产业链最复杂、贸易属性最强的领域。[1]

（三）全球价值链为发展中国家提供了融入全球化的绝佳途径

1. 新兴经济体整体崛起

在全球价值链时代，跨国公司将部分环节外包或者直接在发展中国家设立

---

[1] Lund, Susan, et al. Globalization in transition: The future of trade and value chains. McKinsey Global Institute , 2019.

外资企业，其不仅是将工作岗位转移到发展中国家，而且必须得转移技术、管理等知识才能有效组织国际生产。发展中国家获益于离岸生产和相伴随的知识流动，得以一种前所未有的速度迅速工业化。在商品全球化时代，发展中国家需要具备完整产品的生产能力，才能进行经济生产活动，但短期内其组织技术研发、产品设计、产品生产、销售网络为一体的完整价值链条非常困难。[1]进入全球价值链时代，发展中国家可以通过嵌入跨国公司在全球价值链条中的一个或几个环节，快速融入全球化，从而成为工业制成品的出口大国。[2]可以说，全球价值链为发展中国家的出口多元化和产业升级做出重大贡献。[3]也正是因为此轮以全球价值链为主导的全球化浪潮，发展中国家经济实力快速提升，尤其是中国等新兴经济体快速崛起，使得世界经济格局深刻调整。

从整体看：高收入国家 GDP 占世界比重从 2000 年的 77.08%下降至 2021 年的 60.75%，下降了 16.34 个百分点，而中等收入国家（包括中高收入和中低收入国家）GDP 占世界比重从 2000 年的 22.42%增长至 2021 年的 38.69%，上升了 16.27 个百分点。2000—2021 年，高收入国家 GDP 年均增长率为 1.62%，明显低于世界平均增长水平 2.78%，而中等收入国家 GDP 年均增长率为 5.48%，远高于世界平均增长水平（见表 1-2）。

从国别看：按照 2015 年不变价美元计算，美国、欧盟、日本的 GDP 占世界比重分别从 2000 年的 29.01%、23.75%、8.41%，下降至 2021 年的 24.14%、17.38%、5.26%，分别下降了 4.87、6.37、3.15 个百分点。而中国、印度的 GDP 占世界比重分别从 2000 年的 5.84%、1.69%，增长至 2021 年的 18.76%、3.24%，分别上升了 12.91、1.56 个百分点。美国、欧盟、日本的 GDP 年均增长率分别为 1.88%、1.26%、0.51%，远低于中国的 8.65%、印度的 6.02%等新兴经济体的增长水平（见表 1-2）。

---

① 吕越，盛斌. 探究"中国制造"的全球价值链"低端锁定"之谜[J]. 清华金融评论，2018(10): 2.

② 邢于青. 中国出口之谜-解码"全球价值链"[M]. 上海：三联书店出版社，2022.

③ 杜大伟，王直，等. 全球价值链发展报告（2017）—全球价值链对经济发展的影响：测度与分析[M]. 北京：社会科学文献出版社，2018.

表1-2 世界经济格局的变化

经济体	年均增长率/%	GDP 绝对值/亿美元		占比/%		占比变动/±
		2021 年	2000 年	2021 年	2000 年	
低收入国家	3.42	4785.30	2363.05	0.57	0.50	0.07
高收入国家	1.62	511809.18	365454.40	60.75	77.08	-16.34
中等收入国家	5.48	325942.16	106286.97	38.69	22.42	16.27
美国	1.88	203385.78	137543.00	24.14	29.01	-4.87
欧洲联盟	1.26	146399.09	112598.90	17.38	23.75	-6.37
日本	0.51	44338.48	39867.56	5.26	8.41	-3.15
中国	8.65	158019.11	27701.08	18.76	5.84	12.91
印度	6.02	27330.62	8005.34	3.24	1.69	1.56
巴西	2.08	18299.02	11864.19	2.17	2.50	-0.33
俄罗斯	3.13	14908.86	7804.32	1.77	1.65	0.12
南非	2.23	3521.36	2216.92	0.42	0.47	-0.05
世界	2.78	842536.64	474104.43	100	100	100

注：国内生产总值绝对值是 2015 年不变价美元。

数据来源：世界银行，赛迪研究院整理，2022,12。

2．中国快速崛起，并成为全球第二经济大国

在此期间，中国经济更是迅速崛起，在全球地位快速提升。

中国已成为世界第二大经济体，与美国差距逐年缩小。2010 年中国 GDP 达到了 59266 亿美元，首次超过日本，成为仅次于美国的世界第二大经济体，且中国 GDP 的全球占比与美国 GDP 的占比在逐年缩小，从 2010 年 20.1%增长至 2021 年 77.7%。根据世界银行 2015 年不变价美元计算，中国 GDP 占全球比重从 2000 年的 5.84%迅速提高到 2005 年的 8.0%，又到 2010 年的 11.9%，再到 2021 年的 18.76%；2010 年中国成为世界制造业第一大国，特别是内地企业入选《财富》全球 500 强的企业数从 2000 年的 10 家增加到 2021 年的 145 家。[①]

从规模看，中国已发展成为货真价实的贸易大国。出口额从 2002 年 3256.0 亿美元增长至 2021 年 30262.3 亿美元，出口额增长了近 9.3 倍；占全球出口比

---

① 包含中国内地、中国香港和中国台湾地区.

重从 2002 年 5.1%增长至 2021 年 14.1%。同时，中国贸易额在全球贸易额占比从 2002 年的 4.8%增长至 2021 年的 12.6%（见图 1-1）。2000 年之前，世界上 80%的国家与美国的贸易量超过它们与中国的贸易量；而到 2018 年，只有 30%的国家与美国的贸易量仍然高于它们与中国的贸易量，中国则在与世界 190 个国家中的 128 个国家的贸易量上超过了它们与美国的贸易量。[①]

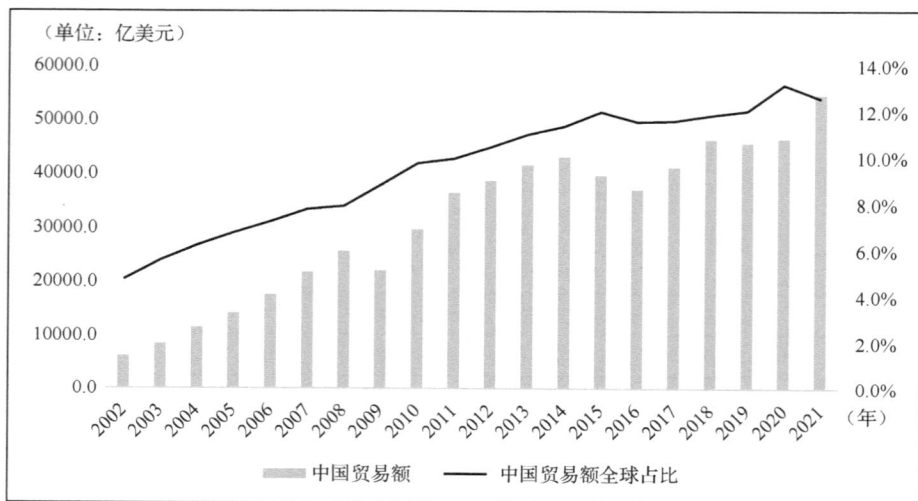

图 1-1　2002—2021 年中国贸易额及全球占比情况

（数据来源：TradeMap，赛迪智库整理，2022.06）

中国已经成为世界经济增长的稳定器和动力源。2000—2021 年，中国占世界 GDP 的比重持续增加，而美国占世界 GDP 的比重在持续下降。数据显示，自 2006 年以来，中国对世界经济增长的贡献率已经连续 16 年稳居世界第一位，成为世界经济增长的第一引擎。

（四）跨国公司成为经济全球化的主要受益群体，其与母国政府政策目标之间形成博弈

在全球价值链时代，跨国公司作为跨境生产组织者可以根据不同国家或地区的比较优势，选择全球供应链上的某个或某几个环节在不同国家进行专业化

---

① 高柏. 走出萨缪尔森陷阱——打造后全球化时代的开放经济[J]. 文化纵横，2020(6): 14.

生产和配置。在国际贸易中，随着产品制造环节被切割得越来越细，参与分工的国家数量不断扩大，全球中间品贸易的重要性和比重不断扩大。在国际投资中，跨国公司通过在海外设立生产/加工基地的方式，使得发展中国家成为其全球供应链的一环，可以说跨国投资是全球生产力网络发展的主要动力，对不同国家之间贸易增加值的分配有着决定性影响。

在跨国公司的推动下，全球价值链时代的竞争优势不再体现为国家与国家之间的比较优势和产业竞争，而是跨国公司重组不同国家比较优势的资源和能力的竞争。据联合国贸发会议的研究报告，跨国公司主导的全球价值链贸易占到了全球贸易的80%左右。①因此，20世纪90年代以来，以发达国家跨国公司主导、发展中国家和转型新兴经济体积极参与的全球价值链分工体系成为经济全球化背景下的典型特征。②全球化的利益分配对象从商品全球化时代的发达国家经济体转变成具有竞争优势的国际性生产网络。

在这一进程中，发达经济体的制造业逐渐外包，产业呈现空心化趋势；发达国家内部由高技能劳动力和高科技组成的"国家队"优势被打散，跨国公司与母国政府之间分歧加大，内部不同阶层之间的分层也持续扩大。跨国公司和母国政府对全球价值链下生产力布局的态度不再完全一致，发达国家政府开始通过国内产业政策调整和推动国际经贸投资规则演变对全球生产力布局进行再平衡和再布局。

（五）全球化受益不均问题不仅表现在发达国家和发展中国家之间，而且集中表现在一个国家内部不同阶层之间

1. 发达国家和发展中国家仍然存在受益不均问题

从整体看，发展中国家在创新和整合生产能力不足的情况下，通过参与到全球价值链的一个或多个环节融入全球经贸体系，大大提升了综合国力。然而，全球价值链中的高价值环节通常仍然是由发达国家完成，尤其是设计、研发等

---

① 盛斌，吕越. 从价值链视角探求全球经贸治理改革. 中国社会科学报，2020(08).

② 同上.

生产性服务环节；而且发达经济体通常是这些产品的最终消费市场，靠近终端市场的营销、物流和售后服务等高附加值的知识密集型环节也通常由发达经济体掌控。发展中国家虽然嵌入价值链分工体系，但想要从低价值环节向高价值环节攀升并非易事，且很容易陷入"低端锁定"。

全球价值链开辟了发展中国家快速工业化的新途径，但并没有解决最基础的发展问题，发达国家和发展中国家在商品全球化阶段的受益不均问题并未在全球价值链时代彻底转变。

此外，由于统计问题，发展中国家在全球化中的获益也被明显夸大，发达国家则被明显低估。由于生产不再限于一国内部，而是多个国家协作实现，因此全球价值链的兴起也挑战了使用传统贸易总量来衡量贸易受益者的测算方法。[1]特别是，跨国公司作为全球价值链的推动者和主动者，其公司的品牌、专利、无形知识通常没有体现在贸易数据中，也没有体现在全球价值链中。以苹果公司为例，作为全球最大的无工厂制造商，通过自身知识产权组织全球价值链，专利、商标版权、品牌、设计和数据库等是其核心资产。但出于避税以及知识产权保护等因素考虑，苹果公司并不会直接向处于中国等国家的制造公司转让知识产权，而是以非常低的价格向其子公司收取许可费用，导致体现在全球价值链中美国的许可费明显偏低。结果是，苹果等无工厂制造商积极参与全球价值链，但数据没有体现到服务贸易中，大大低估了美国等发达国家的出口额，扭曲了发达国家与中国等发展中国家的贸易差额。根据《全球价值链发展报告 2021：超越生产》的统计，如果将苹果公司在中国的利润算作美国对中国的出口，则中美贸易顺差将下降 32%，可见这种扭曲对发达国家和发展中国家全球化受益的影响。

2．发达国家整体受益最大化，但内部受益不均问题突出

在深度参与全球价值链的发展中国家中，几乎所有阶层都能从贸易扩张和更快的增长中获益。但对于发达国家而言，扩张的国际贸易和投资的好处高度

---

① 盛斌，吕越. 从价值链视角探求全球经贸治理改革. 中国社会科学报，2020(08).

集中在金融资本、跨国公司和拥有知识产权的高技能人才手中。这三个群体在商品全球化阶段就已经处于收入分配的高端，而全球价值链下的全球化进一步增加了其在收入分配中的份额。但对于中低技能劳动者而言，由于要与发展中国家的低成本劳动力竞争，其不仅面临制造业"空心化"带来的工作岗位流失威胁，而且面临自动化和智能化的替代危机。因此，全球价值链背景下，跨国公司将发达国家的先进知识/技术和发展中国家的低工资劳动力结合到一起，跨国公司和金融科技资本是最大受益者，中高技能劳动者的工资水平也在不断上涨，但是中低技能劳动者则正好相反，成为全球化的受损者。

对此，发达国家政府本应顺势而为，采取更加积极的社会政策，包括为工人提供培训和再培训，更强大的最低收入保障体系，以及向受自由贸易或技术变革影响的社区提供支持等。但当前，发达国家的贸易保护主义有所抬头，为转移国内矛盾，部分发达国家政府选择将保护主义的矛头指向中国等从全球价值链中获益的发展中国家。

3. 不同发展中国家之间也存在受益不均问题，以中国为代表的少数几个新兴工业国家获益最大，而绝大多数发展中国家尚未实现工业化

理查德·鲍德温教授在其《大合流：信息技术和新全球化》通过研究全球价值链背景下发达国家和发展中国家全球制造业份额的变化后发现：尽管以 G7 为代表的发达国家的制造业全球份额自 1970 年代就开始下滑，但自 1990 年开始加速下跌，从 1990 年的占全球三分之二下降至 2010 年的一半以上；与此同时，发达国家全球制造业份额的下降并没有覆盖到绝大多数的发展中国家，而是集中在中国、韩国、印度、印度尼西亚、泰国和波兰六个新型工业化国家。[①]鲍德温教授将其称之为 I6。到本文撰写时，受益的新型工业化国家又增加了越南。我们对包括越南在内的 I7 国家的制造业出口占总出口的比重、工业产值占世界工业总产值比重、出口国内增加值占世界制造业出口总额的比重等指标进行分析后也得出相似结论：G7 国家制造业份额的快速下降基本被 I7 国家

---

① 理查德·鲍德温. 大合流：信息技术和新全球化[M]. 李志远，刘晓捷，罗长远译. 上海：格致出版社，2020.

制造业份额的快速上升而全部取代，中国更是占据了其中的龙头地位，在 1990 年之前，中国的制造业基本毫无竞争力，但 2010 年已经超越美国成为全球第一制造业大国。

第一，制造业出口份额的变化。

从整体来看，自 1990 年开始，G7 总体制造业出口占世界总出口的比重便出现快速下滑，并一直延续至今，与此同时，I7 总体制造业份额则呈现相反态势，不仅一路上扬，还在 2020 年超过了 G7。具体来看，G7 总体制造业出口份额从 1990 年的 61.51%减少到 2021 年的 30.82%，下降了 30.69 个百分点。其中，2013 年前下降幅度较为明显，2013 年 G7 总体制造业出口份额为 36.12%，与 1990 年相比，下降了 25.38 个百分点，年均降幅为 2.29%；2013 年后降幅放缓出现小幅上下波动，至 2021 年共下降 5.3 个百分点，年均降幅为 1.96%。I7 总体制造业出口份额从 1990 年的 6.25%增加到 2021 年的 32.61%，上升了 26.36 个百分点，几乎承接了约 86%的 G7 总体制造业出口份额，且 I7 总体制造业出口份额于 2021 年首次超过 G7 总体制造业出口份额（见图 1-2）。

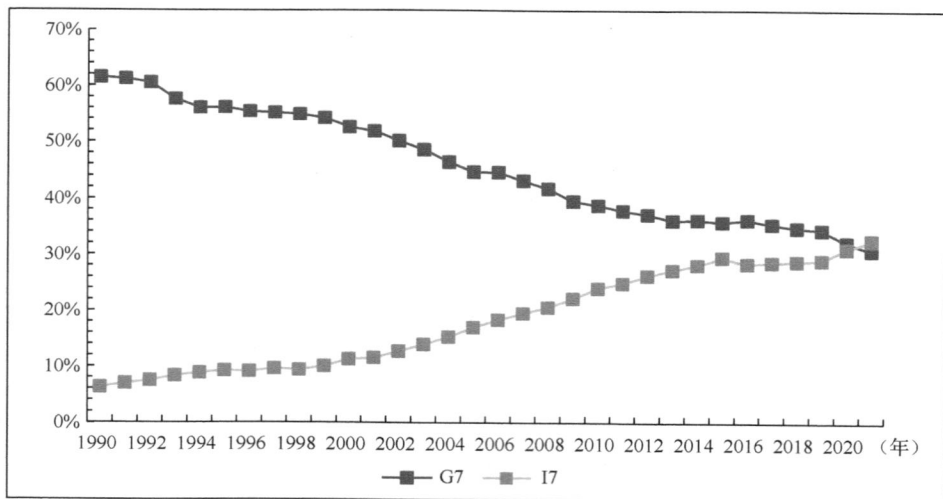

图 1-2　G7、I7 制造业出口占世界总出口的比重（1990—2021 年）

（数据来源：世界银行，赛迪研究院整理，2022.12）

G7 中的日本、德国和美国是 G7 制造业出口份额最高的三个国家，同时也是比重下降幅度较大的国家。日本的制造业出口份额在 1993 年达到峰值 12.96% 后，开始呈现大幅下降趋势，最终降至 2021 年的 4.36%，累计下降 7.15 个百分点。其中，2013 年以前份额下降较为明显，2013 年份额为 5.28%，相比 1993 年累计下降 7.68 个百分点，年均降幅 4.39%。德国的制造业份额从 1990 年的 15.71% 降至 2021 年的 9.43%，累计下降 6.28 个百分点。美国的制造业份额从 1990 年的 12.15% 降至 2021 年的 7.26%，累计下降 4.89 个百分点。其中，2000 年至 2011 年，从 13.78%（峰值）降至 8.41%，下降 5.37 个百分点，之后出现小幅上下波动且下滑趋势减弱。其余 G7 国家份额也存在不同程度的减少，英国、法国、意大利和加拿大的制造业出口份额分别累计下降 4.13 个、3.74 个、2.88 个和 1.63 个百分点（见图 1-3）。

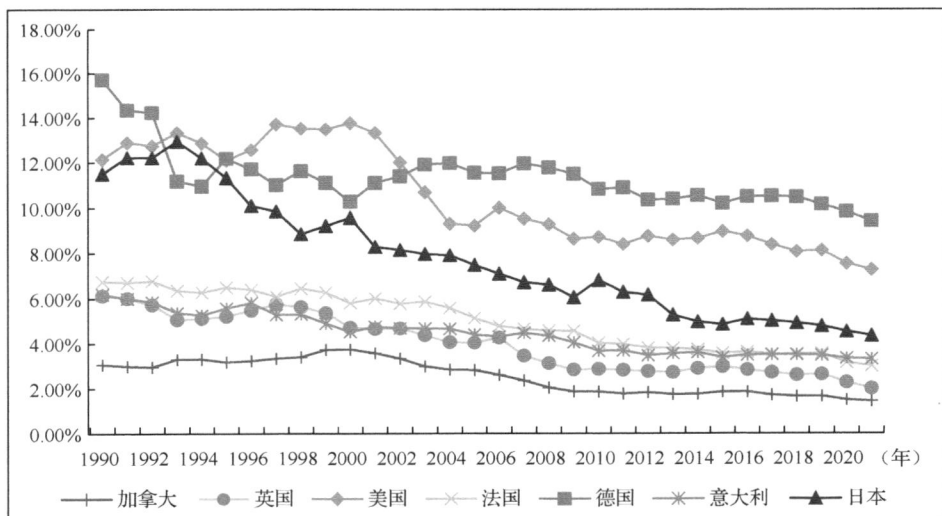

图 1-3　G7 各国制造业出口占世界总出口的比重（1990—2021 年）

（数据来源：世界银行，赛迪研究院整理，2022.12）

在 I7 国家中，中国在世界制造业出口的份额提升最明显，从 1990 年的 1.85% 大幅增加至 2021 年的 21.16%，累计增加 19.3 个百分点，增加了 11.44 倍。此外，越南的制造业出口份额从 1997 年的 0.1% 增至 2021 年的 1.98%，累计增加 1.98 个百分点。波兰从 1997 年的 0.35% 增至 2021 年的 1.82%，累计增加 1.47 个百分点。韩国从 1997 年的 2.53%增至 3.81%，累计增加 1.28 个百分点。印度从 1997 年的 0.52%增至 1.81%，累计增加 1.28 个百分点。

第二，工业产值的份额变化。

从工业产值指标来看，G7 总体工业产值占世界总产值的比重从 1997 年的 51.92%持续下降到 2020 年的 34.15%；相反，I7 总体工业产值占世界总产值的比重则从 1997 年的 12.39%持续上升到 2020 年的 33.92%，已基本与 G7 的份额持平（见图 1-4）。

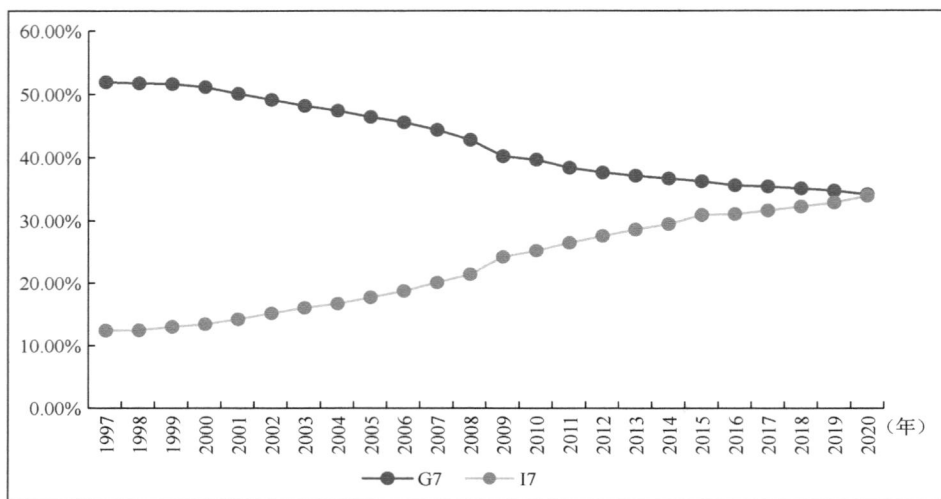

图 1-4　G7、I7 工业产值占世界总产值的比重（1997—2020 年）

（数据来源：世界银行，赛迪研究院整理，2022.12）

美国和日本是 G7 中工业产值占世界比重最高的国家，同时也是下降幅度较大的国家。具体而言，美国在 1997 年至 2020 年期间，工业产值占比累计下降 5.13 个百分点。尽管在 1999 年以前份额呈现小幅上升，达到峰值 22.77%，但此后开始出现明显的下降趋势，截至 2020 年占比降为 16.84%，相比 1999 年，累计下降 5.93 个百分点。日本的工业产值份额从 1997 年的 10.59%降至 2020 年的 5.78%，累计下降 4.82 个百分点。此外，德国工业产值占比从 1997 年的 6.26%降至 2020 年的 4.08%，累计下降 2.17 个百分点；意大利工业产值占比从 1997 年的 3.66%降至 2020 年的 1.68%，累计下降 1.99 个百分点；英国工业产值占比从 1997 年的 4.05%降至 2020 年的 2.27%，累计下降 1.78 个百分点。其余 G7 国家占比的变化则较小（见图 1-5）。

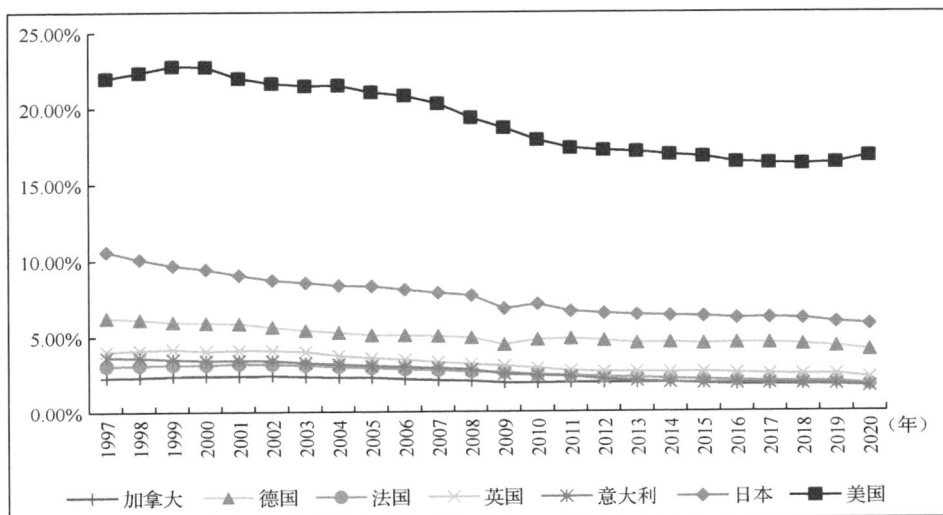

图 1-5　G7 各国工业产值占世界总产值的比重（1997—2020 年）

（数据来源：世界银行，赛迪研究院整理，2022.12）

在 I7 中，中国在世界工业产值的份额提升最明显，从 1997 年的 6.74%增加至 2020 年的 26.00%，累计增加 19.26 个百分点，增加 3.9 倍。此外，印度的工业产值份额从 1997 年的 1.51%增至 2020 年的 2.97%，累计增加 1.46 个百分点；韩国从 1995 年的 1.86%增至 2020 年的 2.48%，累计增加 0.61 个百分点。

第三，制造业出口国内增加值份额的变化。

从贸易增加值的角度来衡量，在 1995 年世界总出口增加值中 58%是来自 G7 的国内增加值，到 2018 年这一比例下降到 36%。相反，I7 国内增加值占世界出口的比重则从 1995 年的 9%快速提升至 2018 年的 31%。贸易增加值剔除了价值链贸易中往返多次的重复统计，因此可以非常精确、直观地反映各国在世界出口中纯粹由自己国家创造的价值（见图 1-6）。

作为 G7 国内出口增加值占比最高的三个国家——美国、日本和德国，美国的出口增加值占比从 1995 年的 14.06%降至 2018 年的 9.88%，累计下降 4.18 个百分点；日本从 1995 年的 12.28%降至 2018 年的 6.03%，累计下降 6.26 个百分

点；德国从 1995 年的 11.68%降至 2018 年的 9.22%，累计下降 2.46 个百分
点。其余 G7 国家中，下降幅度最明显的是英国（从 1995 年的 7.97%降至 2018 年的
5.26%，累计下降 2.71 个百分点），其次为：法国（从 1995 年的 5.93%降至 2018
年的 3.28%，累计下降 2.65 个百分点）、意大利（从 1995 年的 5.47%降至 2018
年的 3.58%，累计下降 1.89 个百分点）和加拿大（从 1995 年的 3.51%降至 2018
年的 1.9%，累计下降 1.6 个百分点）。

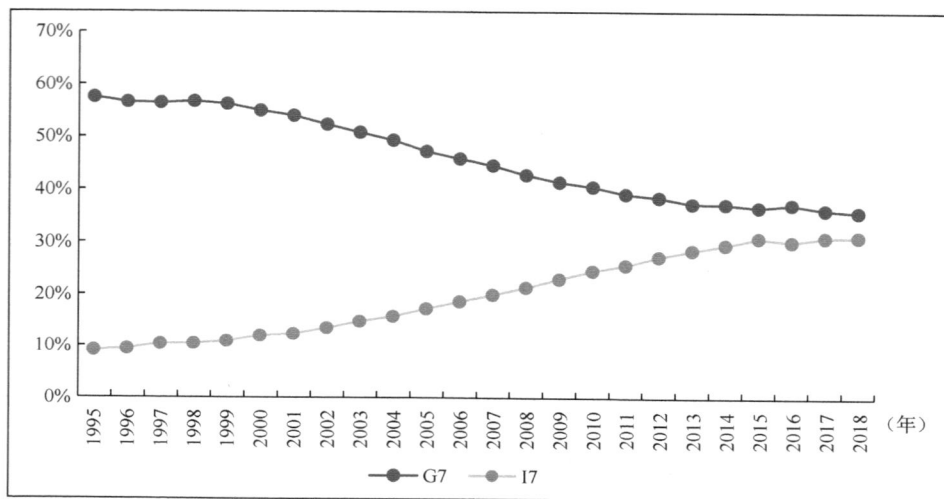

图 1-6　G7、I7 制造业出口国内增加值占世界制造业总增加值的比重（1995—2018 年）

（数据来源：世界银行，赛迪研究院整理，2022.12）

I7 国家内，中国制造业出口增加值的份额提升最明显，从 1995 年的 2.53%
升至 2018 年的 19.16%，累计增加了 16.63 个百分点，其次为：印度（从 1995
年的 0.83%升至 2018 年的 2.49%，累计增加 1.66 个百分点）、韩国（从 1995
年的 2.95%升至 2018 年的 4.61%，累计增加 1.66 个百分点）和越南（从 1995
年的 0.09%升至 2018 年的 0.92%，累计增加 0.83 个百分点）；其余 I7 国家占
比的变化则较小。

从以上三个维度可以看出，全球价值链时代的全球化确实在发达国家和发展中
国家之间以及不同发展中国家之间产生了新的分配不均的问题。以 G7 为代表的发
达国家的制造业全球占比的下降几乎被 I7 等少数几个新兴工业化国家所替代。

（六）发展中国家对自由贸易更加积极，发达国家开始强调公平贸易

全球价值链的革命性影响，不仅体现在经济格局的革命性变化，而且体现为国家经贸政策的革命性转变。在商品全球化阶段，由于发展中国家工业基础能力薄弱，为阻挡发达国家低价制成品进口对本国产业的冲击，绝大多数发展中国家都坚持高关税的贸易保护主义。但自从 20 世纪 90 年代开始，全球很多发展中国家突然逐步抛弃在商品全球化时代坚持的贸易保护主义[①]，进而采取大规模的贸易自由化措施，放松贸易、投资、资本流动、服务和知识产权方面的限制。

货物贸易领域。如果某个发展中国家期望加入跨国公司的国际生产网络，通常首先需要进口中间品，然后将对这些中间品进行加工组装之后出口制成品。此时，高额的中间品进口关税会增加该国的进口成本，进而削弱其竞争力。因此，在全球价值链时代，发展中国家意识到只有通过削减贸易壁垒扩大对外开放力度，才能在跨国公司离岸外包目的地中脱颖而出。

投资领域。在商品全球化阶段，发展中国家对外国投资一直保持"既爱又恨"的态度。一方面，外国投资者通过投资可以向发展中国家转移技术以提高本国劳动生产率，还可以通过外国资本的进入提升国家资本账户并缓解本国融资难题。另一方面，发展中国家又担心跨国公司会控制和干预本国经济，给本国带来风险。因此，发展中国家在制定和接受国际投资规则时都比较谨慎，甚至很多政策会"仇视"外国直接投资，比如墨西哥曾经出台大量外资政策以限制美国投资者并购本国企业。[②]但到了全球价值链时代，发展中国家的态度也发生了很大转变，集中体现在双边投资协定（BITs）的签订情况上。开始的双边投资协定是发达国家在本国跨国公司推动下签订的，主要为了要求发展中国家加大对外国投资者的保护并减少对外国投资者的限制，尤其会允许外国投资者将

---

① 理查德·鲍德温. 大合流：信息技术和新全球化[M]. 李志远，刘晓捷，罗长远译. 上海：格致出版社，2020.11：94-95.

② 理查德·鲍德温. 大合流：信息技术和新全球化[M]. 李志远，刘晓捷，罗长远译. 上海：格致出版社，2020.11：96.

东道国政府上诉至国际仲裁机构而非东道国法院，实际上是对发展中国家主权实施一定程度的限制。因此，在商品全球化时代，很少有发展中国家会为了吸引外国投资而主动增加对本国主权的限制。但到了全球价值链时代，发展中国家开始主动通过签订双边投资协定吸引外国跨国公司的投资。根据国际投资争端解决中心（ICSID）的双边投资协定数据，1985年全球仅有86个国家签署了双边投资协定，但到了2000年这一数字翻了一倍，其中绝大多数是发展中国家。

发展中国家对贸易规则的接受逐渐从边境措施向包含边境内措施的深度贸易协定转变，贸易成本是发展中经济体融入全球价值链的最重要阻碍。在全球价值链时代，产品需要多次进出边境，面临关税、通关便利度、行政办事效率等诸多因素影响。通过加强基础设施建设、简政放权以及对中间品实施零关税等措施来改善营商环境是全面降低贸易成本、融入全球价值链的有效措施，也是发展中国家愿意通过政策改变主动为之的地方。发展中经济体最开始的做法是设立出口加工区，但这一做法将参与全球价值链的企业范围局限在出口加工区范围内的少部分企业。中国作为融入全球价值链的典范，从开始的4个经济特区的贸易便利化措施迅速扩展至全国30多个城市，通过主动改革降低贸易成本并提升营商环境。在此基础上，一个超越简单关税削减的深度贸易协定无疑有助于发展中经济体快速融入全球价值链。于是很多发达国家和发展中国家开始将精力放在签署大型区域贸易协定。WTO官方数据显示，区域贸易协定的数量从1990年的约50项增加至2022年的约350项。RCEP（区域全面经济伙伴关系协定）和CPTPP（全面与进步跨太平洋伙伴关系协定）就是其中的典型，这些全面且高水平的自贸协定议题内容不仅涵盖货物贸易等传统议题，而且广泛延展到服务贸易、投资保护以及知识产权保护、政府采购、竞争政策等国内监管措施。高水平协定在实现加强区域内产品和要素自由流动目标的同时，有效对接了全球价值链的新需求，对想要更好融入全球价值链的发展中国家来说极为重要。比如，越南为提升其在全球价值链的位置，不仅加入了CPTPP、RCEP，而且还与欧盟签订了高标准自贸协定，为越南近年来的飞速发展奠定了制度基础。

现行国际经贸规则体系对全球化不同阶段的回应

不同的全球化进程对应不同的国际经贸规则。二战以后的全球化经历了商品全球化阶段的鼎盛期到全球价值链兴起、深化及暂缓调整期，相应的国际经贸规则也体现出不同的阶段性特征。现行国际经贸规则体系形成于二战后，是在美国取代英国成为世界霸主后，由美国主导建立起来的符合欧美发达国家利益的国际经贸规则框架。二战后，随着资本、资源、生产要素、商品和服务在全球范围内流动日益加速，各国经济的相互依赖性不断增强，全球经济日益形成一个有机联系的整体。经济全球化尤其是生产要素、贸易、投资与资本自由化的迫切需求，推动和建立了以 GATT/WTO（关贸总协定/世界贸易组织）、世界银行（WB）、国际货币基金组织（IMF）等为代表的一系列国际制度和国际组织，为国际经贸规则的制度化实施提供保障，并奠定了现行全球经贸规则的基本框架。

一、现行国际经贸规则体系的演变历程

根据规则演变动因、规则内容、规则主体和规则制度化水平等方面的差异，国际经贸规则体系的演变可划分为五个主要阶段，如图 2-1 所示。第一阶段自1947 年 GATT 成立至 1994 年乌拉圭回合谈判结束，伴随商品全球化鼎盛期与WTO 多边规则建立；第二阶段自 1995 年 WTO 成立至 2001 年多哈回合谈判启动，伴随全球价值链兴起与 WTO 成立的相互促进；第三阶段自 2001 年多哈回合谈判启动至 2008 年金融危机爆发前夕，伴随全球价值链扩张与 WTO 谈判停滞；第四阶段自 2008 年全球金融危机爆发至 2017 年中美经贸争端之前，伴随全球价值链暂缓与区域贸易规则盛行；第五阶段就是 2017 年以后的阶段。

（一）第一阶段自1947年GATT成立至1994年乌拉圭回合谈判结束

从规则演变动因看，商品全球化进入鼎盛时期成为国际经贸规则逐步形成的经济基础。二战后，商品在世界范围内的自由流动带来全球贸易规模的持续扩大，发端于第一次工业革命的"商品全球化"进入鼎盛发展时期。WTO 数据

显示，1990 年全球总出口规模为 3.49 万亿美元，是二战后 1948 年 585 亿美元的近 59 倍，年度平均增速高达 10.7%（见图 2-2）。贸易规模的急剧扩大促进了工业的大规模生产，但此时的大规模生产仍然主要集中在发达国家内部，发展中国家主要充当原料供应地和最终产品的消费市场。[①]此阶段的国际经贸规则最主要的议题就是货物贸易议题，发达国家通过多轮谈判，进一步降低最终产品关税，打开发达国家相互之间以及发展中国家的消费市场。

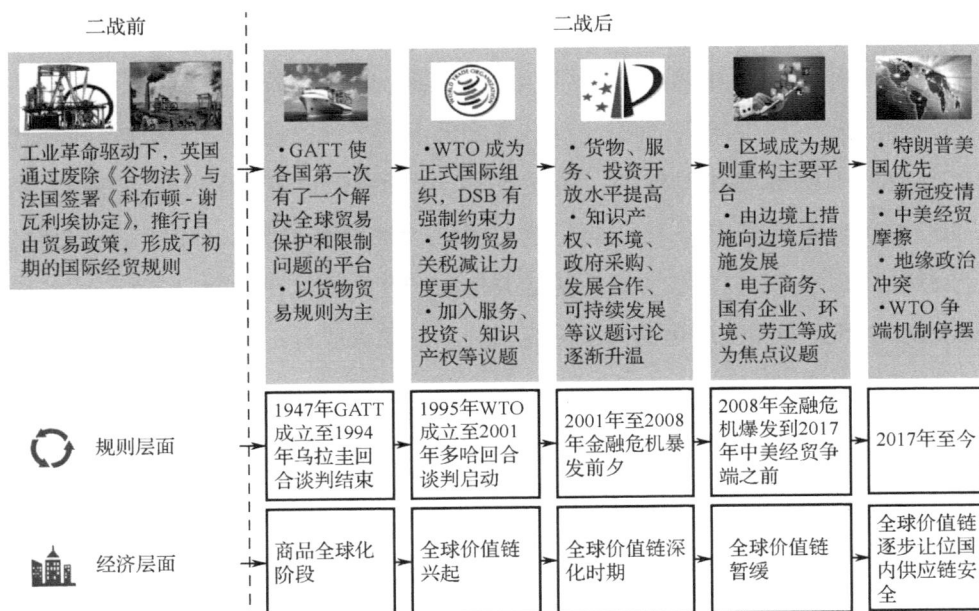

图 2-1　现行国际经贸规则体系的演变历程

（资料来源：赛迪研究院整理制作）

从规则制定主体看，美国为主的发达国家在国际经贸规则制定中起到主导作用。尤其美国，将其对经贸规则的塑造与其内政外交政策结合到一起。二战后，苏联成为美国头号敌人，为服务国家安全的外交政策，美国通过主动开放国内市场的方式，引领欧洲国家扩大出口，并借助对欧洲的经济援助缔结了关贸总协定 GATT 等自由贸易协定，成为国际经贸规则制定的引领者和主导者。以关税削减为例，在 GATT 成立的 1947 年开始，12 个发达国家就已经开始了大

---

① 黄鹏. 世界经济再平衡下的国际经贸规则重构[M]. 上海：上海人民出版社，2020.

幅削减关税，日内瓦第一回合谈判的关税被削减 26%；1963 年的肯尼迪回合谈判，30 个发达国家又开启了长达 5 至 10 年的关税削减进程，关税被削减 37%；在 1973 年的东京回合谈判期间，33 个发达国家不仅将关税削减 33%，而且解决了很多重要的非关税贸易壁垒，比如补贴和政府采购等。前述三轮回合谈判，发展中国家基于"差别与优惠待遇"在谈判中"搭便车"，基本没有削减关税。质变发生在商品全球化末期和全球价值链初期的乌拉圭回合谈判期间，从 1986 年到 1994 年，125 个成员方（发达国家 37 个，发展中国家 88 个）均参与了关税削减。此阶段发展中国家"差别与优惠待遇"原则仍然适用，但更多发展中国家不再选择"搭便车"，而是主动加入降低本国关税的进程中。最主要的原因是来自发展中国家的主动转变，即发展中国家期望通过主动削减贸易壁垒，吸引更多发达国家的跨国公司到本国进行离岸生产和跨国投资。1994 年乌拉圭回合谈判结束后，WTO 取代关贸总协定并作为一套完整的多边规则体系被固定下来，WTO 既是商品全球化时代国际经贸规则的集大成者，也为全球价值链时代走向兴盛铺垫道路。

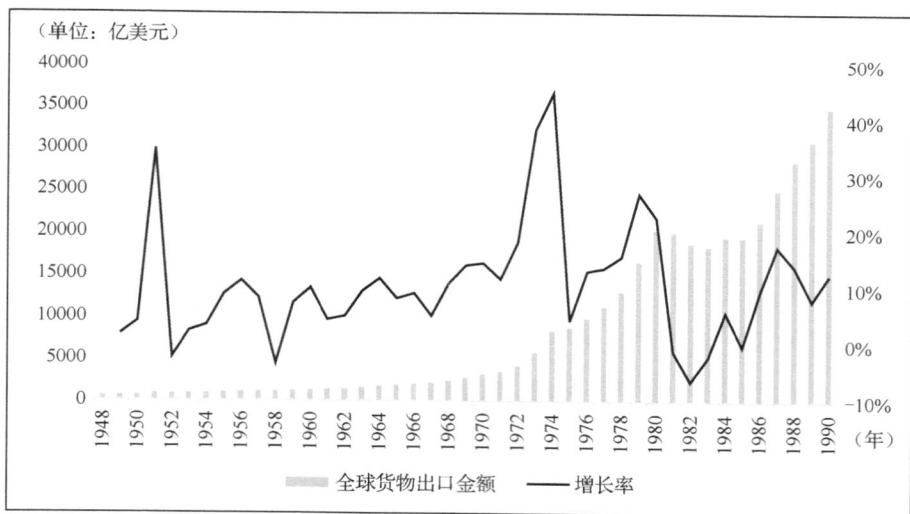

图 2-2　1948—1990 年全球货物出口额及其增长率情况

（资料来源：wind，赛迪研究院整理，2022.11）

从规则形成机制看，关贸总协定（GATT）的产生使各国第一次有了一个解决全球贸易保护和限制问题的平台，奠定了战后经贸规则体系的基础。

从规则内容看，这一阶段的国际经贸规则绝大多数以货物贸易规则为主，主要是为了实质性降低国家间贸易的关税和非关税壁垒。比如在 1947—1962 年 GATT 谈判前五个回合中，货物贸易关税减让始终占据主要内容；自 1964 年肯尼迪回合多边贸易谈判开始，出口补贴、反倾销措施等非关税壁垒问题被纳入规则协商议程，并在 1973—1979 年的东京回合谈判中取得了一定进展。

从规则制度化水平看，GATT 所规定的国际经贸规则事实上是一种协商约束型规则，国际经贸规则并未在更广泛的范围内得到认可与接受。

（二）第二阶段自 1995 年 WTO 成立至 2001 年多哈回合谈判启动

从规则演变动因看，全球价值链逐步兴起深刻影响着国际经贸规则的演变和重塑。20 世纪 90 年代前后，随着信息通信技术的革命性进步，以美国为首的发达国家的跨国公司通过"离岸外包"形式推动全球价值链体系兴起。与"商品全球化"阶段的全球生产模式相比，全球价值链是一种新的商业运作形式，是由多个国家参与开发、制造，最终向国际市场上的终端用户提供制成品的一种生产和贸易方式。[1]全球价值链下的全球化生产，产品的生产地逐渐转变成拥有资源、劳动力以及部分市场优势的发展中国家，而发达国家成为技术、研发、高端生产装备和消费市场的提供方。大多数制成品沿着价值链生产和交易，由产品设计到交付给最终消费者的一系列任务组成，包括研究和开发、产品设计、零部件制造、产品组装、市场推广、批发和零售等，便于不同国家的企业相互协调高效地完成这一系列任务。对于货物贸易规则而言，全球价值链的兴起不仅要求削减最终产品关税，而且越来越要求削减中间品的关税；同时随着跨国投资的兴起，对服务贸易规则、投资规则、知识产权保护等议题也产生了全新诉求。

---

[1] 邢予青. 中国出口之谜−解码"全球价值链"[M]. 上海：三联书店出版社，2022: 61-61.

从规则形成机制看，WTO 作为正式的国际组织诞生，进而成为国际经贸规则演进和发展的最主要平台。WTO 成立后伴随着贸易壁垒的下降，进一步促进了全球价值链的发展。

从规则内容看，WTO 规则除了更大力度地削减货物贸易的关税与非关税壁垒，还纳入了与贸易有关的服务贸易、知识产权和投资措施等议题。

从规则制定主体看，尽管发展中国家的作用较之以往有了更大的表现，但因其发展上的内在分歧难以解决，尚难以具备主导国际经贸规则体系的能力。

从规则制度化水平看，WTO 不仅建立了专门的、有强制约束力的争端解决机构（DSB），而且对透明度、监督条款等议题也进行了强制性约束，使国际经贸规则体系从最初的协商约束型演变为强制约束型。

（三）第三阶段自 2001 年多哈回合谈判启动至 2008 年金融危机爆发前夕

从规则演变动因看，全球价值链扩张进入全盛期对规则水平提出更高要求。1995 年 WTO 成立以后，全球价值链分工贸易体系进一步拓展；随着 2000 年以后跨国公司在全球的投资布局而进一步深化并在 2007 年金融危机之前达到顶峰。1991—2007 年，全球贸易额年增速是实际 GDP 年均增速的 2.7 倍。WTO 建立的最惠国待遇、国民待遇、给予发展中国家特殊和差别待遇等原则，大幅度降低货物贸易关税、减少非关税壁垒、促进贸易投资，加速调整全球生产网络和贸易治理格局，推进全球生产价值链的升级并对规则提出更高诉求。一方面，随着国际分工的逐渐深入，新兴经济体逐渐纳入全球制造业分工中，货物在制造过程中需要多次跨越国境，导致极低关税的累加效应也非常明显，客观要求实质性零关税。另一方面，随着制造业服务化趋势加强以及生产和服务的全球化提供，服务贸易、投资等规则的地位凸显，迫切需要在多边和区域层次形成新的规则。

从规则形成机制看，引领国际经贸规则制定的层次开始从多边层次转向区域层次。20 世纪 90 年代初，向 GATT 通报并生效的 FTA 仅有 14 个；到 2001

年，这一数字已提高至 65 个；而到 2008 年，全球已生效的 FTA 已达 146 个。在这一阶段，亚洲（如中国-东盟自贸协定、南亚自由贸易协定）、非洲（如南部非洲发展共同体）、美洲（如中美洲自由贸易协定）等各地区国家纷纷在地区内签订贸易协定，协商共同遵守的贸易规则与规范。这主要是因为，发达国家和发展中国家之间在农产品和非农产品市场准入等方面分歧巨大，WTO 多哈回合谈判陷入僵局，各国开始寻求其他的订立规则约束的可行渠道。

从规则内容看，随着国际货物、服务、投资开放水平的提高，国际经贸规则开始涉及国内政策议题，如除了非农产品市场准入、服务业、贸易便利化等多个议题，知识产权、环境保护、政府采购、发展合作、可持续发展等议题的讨论也逐步升温。

从规则制定主体看，2000 年开始发展中国家就占据了 WTO 中的大多数席位。力量的提升使其逐渐能够与发达国家形成抗衡拉锯之势，这也使得多边层面的经贸规则谈判推进艰难。在这个阶段，中国加入了 WTO，逐渐成为全球经济的最大贡献者和最大受益者之一。

（四）第四阶段自 2008 年全球金融危机爆发至 2017 年中美经贸争端之前

从规则演变动因看，全球价值链在 2007 达到顶峰后逐步进入到暂缓和调整阶段。全球化在金融危机之前达到顶峰，在 2018 年中美经贸争端之前，以全球价值链分工为代表的全球化就已经暂缓扩展态势，进入缓慢下行通道。

从形成机制看，以 TPP、TTIP 和 RCEP 为代表的区域性、超大型自贸协定成为重塑国际经贸规则体系的主要推动力。2013 年 12 月，尽管 WTO 多哈回合谈判取得历史性突破并达成"巴厘一揽子协定"的早期收获，但谈判最终结束遥遥无期，多边经贸规则协商谈判未能取得实质性进展。与 WTO 多哈回合谈判进展缓慢形成对比，区域贸易协定大量涌现，并不断发展成为新的竞争性格局，各自贸协定主导国开始在区域层面争夺国际规则的制定权。

从规则内容看，国际经贸规则更多地从边境上措施向边境后措施拓展，投资、电子商务、竞争政策、国有企业、环境保护、劳工条款等涉及更高的国家市场开放度和标准水平的新兴议题成为各国争夺规则制定权的重点博弈领域。

从规则水平看，自贸协定的协商合作领域在深度和广度上均有较大拓展，合作内容更趋多元。[1]CPTPP、TTIP（跨大西洋贸易与投资伙伴协议）和 CETA（加拿大–欧盟综合性经济贸易协定）等高水平自由贸易协定，不仅要求实质性零关税，还要切实解决对全球价值链构成影响的边境内规则，如竞争政策、知识产权、劳工标准、环境标准、政府采购等新议题，力求占据"下一代""高标准"贸易规则的竞争高地。[2]

从规则主体看，发展中国家参与国际规则制定的能力逐步提升。金融危机之后，发达国家的传统经济优势正逐渐被发展中国家和新兴经济体赶超，前者力图继续通过控制国际经贸规则制定权以维护自身利益，而后者则试图使新的国际经贸规则体现自身的诉求与需要，两者之间的规则博弈客观上推动着国际经贸规则体系的演变。

（五）第五阶段（2017 年至今）

2017 年至今，国际经贸规则重塑进入全新阶段。与第四阶段一样，当前全球价值链仍然处于暂缓甚至下降态势。在市场因素的持续性影响下，同时受到大国博弈、新冠疫情、俄乌冲突等一系列非市场因素的交织影响，国际经贸规则面临一系列新的诉求，这也是本书的研究重点。

二、现行国际经贸规则体系的规律特征

从国际经贸规则演变的阶段看，前四个阶段尽管存在一定差异，但总体上还是体现出一定的规律和共性。

---

[1] 金中夏. 全球化向何处去——重建中的世界贸易投资规则与格局[M]. 北京：中国金融出版社，2010：12-13.

[2] 孙忆. 国际制度压力与中国自贸区战略[J]. 国际政治科学，2016(3): 37.

（一）从价值观看，自由贸易是二战后国际经贸规则的主流价值观

自由贸易主张国家开放，通过开展国际贸易促进经济发展，自工业革命以来的全球化进程基本都是竞争优势较强的国家推动自由贸易在全球拓展。从第一次工业革命之后的英国，到二战后的美国，都以自由贸易作为推动和塑造国际经贸规则的背后价值观。不论是 GATT/WTO 还是在 WTO 框架下的以 CPTPP 和 RCEP 为代表的自由贸易协定，整体还是以自由贸易为基本价值观从而进一步削减阻碍全球化的边境和边境内壁垒。

（二）从层次上看，国际经贸规则形成以 WTO 多边规则为基础，区域贸易协定规则为补充的体系框架

自二战以来，特别是 1995 年 WTO 成立以后，以多边贸易体制为核心的国际经贸规则体系得以确立。尽管由于 WTO 多边回合谈判踟蹰不前，各国纷纷转向区域经济合作，但各国仍然基本遵守了多边贸易的基本规则与准则。这意味着，在前四个发展阶段中，以多边层次为主导、区域层次为补充的国际经贸规则体系本质仍未发生改变。

（三）从内容上看，当前国际经贸规则体系仍以货物、服务、投资等边境措施为主，但对环保、劳工、竞争政策、电子商务等边境后议题加快推进

当前在业已达成共识的 WTO 多边经贸规则中，边境措施仍占据主体，各国都按照自身签订的不同贸易协定有步骤、有计划地削减关税和非关税壁垒。这主要是因为在全球价值链兴起阶段，大幅度削减关税和非关税等边境壁垒是跨国公司扩大国际市场并享受东道国国民待遇的主要方式，也是国际经贸规则谈判的主要议题。例如欧盟国家之间关税已经基本为零，我国与 RCEP 成员的零关税覆盖了 90%以上税目产品等。从全球范围来看，传统的货物贸易自由化处于相对较高的水平。

与之相对，对环境保护、劳工政策、竞争政策、政府采购、电子商务等"21

世纪新议题"的规则正在逐步推进，但只在区域或双边层次有一定的突破和进展，总体上仍未形成全球大范围广泛确认的状态。随着全球价值链的深化和扩展，国际经贸规则的主要议题开始从边境措施协调深入到各国境内的管理措施，国际经贸规则体系的规制范围已超越传统的货物贸易自由化，向服务便利化、投资自由化发生转变，竞争政策等议题逐步纳入高水平国际经贸规则中。

（四）从主体上看，发达国家仍然主导规则制定，但发展中国家的话语权逐步增强

美国一直是推动国际经贸规则形成和演变的最主要推动力量，大国特别是发达国家主导规则制定是一种常态。但为了吸引更多发展中国家开放市场，发展中国家的特殊与差别待遇逐渐被以制度化的方式固定下来，确保发展中国家也能享受到全球治理所带来的各种红利。例如，在 GATT/WTO 的历史实践过程中，甚至包括 2016 年 G20 杭州峰会提出的新的全球经贸规则理念，发展都是极为重要的议题，发展中国家在规则制定与全球治理中的重要性越发提升。整体看，尽管发展中国家国际地位与日俱增，但在国际经贸规则制定方面仍然受制于发达国家的主导。

在前四个阶段，发达国家的政府利益与跨国公司的利益基本保持一致。倾向自由贸易的发达国家政府对本土跨国公司的海外投资和外国跨国公司在本国的投资保持鼓励和开放态度；跨国公司为了自身利益最大化，也积极游说本国政府开展国际经贸规则谈判，通过签订多边、双边和区域自贸协定的方式争取到更加自由、便利和宽松的国际发展环境，成为国际经贸规则演变的背后力量。

未来国际经贸规则重塑呈现的新趋势

前两章对国际经贸规则的经济基础、演变历程和规律特征的剖析，为我们理解当前及未来一段时间国际经贸规则奠定基础。2017 年开始，国际经贸规则重塑进入全新阶段，既有全球价值链深化和调整的市场力作用，又有新冠疫情和俄乌冲突等突发事件的影响，更有以美国为主的发达国家经贸政策转向的影响。在市场和非市场等多重因素叠加影响下，全球化正在经历极为深刻甚至前所未有的调整，一些底层规律和规则逐步颠覆，由此带来的国际经贸规则调整，无论是广度上，还是深度上，都接近于达到重构的程度，并呈现出全新特征和趋势。

一、从推动力量看，全球价值链的动态调整必然带来国际经贸规则的重塑

长期看，经济全球化是生产力发展的客观要求和科技进步的必然结果，是不可阻挡的历史潮流，全球价值链下的全球化本就是市场力量推动的结果之一。随着各国、各地区要素禀赋的不断变化，全球价值链产业链供应链本身也一直处于一种动态调整中。一方面，新技术为经济社会发展增添动力的同时，也在一定程度上造成全球价值链的分化；另一方面，随着发展中国家尤其是新兴经济体的崛起，发达国家和发展中国家在全球价值链中的定位也在动态变化中。

（一）从市场因素看，流动约束被不断"解绑"必然推动全球化持续深入，对国际经贸规则的要求从边境措施拓展到国内监管措施

不论是此前的商品全球化阶段，还是当前的全球价值链阶段，随着商品、信息和劳动力等约束的不断下降，从市场扩大和分工深化到规模经济再到效率提升和经济增长都是经济客观规律。尽管商品全球化阶段面临一战和二战的冲击，全球价值链阶段的全球化也经受了金融危机、贸易保护主义、新冠疫情以及俄乌冲突等的冲击，但从长期看，推动全球化纵深发展的动力一直存在。

一方面，根据鲍德温教授的全球化理论，随着技术的进步和发展，商品、

信息和劳动力流动的限制肯定会越来越少，全球化将继续向纵深拓展。尤其是随着远程显影技术、远程机器人技术和机器翻译技术的突飞猛进，人与人"面对面"交流的成本更低，意味着劳动的流动将更加自由。此处的劳动力流动并不一定是真实流动，而是劳动力与其所提供的服务产生分离，比如发达国家的高级工程师可以视频指导发展中国家的工厂安装智能装备，发展中国家的技术工人远程操纵发达国家的工业机器人等。这种劳动力与劳动者提供服务的分离，将产生两个巨大变化：发达国家的高技能劳动力可以将技能应用到更多发展中国家去，但不需要亲自去这些国家；发展中国家的工人将自己的技能运用到发达国家去，也不用亲自去这些国家。这两大巨变对于全球制造业来说将是全球价值链贸易地理范围的进一步扩大，也是生产过程分拆和外包的继续。

另一方面，从不同国家的全球化融入进程角度看，未来将有更多发展中国家融入全球价值链。如第一章所论述，全球价值链兴起至今的 30 多年，最初受益的发展中国家主要集中在中国、韩国、印度、印度尼西亚、泰国、波兰等新型工业化国家。随着全球化的不断深入，全球价值链并未大规模退出，而是形式和方向有所改变。以亚洲为例，虽然由于中国出口产品的国内增加值比重提升而使得全球价值链参与度有所下降，但越南和孟加拉国等国的全球价值链参与度却在明显提升，尤其是越南的电子产品和孟加拉国的纺织服装产品。2010—2019 年越南间接出口年均增长 14.3%，其他东南亚经济体也实现了类似增长，表明全球价值链仍然为一些发展中国家提供贸易和生产机会。[①]此外，中间品贸易是全球价值链的重要指标，世界贸易组织按季度发布的《全球中间产品出口报告》显示，2021 年全球中间品出口保持了季均 28%以上的增长，其中非洲和拉美地区高出 40%。[②]大多数主要出口国的中间品贸易超过了新冠疫情暴发前的水平，也从侧面印证了全球价值链并没有停滞，只是速度有所趋缓并以另一种方式呈现。

---

① 邢予青，等. 全球价值链发展报告（2021）—超越制造[M]. 北京：对外经贸大学出版社，2022.

② WTO.Information note on trade in intermediate goods: fourth quarter 2021.https://www.wto.org/english/res_e/statis_e/miwi_e/info_note_2021q4_e.pdf.

（二）从科技因素看，新一轮科技革命和产业变革兴起，各国抢占科技创新和产业优势，谋求国际经贸规则话语权的趋势强化

当前，新一轮科技革命和产业变革孕育兴起，人工智能、物联网、虚拟现实、3D 打印、新材料、区块链、新一代信息技术、新能源、生物医药等新技术突破加速带动产业变革，并将对全球经济竞争格局产生重大影响。西方纷纷发布先进制造业和新兴技术发展战略，加紧布局，抢占全球科技制高点，制定发布实施了多个制造业发展战略，如美国先进制造业国家战略、德国工业战略 2030、英国制造 2050 等。尤其是美国，拜登政府执政以来，先后通过《芯片与科学法案》《通胀削减法案》《先进制造业国家战略》等多份文件，其目的不仅仅是为了推动制造业回流，而是结合科技创新和产业变革，走向网络化、数字化、智能化和绿色化的新一轮升级。

比如 2022 年 10 月，美国白宫发布自 2012 年以来的第三份《先进制造业国家战略》，勾画了美先进制造业的 7 大愿景，强调只有确保先进制造业全球领导地位才能促进经济增长、创造高质量就业、增强环境可持续性、应对气候变化、提升供应链弹性、确保国家安全和改善医疗健康。与 2018 年的版本相比，2022 年的《先进制造业国家战略》体现了美促进先进制造业发展的"三变""两不变"。"三变"是指：（1）全球绿色低碳转型和能源危机背景下，将"清洁能源"纳入先进制造重点技术发展领域，在响应民主党政策主张的同时强化美在清洁和可持续制造领域的全球领导地位；（2）在全球产业链供应链重构、疫情及地缘政治等影响下，更加注重供应链弹性和稳定，强调供应链数字化转型和监测评估，以提升先进制造业的风险防御能力；（3）为应对疫情和粮食危机影响，提出了广义的生物经济概念，除生物医药外，还包含农业、林业和食品加工，生物基加工和转化等领域，更加凸显其在疫情防控、医疗健康、食品安全等领域的公共属性。"两不变"是指：（1）坚持"技术""劳动力""供应链"3 大支柱在先进制造业中的核心作用不变；（2）坚持重点发展"半导体、生物医药、先进材料、智能制造"四大重点技术领域不变。

与此同时，美国政府近年来不断更新"关键和新兴技术"清单。2022年2月8日，美国白宫发布新版"关键和新兴技术清单"（CET清单），在2020年特朗普政府的版本基础上有所调整，取消了部分偏常规领域，聚焦更具先进性、战略性的高科技领域，包括先进计算、先进工程材料、先进燃气涡轮发动机技术、先进制造技术、先进网络传感技术、人工智能、自主系统和机器人、生物技术、通信与网络技术、定向能技术、金融科技、人机接口、高超音速、量子信息技术、可再生能源技术、半导体技术、空间技术等18项大类，这些关键和新兴技术就是美国要维持其"小院高墙"的技术。

由此可见，在新一轮科技革命和产业革命推动下，各国竞争的焦点已从传统的技术和产品竞争提升到标准、知识产权等领域竞争，从简单的电子传输内容免征关税到建立全新的跨境数据自由流动的电子商务规则。这些新的技术发展和新业态、新模式涌现，各国旨在建立和重塑有利于自己的技术标准和规则，对新的国际经贸规则的诉求也在不断增加。

（三）从发展趋势看，全球价值链呈现五大特征，国际经贸规则正顺应这一趋势做出调整

1. 趋缓化：早在金融危机前后就已存在多种市场性因素推动全球价值链下的全球化呈现趋缓态势

全球价值链下的全球化本就是市场力量推动的结果之一，随着各国、各地区要素禀赋的不断变化，全球价值链产业链供应链本身也一直处于一种动态调整中。2017年中美经贸争端之前，以全球价值链分工为代表的全球化就已经进入缓慢下行通道，但并未停止或逆转。与1991—2007年的2.7倍相比，从2010—2017年，全球贸易额增速只是GDP增速的1.5倍。出口总额的平均增速也从2000—2010年的8.7%，下降为2010—2019年的3.7%。

结合麦肯锡全球研究院等智库的研究结论，以下四方面是当前促成全球价值链不断演变和重塑的重要市场力量。

一是新技术的影响力与日俱增，并使得全球价值链流动产生分化。第一，电子商务、物流和信息通信技术的发展进一步降低了交易和物流成本，将促进产成品和小额消费品的贸易流动；根据阿里研究院预计，到 2030 年电子商务将激发 1.3～2.1 万亿美元的贸易增量，将产成品贸易额提升 6～10 个百分点。第二，随着智能制造和 3D 打印等先进制造技术的发展，制造业的生产地将越来越靠近消费市场，使得发达国家的跨国企业开始考虑减少"远岸外包"，增加"近岸外包"或者"本土制造"的可能性，从而使得贸易强度有所下降；据麦肯锡估计，到 2030 年，人工智能、自动化和增材制造技术的发展或将导致全球商品贸易额较基准减少 10%。[①]第三，技术发展也将推动产品和服务的演变，进而增强服务贸易并削弱商品贸易流动。随着"服务经济"（通常意味着生产更接近消费者）和"制造业服务化"（意味着企业越来越多地将服务作为投入，或者提供与其销售的商品相互捆绑的服务）日渐兴起，服务贸易重要性日益凸起，但其在全球贸易统计中往往被低估。据经合组织贸易政策论文（2017 年）研究显示，全球商品贸易额中约 1/3 应该归功于服务贸易。综合看，技术进步并不完全会促进现行统计框架下的商品贸易流动。

二是广大发展中国家成为全球消费市场的重要力量，"自产自销"削弱了贸易强度。发达经济体曾经是全球需求市场的绝对主导，但随着发展中国家经济实力上升，其国内消费能力日益增强，引导跨国公司对全球价值链进行重新配置。以中国为例，中国已经成为全球第二大消费市场，2021 年全社会消费品零售总额达到 6.83 万亿美元，仅次于美国的 7.4 万亿美元。从 2010 年到 2017 年，中国外贸依存度从 48.9% 下降至 33.4%；与此相对应，净出口对中国 GDP 的贡献度也逐渐呈整体下降趋势，消费和投资已经成为拉动经济增长的主动力。据麦肯锡预测（2019），到 2025 年，新兴市场将消耗全世界 2/3 的产成品，其中以汽车、建筑材料和机械等产品为主；到 2030 年，全球一半以上的消费将发生在发展中国家。

三是中国等新兴经济体国内供应链逐渐成熟，进口中间产品用于制造出口

---

① 麦肯锡全球研究院. 变革中的全球化：贸易与价值链的未来图景. 2019.04.

产品的比例进一步下降。以中国为例，入世后，中国快速融入全球价值链主要是通过进口中间产品，出口组装产品实现的。但随着中国在 2010 年成为制造业第一大国以及 2013 年成为世界第一大货物贸易国，中国拥有全球产业门类最齐全、产业体系最完整的制造业，已经形成了完善的本地价值链和垂直整合的行业格局，对进口中间产品的需求有所下降。越南、孟加拉国、马来西亚和印度等国家的纺织服装产业也纷纷开始对各个阶段的生产网络进行整合，呈现出与中国类似的结构调整趋势，成为全球价值链扩张趋缓的重要经济因素之一。

四是劳动套利性贸易逐渐减少，而研发创新和无形资产对全球价值链的贡献越来越大。1990—2007 年，随着全球价值链的逐步扩张，劳动力成本成为跨国企业选择生产地的重要决策因素，特别是纺织服装等劳动密集型行业。然而，2007 年以后，基于劳动力成本套利（指出口国人均 GDP 不高于进口国的 1/5）的贸易份额一直在下滑，目前全球仅有 18%的商品贸易由劳动力成本套利所驱动（麦肯锡，2019）。随着许多新兴国家的工资水平已经提高，国家之间的劳动力成本差异作为确定生产地点决定因素的重要性有所降低，劳动套利逐渐减少。与此同时，无形资产对全球价值链的贡献越来越大。整体看，无形资产在 2000—2016 年的全球总营收中的占比从 5.4%上升至 13.1%。其中，机械和设备企业将 36%的营收投入到研发和无形资产，医药和医疗设备企业更是将高达 80%的营收投入其中。[①]这意味着，在全球价值链中，那些具备强大研发能力、高知识产权保护水平和拥有大量高素质劳动力的国家将受益，单纯拥有便宜劳动力的国家优势被削弱，从而也将影响全球价值链。

2. 区域化：全球制造业形成"三大区域中心"，区域内贸易呈现显著增长态势

20 世纪 90 年代开始的全球价值链源于以美欧日为核心的发达国家制造业及相关技术以外包和海外投资形式的对外扩散。受地理因素和产业配套因素影响，全球价值链在兴起之初就有北美、欧洲和亚洲三大区域之分。尤其是随着中国加入 WTO 之后贸易和经济地位的迅速崛起，以美国为中心的北美供应链、以德

---

① 麦肯锡全球研究院. 变革中的全球化：贸易与价值链的未来图景. 2019.04.

国为中心的欧洲供应链和以中日韩为中心的亚洲供应链网络①进一步巩固,其中亚洲供应链的力量和作用也在显著增强。

2021 年,东亚和太平洋地区的制造业增加值全球占比高达 46.5%,欧洲和中亚制造业增加值全球占比约为 21.8%,北美地区制造业增加值全球占比约为 18.4%,三者合计占比 86.7%。②麦肯锡(2019)报告显示③,2000—2012 年,区域内贸易占全球贸易比重从 51%下降至 45%,但是 2013—2019 年区域内贸易占比又增长 2.7 个百分点,表明更加靠近市场的区域内贸易的重要性更加凸显。这也解释了,在 WTO 多边谈判进展几乎陷入停滞状态下,以 RCEP(经济规模占全球 30%左右)、CPTPP(经济规模占全球 13%左右)和美国-墨西哥-加拿大自贸协定(经济规模占全球 27%左右)为代表的全面和综合性自由贸易协定的全面开花,超大型的区域贸易体正在加速整合。

3. 数字化:数字经济成为引领国际贸易快速增长和全球经济复苏的重要力量

以数据为要素、服务为核心、数字技术深度赋能为特征的数字贸易蓬勃兴起。据联合国贸易和发展会议(UNCTAD)数据显示,2021 年全球贸易额达 28.5 万亿美元,创历史新高,比上年增长 25%。其中,全球货物贸易额和服务贸易额分别为 22.4 万亿美元、6.1 万亿美元,货物贸易是服务贸易的 3.7 倍。然而,2010—2019 年服务贸易增速却比货物贸易快 60%,其中电信和 IT 服务等领域甚至是货物贸易增速的 2—3 倍④,这一趋势受疫情等因素冲击的力度明显小于货物贸易。其中,数字服务贸易规模也从 2010 年的 1.9 万亿美元增长至 2021 年的 3.8 万亿美元,同比增长 14.2%,平均增速为 6.6%,在全球服务贸易中的占比也由 2010 年的 47.2%提升至 62.8%(见图 3-1)。从企业层面看,2022 年 5 月份,联合国贸发会议发布《2022 年数字跨国公司 100 强榜单》显示:受疫情冲击,

---

① 中国社会科学院世界经济与政治研究所,虹桥国际经济论坛研究中心. 世界开放报告 2022[M]. 北京:中国社会科学出版社,2022(11): 87.

② 同上.

③ 同上页①.

④ 同上.

全球 100 强传统跨国公司营收增长基本处于相对平稳状态，但排名前 100 的数字跨国公司不论是疫情前还是疫情后都呈现快速增长态势，数字跨国公司正在成为改变全球贸易和投资格局的主导力量。

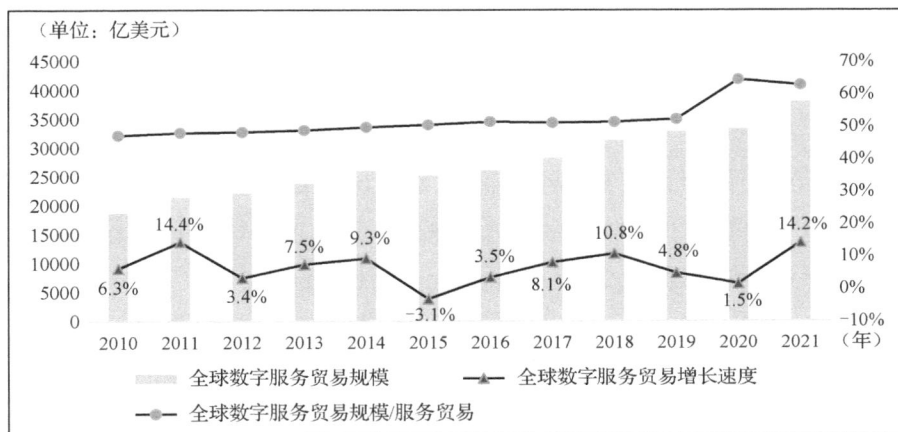

图 3-1 2010—2021 年全球数字服务贸易规模、增速
以及在全球服务贸易的份额情况

（数据来源：UNCTAD 数据库，赛迪研究院整理，2023.01）

尽管数字经济和数字贸易如火如荼，但由于发展水平的差异，发达国家和发展中国家关注重点并不相同。发达国家更重视与服务贸易相关的电子商务议题，强调数据的跨境自由流动，但发展中国家更重视与货物贸易相关的电子商务议题。总体上看，电子商务和数字经济的国际规则不仅在 WTO 多边平台博弈，也在 CPTPP 和 DEPA（数字经济伙伴关系协定）等区域自贸协定平台形成和发展中。未来，被大多数国家接受的数字经贸国际规则需要在个人隐私保护、政府监管和跨境数据自由流动之间取得平衡。

4. 低碳化：绿色低碳化和可持续发展成为国际贸易和全球价值链重塑的核心要义

绿色和可持续发展转型已经成为全球共识，是对传统经济发展模式的重新定义和塑造，给全球国际产业合作带来广泛机遇，但同时也面临诸多挑战。

一方面，顺应这一趋势的国际经贸规则成为未来发展方向，在 WTO 多边领域，早在 2001 年 WTO 第 4 次部长会议上就已经将环境产品和服务作为独立子集纳入谈判议程，并以 APEC 清单为基础于 2014 年 7 月正式启动诸边环境产品协议谈判。但由于不同国家分歧较大，目前在 WTO 多边层面尚未达成最终协议。除 WTO 外，CPTPP 等高水平自贸协定也已经纳入了更严苛的环境规则。此外，碳关税有望成为全球应对气候变化问题的国际规则改革方向之一，其中欧盟提出的碳边境调节机制（CBAM）已较为确定，美、日等其他发达经济体的碳关税政策尚处于讨论形成阶段。根据欧盟最新方案，设定 2023—2026 年为过渡期，2027 年起正式开始对进口商品的碳排放征税。所有这些规则的变化有助于顺应自由贸易和可持续发展的平衡，更好地应对全人类的未来。

另一方面，要看到经济发展模式的绿色化和低碳化以及与之相伴随的国际经贸规则也在无形中增加了后发国家实现经济赶超的成本，成为这些国家实现工业化的额外约束。这也是环境、劳工、碳关税等议题谈判进展缓慢的重要原因之一。

5. 安全化：推动全球产业重新布局的动力从跨国公司的自主多元化布局上升为政府的安全化干预

新冠疫情不仅暴露出医疗物资短缺问题，而且放大了汽车、电子、机械等供应链长且复杂行业的供应链脆弱度。各国开始反思传统产业链布局的潜在风险，更加注重自身产业链尤其是国计民生和战略产业的安全性与完备性。以汽车芯片为例，疫情暴发后，随着数百万人在家办公，个人电脑的需求激增，数据中心对服务器的需求也在增长。但汽车制造商预计汽车销售将下滑，取消了大量芯片订单。因此当需求迅速恢复时，汽车制造商发现芯片制造商已经将产能重新分配给其他客户。由于每辆汽车尤其是部分电动汽车最高可能使用一千多种芯片，哪怕少一个芯片，汽车都无法工作。2021 年的大部分时间，汽车制造商都在苦苦挣扎，但他们往往无法获得足够的芯片。根据美国伯恩斯坦咨询公司（Bernstein Research）估计，2021 年全球汽车"缺芯"造成 200 万到 450

万辆汽车产量损失，约相当于近十年来全球汽车年均产量的 5%。[①]

发达国家围绕供应链的立法与审查越来越多，全球供应链重构从跨国公司自主调整的市场战略上升为政府主动引导的国家战略，并呈现出明显的"制度化"特征。2021 年 6 月 8 日，拜登政府发布供应链百日审查报告（以下简称《报告》），认为美国在半导体制造和先进封装、大容量电池、关键矿物和材料、药品和原料药四大领域存在供应链风险，将采取重建生产和创新能力、构建高质量竞争市场、发挥政府采购和投资带动、加大贸易执法力度、与盟友构建供应链联盟、加大供应链风险监测六大类应对措施。除美国的供应链安全审查外，欧盟、日本等国家也加入以政府补贴等形式引导供应链回流的阵营。比如，欧盟将促进供应链多样化看作"战略自主"的关键要素，并特别关注原材料和能源等 137 项"战略依赖产品"和人工智能等 7 项"战略依赖技术"。日本更是早在 2020 年开始向启动供应链多元化的企业实施 2435 亿日元（约合 157 亿元人民币）的专项补贴，以鼓励日本制造业企业从中国迁回日本或迁往东南亚国家。

种种迹象表明，未来在产业链全球布局中，比较优势不再是首要考量因素，在世界变局之下不仅要考虑效率，更要考虑安全，在推进供应链发展理念方面要找到安全与效率之间的平衡点。供应链也成为发达国家重塑国际经贸规则的重要着力点之一，其对全球供应链的干预也从着眼化解短期风险向借助供应链重构卡位战略竞争对手转变，并通过一系列经贸规则重塑引领这种转变。

（四）CPTPP 等高水平自贸协定进一步削减贸易壁垒，促进经济全球化纵深发展

未来，尽管全球化受到一定挫折，但经济全球化和产业链全球布局仍将不断走向深化，商品、投资、服务、知识和人员在全球生产网络中跨境流动的新贸易模式仍将不断拓展。

一方面，随着国际分工的逐渐深入，除 I7 以外的更多的发展中国家逐渐纳

---

① 胡拥军. 以"车载芯片荒"为鉴加快谋划汽车产业链"备份系统"建设[J]. 中国经贸导刊，2021(14): 2.

入全球制造业分工中。货物特别是中间品在制造过程中多次跨越国境，导致极低关税的累加效应也非常明显，客观上要求实质性零关税。

另一方面，随着制造业服务化趋势加强以及生产和服务的全球化提供，服务贸易、投资等规则的地位凸显，涉及各国国内制度的边境后措施取代关税等边境措施，成为贸易和投资自由化的最大障碍。国有企业、环境劳工等成为国际经贸规则的新议题，也是各国未来博弈的重点。

这些新贸易模式的出现，客观上需要更复杂的国际经贸规则加以规范，协调商品及相关生产要素的流动，本质上推动着国际经贸规则体系的不断升级和拓展。CPTPP 等高水平自贸协定顺应全球价值链的市场准入规则和边境后规则仍将是未来国际经贸规则的最主要发展方向。

二、从推动主体看，美国仍然是推动规则演变的主导力量，但中国参与规则重塑的能力不断提升

美国仍是当今世界实力最强的国家，一直到 2017 年特朗普政府执政之前，美国也仍然都是自由贸易的坚定支持者、WTO 多边经贸体制的建设者和领导者。然而，特朗普政府执政以后，奉行"美国优先"政策，不仅使 WTO 多边体制陷入僵局，而且对中国及欧盟等盟国挑起经贸争端，改变了美国之前支持的自由贸易传统。拜登政府执政后，美国更是进入"礼貌性保护主义"模式[1]，即表面上支持自由贸易，但实践中通过"购买美国货""推行供应链民族主义""保持特朗普政府对中国加征关税"等行保护主义之实。美国贸易代表戴琪更是将美国脆弱供应链归因于美国"不受约束"的自由主义。

俄乌冲突是全球化的重大转折，也深刻影响了全球价值链下全球化的底层逻辑，进而对国际经贸规则重塑产生深远影响。俄乌冲突爆发后，美国想凭借在俄乌冲突中形成的与西方盟友的高度团结，把 WTO 改造成所谓的"价值观贸

---

[1] James Bacchus.Biden and Trade at Year One: The Reign of Polite Protectionism. From Cato Institute.See https://www.cato.org/policy-analysis/biden-trade-year-one.

易组织"。^①如果美国的意图得逞，其以"民主""价值观"为黏合剂，或将顺理成章地垄断 WTO 的规则制定权，并以"规则"的名义规锁和遏制中国和俄罗斯。^②

可以说，美国六年来采取的与多边自由贸易体制根本原则背道而驰的一系列措施，其已成为现行国际经贸规则的破坏者。美国正是通过这些经贸政策进一步主导国际经贸规则，企图使其沿着更加符合美国利益而非绝大多数国家利益的方向演进。对此，我们要有清醒认识，同时也要理解在当前全球政治经济格局下，全球化底层逻辑的变化对国际经贸规则体系的影响。

（一）美国是全球价值链的最大受益者，但其内部不同阶层受益不均问题突出

1971 年，布雷顿森林体系 1.0 瓦解，美元与黄金"脱钩"，转而与石油挂钩，其他国家货币以信用为基础与美元挂钩，全球进入浮动汇率时代。20 世纪 90 年代开始，随着信息通信技术的革命性发展，美国为首的跨国公司以"产业外包"形式推动全球价值链体系兴起，并随着 2000 年以后发达国家为首的跨国公司在全球的投资布局进一步深化。全球价值链的深化路径与美元的全球货币地位之间形成亲密配合，推动形成了基于全球价值链分工体系的布雷顿森林体系 2.0。

1．全球价值链体系与美元全球货币地位相互配合，共同服务于美西方利益集团

在美元体系主导下，金融资本、跨国公司通过在新兴发展中国家建立生产基地，实施"离岸外包"的方式推动全球价值链体系深化。这一时期的关键词是"全球化、贸易开放、资本自由流动、跨国公司效率至上"，"及时生产""零库存"成为全球供应链管理的核心要义。在这一体系中，非美国家采取币值低估并依靠贸易顺差以促进增长和就业，通过吸引跨国公司投资来提高资源配置效率，同时使用美元储备作为外汇占款发行本国货币以维持本币低估；而拥有

---

① 易小准，李晓，盛斌，等. 俄乌冲突对国际经贸格局的影响[J]. 国际经济评论，2022(3): 30.
② 同上.

全球中心货币的美国，利用美元购买其他国家的低价消费品，从对外投资的高回报中受益，并利用其他国家大量的美元储备压低融资成本。这导致非美国家极易受到美国货币政策的周期影响，美国执行量化宽松政策时，其他国家经济会过热；美国执行紧缩加息时，又会让其他国家资产价格大幅上升，美元资产回报率增加促进美元回流美国，其他国家产生债务危机乃至经济危机。一般而言，欧日等发达国家由于可以用自己货币融资因而受美元周期冲击相对较小；拥有较大贸易顺差的国家拥有的外汇储备充足，可以对冲的空间也相对较大；但是大部分发展中国家都难逃受美元周期收割的命运。因此，理论上，在美元全球性货币地位与全球价值链相互融合的体系中，任何一个国家的 GDP 都难以超越美国。

2. 全球价值链促成中美和欧俄两个巨大且稳定的地缘经济区块，为美元周期收割提供了长达 30 年的低通胀环境

美元通过量化宽松（印钞）实现对全球收割的基础是美国持续近 30 年的低通胀。低通胀主要基于全球供应链体系不断深化所形成的中美和欧俄两个巨大且稳定的地缘经济区块：一是在全球化不断深入的过程中，中国成为"世界工厂"，不断向美国乃至全球提供低价商品，为美国持续输入通缩，使美国在名义工资增长缓慢的状态下，实际工资的购买力并没有下降；二是俄罗斯为德国乃至广泛的欧洲工业体系提供廉价能源，维持欧洲的竞争力和工业水准进而不断为全球输出相对低廉的中高端商品。美国支付美元购买廉价中国商品，欧盟支付欧元购买俄罗斯廉价能源，俄罗斯和中国通过出口赚来的美元购买大量美国和欧盟金融资产。商品的全球化生产和美元全球货币地位形成完美闭环。

3. 这一全球化体系的收益分配不均，保护主义成为发达国家转移国内矛盾的出口

全球价值链的受益者主要是发达国家的金融和高科技产业巨头以及能够参与全球化的新兴经济体（中国也是最大受益者之一），但发达国家的传统产业和中产阶级受损明显。以美国为例，能够加大对中国投资并利用中国制造赢得全球市场的主要是大型跨国公司和科技巨头，而中国巨额外汇储备通过购买美国国债的方式回流美国本土，利好华尔街金融巨头。受益于资本和高科技的航天航空、生物医药等高端制造业和互联网科技企业迅速崛起，但钢铁、纺织等本土制造业逐渐消失，"铁锈地带"等传统产业处于弱势地位。美国产业结构不断失衡，并逐渐在美国内部表现为"伊本赫勒敦陷阱"（Ibn Khaldûn Trap），即国内政治身份认同的极化。①这种对抗在国内表现为白人至上主义加剧美国社会分裂，在国际层面发展为以零和博弈取代互惠合作。特别是在特朗普政府执政时期，中国作为一个外部敌人的意识被广泛动员起来。

4. 中美贸易不平衡本是美元全球霸权的必然结果，但却成为美国贸易保护主义和民粹主义的出口

美元作为国际货币必然面临"特里芬难题"，即美国不可能同时输出美元和商品，美国通过逆差不断输出美元才能实现对全球的利益最大化收割。布雷顿森林体系彻底解体后，在资本、技术和跨国公司的共同主导下，全球化处于上升期。在此期间，自由市场的力量不断释放，美国形成了"低储蓄、高消费、高负债、强美元、弱制造"的经济运行模式，并对国际经济秩序产生深远影响。巨额贸易逆差是美国这种经济体制的必然结果，如果没有与中国的贸易逆差，也会有与日本、韩国、东南亚等保持巨额贸易逆差。数据显示，中国对美国货物贸易顺差从 2001 年的 281 亿美元增长到 2020 年的 3129 亿美元，增长 11 倍；中美贸易顺差占中国贸易顺差的比重更是在 2004 年达到历史峰值 250%，此后呈现下降趋势，但 2020 年的占比也高达 60.4%。但在美国国内不同阶层利益失衡背景下，贸易不平衡成为美国国内贸易保护主义和民粹主义的出口，从总统到国会议员火力对准中国成为转移美国国内矛盾的主要方式，中美经贸关系成为牺牲品。

---

① Carla Norrlöf (2021) The Ibn Khaldûn Trap and Great Power Competition with China, The Washington Quarterly, 44:1, 7-28.

（二）美国将中国在全球产业链的地位提升和科技实力的增强视为对美国全球霸权地位的威胁

1. 中国产业转型升级与"萨缪尔森陷阱"之间的矛盾使中美产业竞争日益白热化

确保中国在全球价值链中的地位是中国的核心经济利益。中国是此轮全球化的受益者，但也为全球化付出了巨大成本，"大进大出"的"外循环"模式产生大量贸易顺差，贸易增加值和多数利润都被美国等国家的跨国公司拿走，导致严重依赖国际市场的制造业长期存在利润率低、资金短缺、创新不足等问题。实现产业转型升级，从全球价值链低端向高端迈进，才能维护中国核心经济利益，也是必须捍卫的发展权利。

加入 WTO 以后中国产业竞争力提升迅速，成为美对我产业打压的微观基础。根据联合国工业发展组织计算的工业竞争力指数（CIP 指数），中国从 1991 年的排名 32 位，上升至 2001 年的 22 位，2016 年超过美国排名至第 3 位，2018 年超越日本排名仅次于德国之后的第 2 位。从贸易数据看，我国制造业进出口规模持续扩大，制造大国地位进一步巩固，2021 年制造业贸易总额为 4.6 万亿美元，占我国货物贸易总额的比重为 79.1%。从规模看，制造业增加值约为 4.9 万亿美元，占全球的比重为 30.3%，比 2010 年提升 12.1 个百分点，连续十二年保持世界第一。从产品出口结构上看，我国高新技术产品出口整体呈现上升趋势，成为带动我国进出口结构持续优化的主导产品。其中，2021 年我国高新技术产品出口额为 9794 亿美元，是 2010 年的 2 倍（见图 3-2）。

随着中国产业竞争力提升，美国各阶层认为中美之间已经陷入"萨缪尔森陷阱"。"萨缪尔森陷阱"是 2004 年由著名经济学家萨缪尔森在一篇论文中提出的，其主要观点是如果中国在美国具有比较优势的高科技领域取得技术进步，提高劳动生产率，此时中美之间的自由贸易将使美国产生净损失。根据该理论，中国不仅出口美国没有比较优势的服装玩具，而且正在加大生产和出口美国具有比较优势的飞机、高端装备、生物医药、信息通信设备、太阳能电池板等，进而将损害美国福利。从美国逻辑看，如果美国等发达国家在高技术领域和高端制造业领域丧失优势，美国国内受全球化影响的利益群体就从原来的工人阶级扩大到跨国公司和科技巨头等精英阶层。精英阶层认为中国竞争力的提升是使用了"不公平"手段，比如通过窃取美国知识产权、大规模政府补贴、操纵货币和汇率、压低工资、保护市场以及其他违反世界贸易组织规则的行为获得不正当竞争优势，中美产业博弈演化为产业补贴等制度性议题的争议。

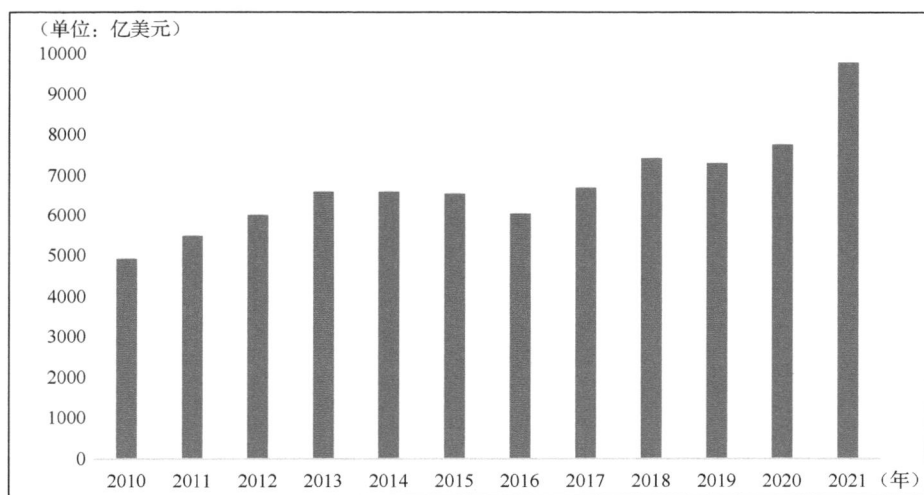

图 3-2　2010—2021 年我国高新技术产品出口额

（数据来源：国家统计局、世界银行，赛迪研究院计算）

2. 数字经济时代，中美竞争进入以科技主导权争端为主线、以维护国家安全为目标的全局性博弈阶段

中国在四个关键维度上的竞争力不断提升，美国保持技术领先优势更为迫切。如图 3-3 所示，美国著名智库信息技术创新基金会（ITIF）将国家经济竞争的四个关键维度定义为市场、竞争者、供应商和地缘政治对手，认为中国在追求所有四个维度的领导地位，使得美中经济关系不同于以往的美苏关系和美日关系（ITIF，2020）。中国是汽车、电子产品、智能手机、钢铁和许多其他产品的全球最主要市场；中国还是全球最主要的供应国，约占全球制造业产出的25%；在越来越多的行业中，中国的竞争非常强劲；中国不断攀升的经济实力和让人民摆脱贫困的非凡成就，使得中国模式迸发出与西方模式完全不同的活力，中国地缘政治影响力与日俱增。四个维度也解释了，中美经贸争端以来，尽管绝大多数美国跨国公司反对美国政府加征关税，但部分视中国企业为最强竞争对手的企业则转向支持美国政府对中国进行科技遏制，旨在延缓中国高科技领域的技术进步，确保美国技术领先优势。

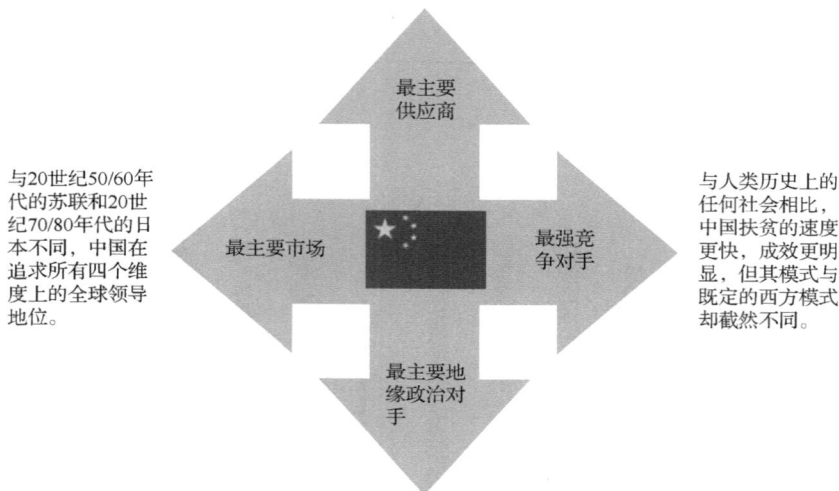

图 3-3　美 ITIF 认为中国全球领导力挑战不是苏联或日本的重演

中国在军民两用技术领域的重大进展和双方战略互信下降引发中美科技博弈加剧。进入数字经济时代后，随着信息通信技术发展，5G、人工智能、自动驾驶等技术的军用和民用界限日益模糊，中国在军民两用技术领域的重大进展让美国战略界日益忧虑。在数字经济时代，科技实力意味着国家掌控数字资源和维护数字空间安全的技术能力；信息和数据安全关系到个人隐私、企业竞争力和国家政治安全；关键基础设施的供应链安全则介于两者之间，既事关承载之上的信息和数据安全，又体现出一国的科技创新水平。[①]因此，限制中国的高科技发展、确保美国信息和数据安全、提升美国关键基础设施等供应链安全成为阻击中国综合实力的主要着力点。与此同时，中美战略互信程度不断下降，以美国国防部、商务部为代表的美国战略界主张从国家安全角度推动与中国科

---

① 阎学通. 数字时代的中美战略竞争[J]. 世界政治研究，2019，4(2).

技 "脱钩"，在技术管制、投资审查和人才政策等方面对中国高科技发展实施全面封锁。

3. 金融危机以后美国就开启利用国际经贸规则重塑来遏制中国

中美建交以后，中美之间的经贸关系大致经历了四个阶段。第一个阶段是改革开放之前的 1972—1978 年，中美虽然建交但却是两个平行的经济体系。第二个阶段是改革开放到中国加入 WTO 之前的 1978—2001 年，此阶段中国开启国际大循环，通过国内改革和对外开放实现了国内经济与国际经济体系对接，主动融入美国主导建立的国际经济秩序之中。第三个阶段是中国加入 WTO 后到金融危机之前的 2001—2008 年，此阶段中国借助加入 WTO 带来的制度红利和市场红利迅速融入全球化，与此同时中美贸易和金融失衡问题不断严峻，美国对中国贸易逆差 7 年间增长了 11 倍，美国开始出现 "萨缪尔森陷阱" 等反思中美经贸合作对美国负面影响的观点。第四阶段是 2008 年金融危机之后，中国在金融危机期间仍然保持经济的高速增长，使得中国在 2010 年成为世界第二大经济体和全球第一制造大国、2011 年成为全球第一大出口国、2013 年成为全球第一大贸易国和仅次于美国的全球第二大消费市场，中美之间的战略竞争开始加剧。金融危机沉重打击了美国的国际影响力，提升了中国的国际地位，在 2008 年到 2010 年间，美国需要与中国合作共同对抗金融危机，因此中美经贸合作一路高歌；但在中国 GDP 跃居世界第二之后，2011 年奥巴马政府立即调整对华战略，开始实施亚太再平衡战略以遏制中国的日益强大。

从中美经贸关系的四个阶段可以看出，美国对华政策的此轮大调整并非起源于特朗普时期，只是在特朗普政府时期以最激烈的方式呈现。正如 2021 年 2 月美国全国商会中国中心和荣鼎咨询集团联合发布的《理解美中 "脱钩" ——宏观趋势和行业影响报告》所述，推动与中国 "脱钩" 并非特朗普政府的 "专有行动"，从奥巴马到特朗普，再到拜登，在中美经济科技竞争加剧以及经济发展模式差异的大背景下，美国对华政策一直在朝着 "脱钩" 的趋势前进，区别只在于手段和正面冲突的激烈程度。可以说，从奥巴马政府的利用 TPP 高水平规则施压到特朗普政府对华加征关税再到拜登政府 "礼貌保护主义" 一脉相承。

奥巴马时期，尽管美国社会已经意识到"萨缪尔森陷阱"下中国崛起对美国的影响，但奥巴马政府作为华尔街、科技公司和跨国公司的利益代表，更倾向于打造以 TPP 为代表的高水平自贸协定对中国进行规则围堵。到了特朗普政府时期，美国更强调"美国优先"，通过贸易、科技、人才、金融、意识形态和地缘政治等领域对中国开展全面压制。拜登政府执政以来，中美贸易争端有所缓和，但利用"民主""盟友"构建对我高科技封锁"小院高墙"的趋势有增无减，同时借助"供应链安全审查"巩固美国经济和技术优势，提高与我全面对抗和竞争的砝码。

（1）奥巴马时期：通过再平衡战略重塑亚太经济秩序，对华整体策略仍比较温和。

2011 年，面对美国在亚太地区军事和经济两方面的"失衡"，奥巴马提出"亚太再平衡"战略，其目标是增强美国在亚洲地区的领导能力。在第一任期，奥巴马将战略重点放在了军事领域，主要包括南海问题、朝核危机等。在第二任期，其战略重点由军事向经济层面转变。《跨太平洋伙伴关系协定》（TPP）作为亚太再平衡战略的重要组成部分，旨在重塑亚太经济秩序，确保贸易伙伴遵守美国的规则和价值观。由于中国被排除在该体系外，TPP 也被看作美国在经济上对华遏制战略的重要依托。

奥巴马政府旨在通过 TPP 对我进行规则围堵。首先，TPP 的开放程度较高，货物贸易方面农产品和工业品大部分产品实现零关税，自由化水平高；跨境服务和金融服务贸易高度开放，例如不允许参加方实施任何服务限制，或采取特殊法律准入或必须在当地设立合资企业等要求。其次，TPP 的开放排外程度较高，通过"从纱开始"的原产地规则确保区域内成员享受零关税待遇。最后，TPP 关注的不仅是贸易问题，更偏重国内制度规制。尤其是国有企业垄断、国家争端解决等议题均提出了新规则，对国有企业约束十分明显；而 TPP 中的原产地规则以及劳工和环境保护等国际公共义务也对当时的中国产生较大压力。

若美国不退出 TPP，且 TPP 准时生效，将使我国面临的外部压力迅速上升。

首先，TPP对我国工业品出口带来一定挤压效应。TPP12个成员国中仅有美国、日本、加拿大和墨西哥四国未与我国达成自贸协议。由于这四个国家的纺织服装等产品关税较高，TPP协议达成生效后，我国向北美、日本出口的纺织服装、电子产品等低端制造品面临越南、马来西亚、墨西哥的竞争。同时，我国半导体、计算机、机械设备、移动电话等中高端机械电子产品将面临日本、美国等国的竞争。其次，我国部分敏感产业开放压力加大。TPP协议货物贸易自由化水平非常高，工业品原则上全部开放。而在我国已有自贸协定中，工业品均未能实现全面对外开放，其中化工制品、汽车、机床、部分电子和机械等敏感产品的关税水平基本保持不变。在2017年之前，面对美欧日等发达国家和地区，这些产业是否应取消关税，以及关税减让后产业如何设计未来的发展路径，是我国关税减让谈判中一直纠结的难题。最后，我国产业政策体系尚不健全，高度开放存在较大困难。发达国家虽然在多（双）边谈判中文本协定的市场开放程度很高，但隐形非关税壁垒较多，实际的市场准入门槛较高。在当时，我国的产业政策还难以形成较为有效连贯的体系，主要依靠关税、财政支持、股权限制等较为明显的保护手段，运用隐形保护措施的方法还不多，国内配套政策仍不健全。如果包括美国在内的TPP在2017年之前达成并生效，我国产业将面临更为不利的发展环境。

作为奥巴马重要的政治资产，亚太再平衡战略在特朗普上台后已被完全否定。特朗普政府从TPP退群、缩减在亚洲的军力等做法使得亚太再平衡战略失去了其延续性。尽管在日本的主导下，TPP转变为CPTPP并在2018年底正式生效，但美国的缺位使其影响力大打折扣（据估计美国在TPP中占比高达40%），并给我国带来一定的机会窗口，我国也把握这一窗口，加速国内经济发展和改革开放进程。

（2）特朗普时期：明确将中国定义为"战略竞争者"，对华贸易科技遏制全面升级。

特朗普的"美国优先"主要表现为国内层面的白人至上主义政策和国际层面的孤立主义政策，两者都是对奥巴马政府的颠覆。在对华问题上，特朗普政府在《2017 年国家安全战略报告》中将我国定义为"战略竞争者",对华使出了贸易牌、科技牌、人才牌、金融牌、地缘政治牌和意识形态牌。

单方面挑起中美经贸争端。一是美国加大对我国传统产业出口的"双反"力度,甚至启用了历史上较少采用的"232 调查",意在阻碍我国钢铁和铝等传统产业的全球出口。2017 年 10 月,美国商务部初裁对我国铝箔企业征收最高162%的反倾销税,2016 年美国市场占到我国全部出口的 16%,此举将基本封锁我国铝箔对美出口。2018 年 3 月,特朗普政府对进口钢铝分别加征 25%和 10%关税。二是发起"301 调查",全面开启中美经贸争端。2018 年以来,美先后分三轮对我输美商品实施加征关税措施。截至 2020 年 1 月 15 日,美已对自我进口的 2500 亿美元清单商品加征 25%关税,并对自我进口 3000 亿美元清单的部分产品(约 1167 亿美元)加征 15%关税。从美三轮公布的清单产品来看,已经大范围覆盖了我国对美出口商品。与此同时我国分别对自美进口 500 亿美元、600 亿美元和 750 亿美元产品加征关税作为反制。直至中美经贸争端中美第一阶段经贸协议达成,贸易战不断升级态势才得以缓解,美对我 3000 亿美元 A 清单关税加征由 15%降到 7.5%,但仍保持 2500 亿美元清单商品加征 25%关税。根据协议,中方承诺 2020—2021 年扩大 2000 亿美元的自美进口。

科技博弈进入新高度。特朗普时期,美国除了在贸易领域对华发起战争,中美科技博弈的频率和程度明显加剧。一是频繁利用管制清单,升级对我出口管制力度。在用户清单上,扩大实体清单范围的同时新增"军事最终用户清单"。在物项清单上,2018 年,美国会通过《出口管制改革法案》,要求美商务部就新兴技术和基础技术制定清单。2020 年 10 月,美国白宫国家安全委员会发布了《关键和新兴技术国家战略》,进一步明确了全球科技发展中对美国至关重要的关键和新兴技术范围,拟为物项清单更新提供支持。二是加强外国投资安全审查。2018 年美国会通过《外国投资风险审查现代化法案》,将关键技术的强制申报要求与美国出口管制法规直接挂钩。该规则将美国外国投资委员会(CFIUS)管辖的关键技术交易强制申报要求与美商务部工业和安全局(BIS)管辖的美国出口管制法规相互绑定,进一步加大了我国先进技术获取的难度。据统计,奥巴马执政时期，中国企业赴美投资被 CFIUS 审查通过的概率在 95%以上，但在特朗普执政后，这一概率下降至 60%左右。三是对人才流动进行限制成为美对我科技封锁的最新手段。在切断先进技术和高技术产品出口来源同时，美还通过限制人才流动加紧科技封锁。四是对华为、TikTok 等龙头企业进行精准打击。除将华为纳入实体清单外，美国商务部还出台了专门针对华为的"外国产品规则"，在该规则下，只要华为及其子公司出现在供应链的上下游，向华为供货就需要获得美国商务部许可，使华为陷入严重的供应链危机。

矛盾逐渐向金融领域延续。美国监管机构多次指责中概股企业信息披露不足，并出台"中概股法案"强化对中概股企业的监管。2018 年年底，美国公众公司会计监管委员会（PCAOB）公布拒绝检查国家（地区）名单，200 多家企业因其所在国/地监管原因而拒绝接受 PCAOB 检查，其中包含中国大陆地区企业 137 家；2019 年年底，美中经济安全审查委员会（USCC）建议国会立法，信息披露程序不符合美国和欧盟标准等情况的中国企业将被禁止在美国上市。2020 年 5 月，美国参议院通过"中概股法案"，连续 3 年未能遵守 PCAOB 审计规定的公司将被禁止在美国证券交易所上市，此消息一出便引发中概股普跌。2020 年 6 月，美国国防部率先将 20 家中企列入国防部"中共涉军企业清单"；11 月，美国总统签署行政命令，禁止美国主体投资"中共涉军企业"；12 月，美国纽约证券交易所表示为遵守特朗普政府禁止美国人投资"中共涉军企业清单"的行政令，启动对中国移动、中国电信和中国联通三家电信运营商的退市程序等。

可以说，在奥巴马时期，中美贸易与科技之间的较量已经展开，但美国的对华整体策略仍比较温和，更强调美国应当加深同中国的合作。进入特朗普时期，中美贸易与科技博弈已经全面铺开，美国对华政策正式从"接触并改变"转变为"全面遏制"。

（3）拜登时期：联合盟友对我打出"竞争、合作、对抗"的3C组合，或将成为美"新自由主义"终结者。

2021 年拜登政府执政后，美国政府政策呈现出明显"三步走"特点，中美关系虽是第三步，但与前两步交互融合，互为手段。第一步：聚焦新冠疫情、经济复苏、种族平等以及气候变化四大国内优先事项，旨在维护美国经济和技术优势。通过大规模基建、加大科技投资以及增强本土供应链生产制造等增加就业并夯实经济发展基础；同时通过税改以及"美国救助计划""美国家庭计划"等缓解美国贫富差距并减少美国社会撕裂。第二步：修复巩固与盟友的双边和多边关系，积极构建融合政治、军事、贸易、科技和价值观为一体的新型联盟体系。改变特朗普政府"退群""毁约"等做法，重新加入《巴黎协定》等国际组织；强化与欧盟的"跨大西洋"阵线，推动北约加大对"中国挑战"的关注和应对；强化美日同盟，升级美日澳印四边机制，重塑 G7 并拉拢韩国、日本和澳大利亚意图将 G7 向 D10（民主国家同盟）升级。第三步：聚焦中美关系，将中国视为"最严峻竞争者"，逐步构建与中国"竞争、合作和对抗"的 3C 组合战略体系。

"未来十年"成中美战略竞争关键时点，中美将在技术、网络安全、贸易等领域面临更多规则冲突。2022 年 10 月 12 日公布的新版《国家安全战略》（简称《战略》），将中国定义为"唯一既有意愿重塑国际秩序，也有越来越多经济、外交、军事和技术力量来推进这一目标的竞争对手"，揭示了未来美国对华战略诸多新的动向。一是"决定性十年"的关键战略期在文件中被反复提及。在前言中，拜登声称该文件阐述了他的政府将如何在"决定性十年"中推进美国战略利益。二是重申了此前美国国务卿布林肯提出的"投资、结盟和竞争"三要素。首先，要加快实施美国的"现代产业战略"，通过"战略性公共投资"等方式扩大针对中国的经济和技术优势，2022 年美国先后通过的《芯片与科学法案》《通胀削减法案》就是例证。其次，声称要加紧重塑全球供应链格局，通过改造国际规则和机制，在贸易、技术和网络安全等领域确立美国主导的新规则，如通过推进 IPEF（印太经济框架），在贸易、供应链、清洁能源和基础设施、税收和反腐败等四大支柱领域重塑全新规则；确保世界银行等国际平台为美国的价值观和利益服务；推进欧洲和印太两个区域的联动，在中东、非洲、拉美等地区灵活施策以更好地回应相关发展中国家和"非民主国家"的需求；打造全球基础设施与投资伙伴关系（Partnership for Global Infrastructure and Investment）等。再次，明确表示在众多全球性重大挑战面前仍需要跟中国合作，并在推进大国竞争与应对跨国性挑战之间寻求新的平衡点。比如，要与中国实现"更大的战略稳定性"，减少军事冲突升级风险，以期在气候变化、全球流行病、粮食和能源危机、核不扩散、反毒品等跨国性挑战方面建立"相互的透明性"。

（三）俄乌冲突深刻改变全球价值链下全球化的深层逻辑

俄乌冲突已经成为全球化发展的转折事件，在美西方利用"民主""价值观"等对俄联合制裁背景下，全球化的底层逻辑有发生改变的趋势。

1．全球价值链只有在和平时期才能稳定运行

如前所述，全球价值链下全球化的一个显著特征就是关键产品由位于世界各地的多道工序和零部件组成，只有安全和开放的供应链通道才能确保这些零部件在多个国境穿梭并从最终组装工厂运送到消费市场。在这一体系中，由于各国政府和跨国公司对于贸易预期的信任，战争在很大程度上被避免，并形成了中美和欧俄两个巨大且稳定的地缘经济区块，为美元周期收割提供了长达 30 年的低通胀环境。

中美陷入"经济战"以及俄乌陷入"热战"，进一步破坏了全球产业链供应链的"信任"基础。第一，从特朗普到拜登，大国博弈从贸易到产业再到科技的全面升级，都极大破坏了中美产业链供应链的深度融合，美国获得廉价商品以抑制国内通货膨胀的难度越来越大。当前美国与中国的"脱钩"，从对廉价商品征收关税的贸易战演变到禁止 ASML 将最先进的光刻机运往中国的技术封锁；再到重启保护主义政策，为本国产业提供大量具有歧视性的资源和监管支持。这一过程为中美两国都带来巨大影响，中国的脆弱性来自对美国及其关键盟友关键产品及关键技术的依赖，美国的挑战则来自建立完全本地化产业链的巨大资源投入和成本端的压力。第二，欧洲能源危机愈发严重，得不到俄罗斯的廉价能源，德国等欧洲国家的工业生产能力严重受损。当前大量欧洲企业外

迁，德国的顺差规模正不断下降，2022 年 6 月德国顺差 64 亿欧元，同比下降52.6%；疫情造成的供应链危机，虽有所缓解，但影响仍然深远，跨国公司的供应链管理逐步从"及时""效率"向"本地化""安全化"转变。所有这些，叠加在一起，使得全球化被极大削弱，全球化所带来的低通胀也将终结。

2．为抑制通胀，美不设上限继续加息，高利率或将成为美西方国家常态

中美和欧俄之间的信任消失意味着美国通过美元霸权和全球价值链的绑定收割全球模式进入尾声，也意味着当前的通货膨胀是结构性的（从单极向多极世界秩序的过渡，大国对全球化的调整），而非周期性的（疫情冲击以及政策过度刺激），低通胀增长寿终正寝。① 理解这一深层逻辑，也就理解：2022 年美联储连续七次加息，成为美国自冷战结束以来总体加息幅度最大的年份，利率从 1月份的 0～0.25%区间上升到 6 月份的 4.25%～4.5%区间，但通胀从 1 月份的 7.5%飙升至 6 月份的 9.1%，并仍维持在 7%以上。2023 年 2 月 2 日，美联储开启 2023年度首次加息，联邦基金利率目标区间已经上调至 4.50%～4.75%。

由于美元的全球货币地位，其他国家只能跟随美元周期被动不断加息。为应对通胀，2022 年以来，全球多国央行正在以 50 年未曾见过的程度同步加息，这可能会导致世界经济陷入衰退，或将导致部分发展中经济体和新兴市场陷入金融危机。在高通胀影响下，世界银行和国际货币基金组织纷纷下调 2022 年和2023 年的全球经济增长预测，世界似乎已经陷入了高通胀、高债务、高利率、低增长的滞涨态势。

3．在全球化底层逻辑有所改变背景下，美国推动西方本土化产业政策回归成为必然

由于通胀的最底层结构性原因是大国对全球化调整产生的供给危机，除采取不设上限的加息等货币政策外，扩大本土生产以增加供给（美西方"撸起袖子自己干"）成为必然选择。这也是美近期《芯片与科学法案》《通胀削减法案》等一系列产业政策出台背后的经济基础。在此背景下，美国及其盟友的产业政

---

① 参见：Zoltan Pozsar. War and Industrial Policy(2022). From Credit Suisse AG.

策回归主要聚焦在以下四大领域。[①]

一是国防工业基础及新兴军民融合技术。这一类产业政策的目的主要是为了向世界继续展示美西方维持现有世界秩序的能力和决心。在国防工业基础方面，考虑到美国多条战线同时作战的可能，美方必然将进一步增加国防工业基础能力建设。在新兴军民融合技术方面，《芯片与科学法案》未来 5 年将投入高达 2308 亿美元，重点投资能源基础科学、人工智能、量子计算、先进制造、6G 通信等领域研发。

二是持续推动关键领域制造业回流美国本土。从目前的美国《芯片与科学法案》《通胀削减法案》的动向看，美国在半导体、大容量电池等关键领域不局限于"友岸外包"，而是不遗余力地推进本土化。①《芯片与科学法案》投资 527 亿美元用于芯片制造/研发；为先进半导体制造提供为期 4 年的 25% 的税收抵免，涉及金额约 240 亿美元；同时明确规定受补贴的企业 10 年内不得在潜在不友好国家建设或者扩建先进制程（28 纳米以下制程）的半导体制造。与此同时，欧洲也在忙于投资芯片制造产能，欧盟产业政策表现在利用"欧洲恢复和复原力基金"等手段，借助公共采购、研发和创新资助等加大对供应链的扶持力度，尤其是《欧洲芯片法》拟通过 430 亿欧元支持芯片生产，使 2030 年欧盟半导体产量翻一番。②《通胀削减法案》也在持续推进电池组件的美国本土制造进程，规定从 2023 年 1 月 1 日起，在美国销售的新能源汽车，电池组件的美国本土制造成分比例要在 50% 以上。

三是加大大宗商品的储备力度，并构建关键矿产资源"友岸外包"圈。截至 2023 年 4 月，美国战略石油储备仅剩 3.68 亿桶，为自 1983 年 10 月以来最低水平，后续美国能源部不得不将释放的战略石油储备补充回去，也将加大对石油等大宗商品的需求。在关键矿产方面，美国产业政策的重点是打造"友岸外包"供应链。比如，美国与资源储备丰富的加拿大、澳大利亚等盟友达成供应协议保障镍、钴、锰及石墨等关键矿产的供应，降低对中国的依赖。同时《通胀削减法案》也规定，自 2023 年 1 月 1 日起，在美国销售电动车的关键矿物原

---

① 参见：Zoltan Pozsar.War and Industrial Policy(2022). From Credit Suisse AG.

料至少 40% 要来自美国或者与美国签订有自贸协定的国家。2022 年 11 月 3 日，加拿大下令要求中矿（香港）稀有金属资源有限公司、盛泽锂业国际有限公司以及藏格矿业旗下子公司三家中企剥离在加拿大的锂矿资产，从相关的加拿大矿产公司中撤资，也是美西方盟友与中国争夺大宗商品控制权的又一例证。

四是重构能源电力网络，推动能源转型。能源危机正在加速欧洲产业外迁，恐将呈现长期化、扩大化趋势。2022 年以来，能源危机对欧洲供给端的冲击持续发酵，在能源短缺、通货膨胀居高不下等压力下，欧洲企业破产率上升。迫于生存压力，欧洲部分产业外迁压力愈发明显，欧洲面临"去工业化"难题，能源转型迫在眉睫。

4. 美国以"民主""价值观"作为"黏合剂"联合盟友，俄乌冲突进一步加剧这一态势

拜登政府执政后将"民主""盟友"视为两大"法宝"，更加注重以价值观为核心、联合其盟友构筑对华战略包围圈。美通过《维吾尔强迫劳动预防法案》等将宗教、人权等意识形态问题融入供应链标准，表面上是分散供应链风险考虑，但实质是利用共同的价值观和社会制度，力推中国与美欧主导的供应链体系"脱钩"。俄乌冲突进一步加剧了西方各国冷战思维，不但对俄罗斯极限制裁，而且正通过强力推行"以我划线"的价值观阵营，试图将 WTO 多边平台打造成价值观贸易"代言平台"。

为此，美国财政部长耶伦提出"友岸外包"概念，声称将经济问题与包括国家安全在内的更广泛的国家利益分开越来越困难，强调加深与拥有共同价值观国家的经贸往来。欧盟央行行长拉加德声称尽管跨国企业仍有在成本最低的国家和地区进行生产布局的强烈动机，但地缘政治的需要可能会限制他们这样做。日本也正在加紧与西方盟友的联合，2023 年 1 月 5 日，日本经济产业部部长西村康稔在华盛顿与美国商务部部长雷蒙多举行会谈，就所谓扩大经济安全保障领域的合作达成共识，其实就是要在半导体、生物科技、人工智能等重要技术领域强化出口限制，拉帮结派推动"脱钩""断链"。[①]在美西方以盟友形式推动国际经贸"价值观化"背景下，发达国家政府和跨国公司之间的博弈将更加激烈。

三、从重塑平台看，除 WTO 外，CPTPP、RCEP、IPEF 等也将成为规则重塑的重要平台

（一）近年来 WTO 多边谈判相对缓慢，但 2022 年的 WTO 第 12 届部长级会议取得明显成果

1. WTO 多边规则机制面临挑战

以 GATT/WTO 为代表的多边贸易体制奠定了二战后现行全球经贸规则的基本体系，其最惠国待遇、国民待遇等非歧视性原则、互惠原则、透明度原则、给予发展中国家特殊待遇原则和公平竞争等原则，在全球范围内得到承认和实施，有效降低了全球范围内的货物贸易关税水平和非关税壁垒，为推动全球贸易投资的稳定发展发挥了重要作用。[②]但是，随着 WTO 成员数量增加到 160 个，谈判领域拓展到农业、非农产品市场准入、服务、知识产权、规则、争端解决、贸易与环境以及贸易和发展问题，其在组织体制机制诸多方面的缺陷也日益暴露，其多数决定、全体一致和协商一致的决策机制使得谈判旷日持久而成果难以达成，争端解决机制用时长、效率低、对成员约束性差等使得一些国家不遵守相关规则。这些问题的存在，不仅使得发达国家难以通过 WTO 满足其自身在规则领域的新需求，也使得发展中国家对 WTO 的作用产生质疑，需要进行新的变革。

美国特朗普上台之后，美国政府提出"美国优先"政策，在贸易政策议程中多次声称，WTO 等体制规则对美国造成了巨大损失。特朗普政府对于 WTO

---

① 参见日本经济产业部部长西村康稔 2023 年 1 月 5 日在美国战略和国际研究中心（CSIS）题为 Japan's 2023 G7 Priorities and the Future Economic Order 的演讲.

② 参见詹姆斯·巴克斯著，黄鹏等译的《贸易与自由》（上海人民出版社. 2013).

立场的变化引起了全球对于 WTO 贸易体制规则前景的担忧，此后美国一系列加征关税、滥用国家安全、使 WTO 争端解决机制的上诉机构限于停摆等举动层出不穷，对多边体制造成极大破坏。

中国坚定推进全球开放合作，扛起多边主义大旗。2023 年是中国加入 WTO 的第 22 年，20 多年来中国坚定遵守和维护世界贸易组织规则，支持以规则为基础的自由、开放、包容、非歧视和所有制中立的多边贸易体制，为多边贸易体制做出积极贡献。

2. 第 12 届部长级会议让世贸组织"绝境逢生"

尽管步履维艰，但在中国等国家的积极努力下，2022 年第 12 届部长级会议仍然取得超出预期的成果，更是有力提振了国际社会对多边主义和多边贸易体制的信心。会议就世贸组织改革、疫情应对、粮食安全、渔业补贴、电子商务等议题达成一揽子协议，是世贸组织成员在 2015 年第 10 届部长级会议后时隔 7 年再次达成协商一致的成果。[①]

第一，维护多边贸易体制。会议成果文件中，各方重申加强以世贸组织为核心的多边贸易体制，强调国际贸易和世贸组织在推动全球经济复苏、增进民众福祉、实现可持续发展方面的重要作用，重申特殊与差别待遇是世贸组织协定不可或缺的部分。各方承诺将在 2024 年前拥有一个全体成员均可使用的、充分的和运转良好的争端解决机制。此外，成员还就世贸组织加入工作、服务贸易、最不发达国家相关内容等做出政治承诺。

第二，达成《新冠疫苗知识产权义务豁免的部长决定》。决定允许对发展中成员豁免新冠疫苗专利的保护义务，发展中成员可在未经专利权人允许的情况下授权生产并向其他符合条件的发展中成员出口新冠疫苗。《决定》鼓励有新冠疫苗产能的发展中成员放弃享受豁免。为支持疫苗知识产权豁免谈判早日达成协议，中国在本次部长级会议前就主动宣布不寻求享受豁免决定所提供的待遇，为进一步加强国际抗疫合作、提升发展中成员的新冠疫苗可及性和可负担性作出贡献。

---

① 内容来源于商务部世贸司对世贸组织第 12 届部长级会议成果具体情况的介绍，详见商务部网站.

第三，达成《关于世贸组织新冠肺炎疫情应对和未来疫情应对准备的部长宣言》。宣言涵盖应对疫情的各项综合措施，通过提高政策透明度、尽可能取消出口限制、促进贸易便利化、发挥服务贸易的作用、支持包容性复苏、加强与国际组织合作、实施未来行动计划等方式，积极推动应对新冠疫情，并对将来可能出现的疫情做好准备。[①]

第四，最终达成《渔业补贴协定》。世贸组织渔业补贴谈判是世贸组织多哈发展回合谈判的一部分，至今已进行21年。谈判旨在通过制定新的补贴规则，助力海洋渔业资源可持续发展。[②]该协定是第一份主要旨在实现环境可持续发展目标的世贸组织协定。

第五，通过了《关于紧急应对粮食安全问题的部长宣言》。为积极应对当前全球粮食安全问题，各成员部长在宣言中对粮食和农产品贸易中断、国际粮价过度波动和相关贸易限制措施表示关注，强调贸易同国内生产一样，在改善全球粮食安全方面发挥着重要作用。

第六，达成《电子商务工作计划》的部长决定。自1998年起，世贸组织开始以《电子商务工作计划》部长决定等形式，明确对电子传输临时免征关税，但须经历届部长级会议协商一致后，方可继续维持该做法。MC12期间，成员部长达成《关于〈电子商务工作计划〉的部长决定》，表示将重振《电子商务工作计划》相关工作，加强电子传输临时免征关税的讨论[③]，定期审议有关研究报告，并同意将电子传输临时免征关税的做法延续至下一届部长级会议。

3. 2021年以来WTO在诸边谈判领域也有新进展[④]

一是2022年12月16日，世贸组织在日内瓦实质性结束《投资便利化

---

① 卢先堃. 世界贸易组织的新起点——对第12届部长级会议成果的评价与前景展望[J]. 国际经济评论，2022(5): 10.

② 刘檀. 维护多边贸易机制 MC12成果待尽快落实[J]. 中国对外贸易，2022(9):2.

③ 同上.

④ 后文内容来源于商务部世贸司对《投资便利化协定》《服务贸易国内规制参考文件》官方介绍，详见商务部网站。

协定》文本谈判。《投资便利化协定》是中国在 WTO 主动设置、积极引领的首个谈判议题，旨在建立国际规则，在全球范围内提升投资政策透明度、简化和加快投资审批程序、促进国际合作。有超过 110 个成员联署并参与该议题谈判。[①]在全球面临高通胀和经济衰退的挑战背景下，全球供应链正在重新洗牌，《投资便利化协定》将促进投资体制改革、向投资者发出良好信号，吸引投资流入，有助于提高投资的体量和质量，成为发展中国家应对困难局面的一个起点。

二是 2022 年 12 月 20 日，中国、美国、欧盟等世贸组织主要谈判参加方正式启动《服务贸易国内规制参考文件》在世贸组织的生效程序。该参考文件是服务贸易领域首个诸边谈判成果，覆盖了全球 90%的服务贸易量。相关规则有助于世贸组织成员进一步增强服务业领域政策透明度，提高许可和资质审批效率，从而降低企业跨境交易成本，惠及国际服务贸易发展。

（二）从产业角度看中美在 WTO 多边机制的冲突点

2023 年是我国加入 WTO 22 周年，但当前 WTO 面临诸多困难和挑战，原因之一是美国无视不同国家经济发展水平和发展模式差异，推行所谓"公平规则"。从产业角度看，中美在 WTO 改革中的冲突集中体现在非市场经济体制、产业补贴规则、电子商务规则谈判、发展中国家待遇四大方面。

冲突一：经济发展模式方面，美方企图建立对所谓"非市场经济国家"的歧视待遇；我方认为 WTO 应尊重各成员发展模式，增强多边体制包容性。2019年 3 月，美国在其年度贸易政策议程报告中声称 WTO 必须处理来自中国等所谓非市场经济体制的始料未及的挑战。[②]2020 年 2 月，美国向 WTO 提交所谓市场导向条件提案，提出"市场导向条件是自由、公平、互惠的世界贸易体系

---

① 林子涵. 中国捍卫多边贸易体制展现大国担当. 人民日报海外版，2022-12-31.

② Office of the United States Trade Representative.2019 Trade Policy Agenda and 2018 Annual Report of the President of the United States on the Trade Agreements Program.2019(03),https://ustr.gov/sites/default/files/2019_Trade_Policy_Agenda_and_2018_Annual_Report.pdf.

的基础"①，并通过"市场导向条件"八项标准：（1）企业对价格、成本等决策要基于市场信息自由做出；（2）企业投资决策要基于市场信号自由做出；（3）资本、劳动力、技术和其他生产要素价格由市场决定；（4）企业基于市场信息自由决定资本配置；（5）企业受到国际公认的会计准则约束；（6）企业受到市场导向且有效的公司法、破产法等司法约束，并享有公正司法程序的权利；（7）企业可自由获得影响其商业决策的信息；（8）企业决策无政府的重大干预。中方反对美国试图根据企业所有制的不同设立不同规则，主张坚决遏制美国等少数国家采取单边主义措施增加贸易壁垒。

冲突二：产业补贴方面，美方联合欧日进一步加严补贴纪律；中方与发展中国家一道捍卫运用合理补贴实现后发赶超的权利。补贴是美国指责中国产业政策的焦点问题，其主张包括：（1）修改"公共机构"定义，企图将国有企业直接认定为补贴主体；（2）扩展反补贴类型，将无限担保、对产能过剩行业中无法获得商业融资企业的补贴等四类②视作"红灯补贴"，禁止成员方采用；（3）提出"有害补贴"概念，将创造大规模制造业产能的补贴、降低投入品价格等补贴类型③的产业损害证明责任"踢"给补贴成员，降低反补贴调查难度；（4）将产能过剩补贴纳入严重损害法定情形之一；（5）建立反向通报惩罚机制等。中方明确反对美限制发展中国家的议题，主张：（1）主张恢复不可诉"绿灯补贴"，明确包含研发、环保、劳动力安置和培训、落后地区发展等为目的的补贴；（2）将工业补贴与农业补贴议题绑定，规制发达国家农业领域巨额补贴；（3）澄清和改进补贴认定等相关规则，防止美国等国滥用反补贴措施；（4）反对在未明确"产能过剩"定义的情况下将其纳入规制范围；（5）反对"补贴通报惩罚机制"，主张建立帮助发展中国家完善通报的机制。

---

① WT/GC/W/796.THE IMPORTANCE OF MARKET-ORIENTED CONDITIONS TO THE WORLD TRADING SYSTEM DRAFT GENERAL COUNCIL DECISION.Communication from the United States. 2020(02).

② 包括无限担保、濒临破产企业补贴、对产能过剩行业中无法获得商业融资企业的补贴、直接债务免除四类.

③ 包括大额补贴、阻止不具竞争力公司退出市场的补贴、创造大规模制造业产能的补贴、降低投入品价格等.

冲突三：电子商务规则方面，美方全面倡导数字贸易新规则；中方主张聚焦为跨境电子商务提供稳定和安全环境。美国主张高标准数字贸易规则，其更加看重贸易的数字性质，核心在于跨境数据流动，倾向于用"数字贸易"术语取代"电子商务"。中国建议尊重成员方数据主权和国家安全，以包容态度统筹考虑不同国家的数据治理模式和数字经济发展水平；优先聚焦澄清电子商务概念、健全交易环节、营造安全可信市场环境等领域规则，并积极提出电子支付市场准入以及网络设备供应链非歧视等条款。

冲突四：发展中国家待遇方面，美方主张取消发展中国家待遇的"自我认定"；中方则积极捍卫发展中国家待遇。美国指责"自我认定"使发达国家面临不公平竞争，提出四类国家包括 OECD 成员国、G20 国家、被世界银行定为"高收入"的国家、占世界贸易份额 0.5%以上的成员方不再享受"特殊差别待遇"。中国主张"特殊差别待遇"是多边贸易体制的基础条款，且发展中成员国的实际利益远远低于预期。为此中方主张加强条款的执行和监督力度；增加发达国家技术援助的针对性和具体性；继续推进特殊差别待遇谈判等。

（三）CPTPP、RCEP 等区域贸易协定成为高水平经贸规则的代表，但美国正通过 IPEF 旨在引领全新规则

在多边贸易体制进展缓慢的情况下，世界各国转而积极推进各种形式的区域贸易安排，以解决其在多边层面不能解决的问题。在欧洲，欧盟在深化和拓宽自身一体化的同时，加强与东欧独联体国家、地中海沿岸的中东和北非国家，以及韩国、南非、秘鲁、越南等国签署自贸协定；英国退出欧盟后也与包括欧盟在内的更多贸易伙伴签署自贸协定；俄罗斯牵头与白俄罗斯、哈萨克斯坦、亚美尼亚、吉尔吉斯斯坦建立了欧亚经济联盟；欧洲自由联盟不仅自身达到高水平的自由化，而且积极与欧盟以及加拿大、智利、秘鲁、韩国等域外国家签订自由贸易协定。在亚洲，2018 年 12 月美国退出 TPP 后，由日本领衔的 CPTPP 正式生效，2022 年 1 月 1 日包括中国在内 15 个成员方的 RCEP 正式生效，这些为亚太地区产业链合作构建了重要的制度基础。在北美，美国目前尚未表达出

对重返 CPTPP 的积极意愿，但将 2020 年 1 月生效的《美墨加协定》（USMCA）视作理想的国际经贸规则样板。即使是在非洲，也出现了南部非洲关税同盟、西非经济和货币联盟等许多区域贸易安排。截至 2022 年 5 月，向 WTO 通报和生效的区域贸易协议（RTA）数量已经达到 355 例，几乎所有的 WTO 成员都参与了一个或多个区域贸易安排。在这些区域贸易安排中，尤其是近几年来达成的协定中，规则议题也是各国讨论的重点。

与此同时，2022 年 5 月，美国总统拜登在访问日本期间正式宣布启动印太经济框架（IPEF），并将其视作重塑经贸规则的平台尝试。2022 年 6 月中旬，14 个成员国的贸易部长举行了第一次会谈，就贸易领域的谈判目标展开磋商。美国贸易代表戴琪表示，IPEF 成员寻求建立高质量、包容、自由和公平的贸易承诺。2022 年 9 月 8 日至 9 日，IPEF 首轮以面对面形式举行的部长级会议在美国洛杉矶落幕，会后发布联合声明，并就此启动正式谈判。印太经济框架由贸易和数字经济、供应链弹性、清洁能源和脱碳、税收和反腐四个"支柱"构成，分别代表了互联经济（Connected Economy）、韧性经济（Resilient Economy）、清洁经济（Clean Economy）和公平经济（Fair Economy）。贸易支柱主要由 USTR（美国贸易代表办公室）负责谈判，美国商务部则牵头负责其他三个支柱谈判。

与传统的贸易协定不同，IPEF 将重心放在制定全新规则，但不涉及市场准入和关税减让。美国认为过去的经济合作方式无法解决供应链脆弱、腐败和避税港等问题。美国商务部部长雷蒙多指出，印太经济框架不再是老套的传统贸易协定，而是反映经济已经发生变化的事实。

从主要内容看，贸易和数字经济、供应链弹性、清洁能源和脱碳、税收和反腐在内的四大支柱进一步细化。例如，在供应链弹性支柱中，提出共同制定确定关键部门和商品的标准，以及提高关键部门和商品的弹性和投资，增加数字基础设施的投资等。同时为了能尽早掌握供应链断裂的状况，要建立信息共享制度，参加 IPEF 的各国将任命负责信息收集的协调人，同时还将开发提高关键部门供应链透明度的工具，以强化对风险的预判能力。此外，在贸易和数字经济支柱中，提出建立可信任的环境、推进有弹性和安全的数字基础设施和平台等；在清洁能源和脱碳支柱中提出利用政府和私营部门的采购促进清洁市场的发展。这些数字规则、绿色规则带有明显的排他性，企图建立以美为主导的"友岸外包"体系，重组印太供应链体系。

从运行机制看，印度暂时退出贸易谈判，体现了 IPEF 相对灵活的合作机制。IPEF 区别于 CPTPP、RCEP 等传统贸易协定的最显著特点即是不包含关税减免，且在合作机制上各成员可以根据自身需要在四大支柱领域内任选合作内容，而非强制性一揽子合作。首轮部长级会议的联合声明显示，印度暂时退出贸易谈判，转变为观察员的身份参与。早在 IPEF 刚公布时，这种新合作方式即被解读为是为了迁就印度等国、方便 IPEF 达成部分阶段性的早期收获而设计的。当前印度仅参与除贸易之外的其他三个支柱的谈判印证了这一点。

从谈判进度看，IPEF 仍未进入实质性谈判阶段。IPEF 已经举行过多次线上部长级会议和工作会议。但从结果看，基本还停留在"空对空"阶段，仍未进入实质性谈判阶段，进展较为缓慢。

应该看到，无论是特朗普政府的贸易战、科技战，还是拜登政府的供应链安全审查，最终都聚焦在全球供应链重塑，IPEF 正是美国意图抢占印太区域供应链主导权的重要依托，要警惕美国借助 IPEF 抢占印太区域供应链主导权。作为首个印太地区承担"友岸外包"概念的经济联盟，为美国利用价值观贸易拉拢其盟友"选边站"提供实践经验。在疫情、供应链、高通胀等多重困境下，美国已无力承担贸易自由化的成本，只能借助政治的力量来构建联盟。因此，IPEF 不是一个符合理性经济规律的经济行为，而是美国在多重困境、多重目标下的政治行为。自 2021 年 6 月，拜登政府在《供应链百日调查报告》首次提出"友岸外包"的概念以来，美国已在陆续多个层面上开展了"朋友圈"之间的密切合作。从美英澳三边安全伙伴关系（AUKUS）、美日澳印四方安全对话（QUAD）等安全联盟，到"芯片四方联盟"（Chip4）等技术联盟，均强调特定的民主和人权模式。

同时也要看到，由于排除世界第二大经济体和其他发展中国家的民主式"友岸外包"体系缺乏物质基础，IPEF 也有其"天生软肋"。首先，当前美国实际上难以承担巨大的外部对华竞争成本，亦无法延续此前通过让渡美国利益构建联盟的模式，企图在不让渡国内市场的前提下拉拢东盟、印度等接受美国期望的高水平经贸规则。其次，美国企图借助 IPEF 让印太国家在美国和中国之间"选边站"，这一行为明显违反经济规律，也不符合韩国、印度等国家利益，特别是《通胀削减法案》通过后已经引发韩国不满。再次，IPEF 面临因政权更迭被随时废除的风险，由于 IPEF 无须美国国会批准，很可能被下一任总统随时废除，后续成效如何仍有待观察。

四、从博弈焦点看，顺应贸易自由化的规则与规制保护主义的规则并存

从前述分析可见，当前全球化动力犹存，但美国企图引导全球经济再平衡又使其呈现"逆全球化"特征。对于国际经贸规则而言，也就自然分为两类：第一类是 CPTPP 等高水平协定中顺应全球价值链的市场准入规则和边境后规则；第二类是确保本国供应链安全、规制单边保护主义、防止国家安全和技术管制滥用的规则。

聚焦到产业领域，第一类主要集中体现为货物贸易自由化规则、碳关税规则和数字经贸规则；第二类主要集中体现为美国贸易保护主义及其他国家反制规则、美国对出口管制和外资安全审查规则的滥用及其他国家反制规则、中美在产业补贴及产业政策领域的博弈规则、全球供应链规则等。这些内容也是本书后续将重点开展研究的问题。基于此，后文框架结构如下。

第四章为货物贸易规则：自由贸易与保护主义角逐。货物贸易规则是国际经贸规则的传统议题，也是 RCEP 和 CPTPP 等高水平自贸协定的重点内容，也是美国以加征关税等形式推行贸易保护主义的例证。此外伴随绿色化和低碳化的趋势，碳关税规则也是本章需要研究的课题。

第五章为出口管制制度：从国内立法向国际规则演变。第六章为国际投资规则：投资自由化与国家安全审查泛化的博弈。这两章主要是在研究以往出口

管制多边制度和投资自由化规则的基础上，聚焦美国凭借自身经济科技实力，滥用出口管制和投资安全审查，毫无限制地使用各种"杠杆"施压，成为"单边主义霸凌行径实施者"。[①]当前中国正诉诸 WTO 多边机构并期望通过制定新规则加大对美国滥用出口管制和外资安全审查的规制。

第七章为产业政策与产业补贴规则：美国成为规则双重标准操纵者。产业补贴是 WTO 的传统议题，近年来美国一直指责中国产业是依靠巨额产业补贴才实现崛起，期望通过加严反补贴规则等加大对中国约束。然而在全球产业链供应链重塑以及俄乌冲突背景下，美国成为"产业政策双重标准操纵者"，一方面要求中国等其他成员加严规则、严守透明度；同时自己却实施大规模排他性歧视性产业政策。

第八章是供应链国际规则：争夺全球供应链控制力和主导权。供应链规则从未出现在 WTO 多边规则中，在 CPTPP 和美墨加协定中也仅仅是原则性提到。然而，美国正利用 IPEF 等机制和平台重塑供应链规则，呈现将中性规则演变成全球供应链"价值观化"的动向。

第九章是数字经贸规则：大国数字主导权博弈。当前全球数字经济面临着发展不平衡、规则不健全、秩序不合理的难题，加强国家间数字经济治理合作已经成为国际共识。中国作为数字经济大国，也应积极参与数字经济国际规则制定，推动形成数字经济国际治理新机制。

第十章是对国际经贸规则重塑的系统性思考与应对。

---

① 参见中国常驻世贸组织代表团李成刚大使在世贸组织对美国第 15 次贸易政策审议会议上的发言.

第四章 ｜ Chapter 4

货物贸易规则：自由贸易与保护主义角逐

货物贸易是国际经贸规则谈判的传统议题，1947 年关贸总协定拟定时也最先从削减关税开始。对于制造业来说，关税自由化水平对产业发展有举足轻重的影响。近年来，随着 CPTPP、欧盟日本 FTA、欧盟加拿大 FTA（CETA）以及美墨加协定的达成，实质性零关税以及大力削减贸易壁垒成为其高水平的标志性特征。然而，2017 年特朗普上台以后，不仅退出 TPP，而且发起 232 调查和 301 调查。尤其是美国以 301 调查为借口对中国商品加征关税，开启企图重塑全球经济布局的进程，对中美两国和世界经济造成不利影响。

本章首先系统研究 CPTPP 等高水平自贸协定货物贸易规则的新动向，然后研究美国通过单边贸易保护主义企图对国际经贸规则重构的效果及影响。此外，鉴于碳关税正有望成为全球应对气候变化问题的国际规则改革方向之一，其对我相关产业也产生较大影响，故本章也将对其进行研究。

一、CPTPP 等高水平自贸协定的货物贸易规则新动向[①]

本部分主要从市场准入方面，对 CPTPP、RCEP 等高水平自贸协定的关税自由化水平进行研究和分析。

（一）实质性零关税是 CPTPP 等高水平自贸协定的典型特征

不论是 WTO 多哈回合谈判，还是区域或双边自由贸易协定，在 WTO 基础上进一步削减关税都是货物贸易规则的最重要内容。规则的关键是最终降税为零的税目数量占全部产品税目数量的比重，即货物贸易的自由化水平。当前，在发达国家主导的自贸协定中，大部分货物都已经实现零关税，尤其是工业品的自由化率接近 100%。比如，CPTPP 就以其高标准、规则导向和巨大经济体量备受各界关注。在货物贸易自由化方面，CPTPP 和 RCEP 均呈现出低关税、高自由化等显著特征。

---

① 本部分内容节选自：梁一新、韩力、关兵等著的《中国与 CPTPP：货物贸易机遇与挑战》（电子工业出版社 2023 年出版）．

1．各成员方的总体自由化水平较高

如表 4-1 所示，除日本（96.3%）、越南（97.86%）、加拿大（98.9%）外，其他国家的货物贸易整体自由化率均接近或达到 100%。日本与加拿大规定了关于汽车产业的保障措施，日本的减让表还规定了详细的农产品、林产品的保障措施。2020 年 11 月 15 日，除印度之外的 15 个 RCEP 谈判方正式签署 RCEP，标志着亚太地区全面、现代、高质量、互惠的自贸协定成立，其兼顾发达国家和发展中国家的不同发展水平，为全球化持续推进奠定基础。2022 年 1 月 1 日，RCEP 正式生效，区域内 90% 以上的货物贸易将最终实现零关税，且主要是立刻降税到零和 10 年内降税到零，使协定有望在较短时间兑现所有货物贸易自由化承诺。[1]

表 4-1　CPTPP 成员方货物贸易自由化情况

国家	产品数量/个	工业品数量/个	最长过渡期	总体税目自由化率	工业品自由化占全部税目比例	工业品自由化占工业品税目比例	立即降税为零产品占全税目比例
澳大利亚	6007	5201	4 年	99.9%	86.4%	99.8%	93.0%
日本	8834	6932	21 年	96.3%	78.4%	99.9%	86.1%
加拿大	8331	6894	11 年	98.9%	82.7%	100.0%	94.9%
新加坡	8300	7029	0	100%	84.69%	100.0%	100.0%
新西兰	7492	5583	7 年	100%	74.5%	100.0%	95.1%
马来西亚	10402	9090	16 年	99.86%	87.39%	100.0%	84.71%
秘鲁	7370	6313	16 年	99.4%	85.6%	99.9%	80.7%
墨西哥	12115	10896	16 年	99.4%	89.8%	99.8%	76.9%
文莱	8300	7029	11 年	99.64%	84.33%	99.57%	91.67%
越南	9347	8096	16 年	97.86%	73.16%	97.28%	65.74%
智利	7715	6231	8 年	99.9%（对加拿大 99.3%）	80.76%	100%	94.7%（对加拿大 93.8%）

数据来源：根据 CPTPP 市场准入附件计算。

2．工业品几乎全部实现降税为零

目前，高水平自贸协定的敏感产品主要是在农业领域，工业品关税基本全

---

[1] 参见《商务部国际司负责人解读〈区域全面经济伙伴关系协定〉》，详见商务部网站。

面放开，CPTPP 中的敏感产品也符合这一趋势，工业品基本实现 100% 零关税，工业品税目自由化水平最低的越南也达到 97.28%，其他国家基本都是 99% 以上（见表 4-2）。从与其他自贸协定的对比来看，CPTPP 工业品税目自由化水平相对较高。如表 4-3 所示，我国在 RCEP 协定中仍然保留了工业品中的部分敏感产品，其中汽车整车和香化产品都没有完全自由化，CETA 更是采用负面清单模式制定关税减让表，除车辆和船舶等特殊产品设置 4～8 年过渡期外（见表 4-4），其他工业品立即降税为零，体现出降税的及时性和彻底性。总体来看，在高水平自贸协议中工业品通常降税为零。

表 4-2　高水平 FTA 关税自由化情况对比

协定	成员	产品数量/个	工业品数量/个	最长过渡期	总体税目自由化率	工业品自由化占全部税目比例	工业品自由化占工业品税目比例	立即降税为零产品占全税目比例
CPTPP	澳大利亚	6007	5201	4 年	99.9%	86.4%	99.8%	93.0%
	日本	8834	6932	21 年	96.3%	78.4%	99.9%	86.1%
	加拿大	8331	6894	11 年	98.9%	82.7%	100.0%	94.9%
	新加坡	8300	7029	0	100%	84.69%	100.0%	100.0%
	新西兰	7492	5583	7 年	100%	74.5%	100.0%	95.1%
	马来西亚	10402	9090	16 年	99.9%	87.39%	100.0%	84.71%
	秘鲁	7370	6313	16 年	99.4%	85.6%	99.9%	80.7%
	墨西哥	12115	10896	16 年	99.4%	89.8%	99.8%	76.9%
	文莱	8300	7029	11 年	99.6%	84.3%	99.57%	91.67%
	越南	9528	8208	16 年	97.86%	73.16%	97.28%	65.74%
	智利	7715	6231	8 年	99.9%（对加拿大99.3%）	80.76%	100%	94.7%（对加拿大93.8%）
CETA	欧盟	—	—	8 年	98.70%	—	100.00%	99.00%
	加拿大	—	—	8 年	98.60%	—	100.00%	99.00%
欧韩 FTA	欧盟	—	—	20 年	99.60%	—	100.00%	93.50%
	韩国	—	—	21 年	99.50%	—	100%	94.90%
美韩 FTA	美国	—	—	15 年	99.90%	—	100%	81.50%
	韩国	—	—	20 年	99.70%	—	100%	75.90%

数据来源：根据不同 FTA 关税减让表计算。

表 4-3　中国自日本进口商品类别和 RCEP 工业品零关税安排

进口的主要商品类别	RCEP 项下零关税待遇主要商品
机电产品、汽车（未开放）及零部件； 香化产品（未开放）、塑料及其制品； 化工品、药品； 仪器仪表； 铜、钢等金属制品； 珠宝首饰、橡胶、涂料、照相及电影用品等	集成电路、半导体、电容器变压器及其他部分电子电气产品，半导体集成电路制造设备，阀门； 部分发动机及其他机械产品，部分汽车零部件； 大部分仪器仪表； 大部分塑料及其制品（包括塑料马桶圈、餐具）； 部分化工品、药品、医疗仪器； 部分珠宝、涂料、部分照相摄像机零部件； 部分钟表、家具、部分文具、滑雪等运动器械

表 4-4　欧加自贸协定（CETA）工业品税目减让负面清单

经济体	税目种类	涉及税目个数	税率	过渡期
加拿大	客车	4 个	6.1%	6 年
	小轿车	8 个	6.1%	8 年
	货车	5 个	6.1%	4 年
	客运船舶	2 个	25%	8 年
	冷藏船	1 个	25%	8 年
	集装箱船	3 个	25%	4 年
	拖轮及顶推船	1 个	25%	8 年
	浮动或潜水式钻探或生产平台	2 个	20%、25%	4 年
	其他船舶	2 个	20%、25%	4 年
	非机动船舶	3 个	25%	4 年
欧盟	客车	9 个	16%	6 年
	轿车	15 个	10%	8 年
	货车	19 个	3.5%、10%、22%	4 年

资料来源：根据 CETA 协定整理。

3．协议达成后立即降税为零的比例较高

在 CPTPP 协定中，除越南（65.74%）和墨西哥（76.9%）外，其他成员国立即降税为零的产品占比均超过 80%，其中，新加坡高达 100%，这在 WTO 框架下是基本不能实现的。在欧盟-加拿大的 CETA 中，欧盟与加拿大最终自由化率达到 98% 以上，协定生效时立即降为零的税目比例达到 99%；而在 RCEP 协

定中，中国对东盟成员国立即降税为零的产品比例最高，但也只有 67.9%，对日本、韩国立即降税为零的产品比例只有 25% 和 38.6%，对澳大利亚、新西兰立即降税为零的产品比例约为 65%（见表 4-5）。由此可见，立即降税为零的产品的规模也是衡量贸易协定水平的重要内容。

表 4-5　RCEP 立即降税为零情况

RCEP 成员国	中国对成员国立即零关税比例/%	成员国对中国立即零关税比例/%
日本	25	57
韩国	38.6	50.4
澳大利亚	64.7	75.3
新西兰	65	65.5
文莱	67.9	76.5
柬埔寨	67.9	29.9
印尼	67.9	65.1
老挝	67.9	29.9
马来西亚	67.9	69.9
缅甸	67.9	30
菲律宾	67.9	80.5
新加坡	67.9	100
泰国	67.9	66.3
越南	67.9	65.8

数据来源：根据 RCEP 关税减让表计算。

（二）从产业角度看加入 CPTPP 的机遇和挑战

中国是全球化规则体系的受益者，已于 2013 年超越美国成为世界第一货物贸易大国，与各国的经贸依赖程度日益加深。在融入全球化的同时，国际经贸规则的任何变化都会对中国带来影响。一方面，国际规则的高标准、高水平带来外部环境的动力，倒推国内加快改革，形成新的机遇。另一方面，国际规则的高标杆、高要求带来内部环境的压力，使我国产业面临新挑战。

1. 入世20余年中国成为全球化的最大受益者之一

2023年是中国加入世贸组织的第23年，中国入世无论对中国对外开放进程还是世界经济全球化进程都具有里程碑意义。20多年来，我国货物贸易出口增长7倍多，进口增长6倍多。2020年我国制造业增加值高达3.85万亿美元，全球占比近30%，连续11年保持全球第一；服务贸易出口额占全球服务贸易出口总额比例从2005年的3%增加到2020年的6%，进口额全球占比也从2005年的3.3%增加到2020年的8%。2020年我国数字经济规模为5.2万亿美元，居全球第二位。巨大成绩得益于我们相信改革开放力量、相信市场力量、相信规则力量以及相信发展中国家力量，未来通过对接CPTPP等国际高水平协定，将进一步强化我国优势，在新发展格局下实现跨越式发展。

（1）相信改革开放力量，借助国际经贸规则倒逼和加快国内改革开放进程

改革开放后、加入WTO之前中国经济就已经实现了高速增长，入世后与全球规则的对接倒逼我国进一步扩大改革开放。通过对接国际规则倒逼改革开放持续释放制度性红利是中国经济持续腾飞的关键。习近平指出，当今世界正经历百年未有之大变局，制度竞争是综合国力竞争的重要方面，制度优势是一个国家赢得战略主动的重要优势。[1]加入WTO以来，中国的规则对接与经济全球化发展和中国改革开放的发展方向相一致。与WTO等规则的合规并不仅是为了国际形象，更多的是立足于中国的现实需求。这是中国入世的最重要经验总结，也是对中国推动新一轮规则等制度型开放的重要启示。

（2）相信市场力量，借助WTO和自贸协定全面开拓国际国内市场

加入WTO多边机制意味着中国立即获得了无条件最惠国待遇，国际市场迅速扩展到所有WTO成员方。通过缔结RCEP等自贸协定，中国在区域贸易伙伴中获得了比WTO框架下更优惠的市场准入待遇。经过20多年发展，中国已经是120多个WTO成员方的最大贸易伙伴以及60多个成员方的最大进口来源国。中国制造业进出口结构进一步优化，内生发展动力更加强劲。从贸易方式上看，

---

[1] 参见习近平总书记在2021年10月13日举行的中央人大工作会议的讲话。

2019 年中国一般货物贸易进出口占比为 59%，较 2010 年增加 8.9%；加工贸易进出口占比为 25.2%，较 2010 年减少 13.7%。从产品结构上看，中国高新技术产品出口整体呈现上升趋势，成为带动中国进出口结构持续优化的主导产品。其中，2019 年中国高新技术产品出口额为 7307 亿美元，是 2010 年的 1.5 倍。

（3）相信规则力量，遵守和切实履行入世承诺

在遵守规则方面，入世以及缔结的自贸协定生效后，需要修改法律、法规和政策使之符合国际规则。入世后，中央政府清理了 2000 多件法规和部门规章，地方政府清理 19 万多件地方性法规政策。[1]此后，我国建立 WTO 合规性审查机制，确保新制定的政策、法律和规定与 WTO 规则相符合。同时，中国认真贯彻落实、严格执行争端解决机制通过的专家组或上诉机构报告中对中国的不利裁决，修改相关的法律法规和措施，力求与 WTO 规则相符。这种做法奠定了中国负责任的大国形象，为中国留下了良好的合规记录和信誉。2022 年 1 月 1 日 RCEP 生效前，为将实施 RCEP 打造成中国对外开放"新的里程碑"，相关部门就针对 701 条约束性义务做好履约准备。

在开放市场方面，在货物领域，2001 年入世以来，中国按照承诺逐步调整进出口关税税则和进口关税，2010 年中国降税承诺全部履行完毕，中国所有关税都被约束，约束关税为 10%，使关税措施具有高度可预见性。[2]中国的平均关税从入世前的 15.3% 下降到 2005 年的 9.9%，2015 年降至 9.8%，2021 年降至 7.4%。在服务领域，中国广泛开放市场，实际开放接近 120 个分部门，在金融、法律、分销等很多领域推出了一些新的重大的开放举措，远远超过入世承诺。

在学习规则为我国产业服务方面，加入世贸组织以来，中国建立了符合世贸规则的反倾销、反补贴、保障措施等贸易救济法律规则体系，依法运用贸易救济措施，维护国内产业安全并保障产业链稳定。[3]积极利用争端解决机制，捍

---

① 入世二十年：中国与世界共赢[N]. 经济日报，2021(12).

② 裴长洪，郑文. 中国入世 10 周年与全球多边贸易体制的变化[J]. 财贸经济，2011(11): 9.

③ 张华荣，王琰. 积极维护多元稳定的国际经济格局和经贸关系[J]. 福州大学学报（哲学社会科学版），2022(06).

卫中国的合法和正当权益，在多起 WTO 争端解决中取得了突破。即便是没有得到支持成果，也使得规则进一步得到澄清，问题得到了讨论，从而帮助各方谋求了共识，也为中国进一步合规提供了依据。2022 年 1 月 1 日 RCEP 生效，1 月 26 日商务部等 6 部门联合印发的《关于高质量实施 RCEP 的指导意见》也特别提到要利用 RCEP 契机促进制造业产业升级和提升产业竞争力，引导产业和企业适应更加充分竞争环境带来的挑战，具体将从推动制造业优化升级、深入实施质量提升行动、加强高端产业链合作和制造业项目合作、培育多元化全球供应链网络以及健全产业开放安全保障体系等方面展开工作。这也表明中央和地方政府部门正在积极利用 RCEP 规则为产业营造良好发展环境。

2．加入更高水平自贸协定将给中国"双循环"新发展格局带来机遇

综合来看，CPTPP 等高水平自贸协定的开放要求总体符合中国发展利益，有利于倒逼中国产业加强自主创新和转型升级，而且在大多数规则领域中国与欧美差距正在缩小。从产业角度看，积极参与高水平自贸区建设，有利于依托中国大市场优势，更深度融入全球分工体系，构建有效制衡、深度共融、互利共赢的国际大循环。

（1）有利于继续引资引智，提升国内产业基础高级化和产业链现代化水平

深入扩大开放，构建面向全球的高标准自贸区网络，可以发挥超大规模市场优势，增强吸引全球产业链高端环节和高水平外资的能力，引入高端尖端人才团队，加大开放创新力度，提升在国际产业链价值链的话语权。

（2）有助于融入国际循环，维护全球产业链供应链稳定

党的十九届五中全会通过的《中共中央关于制定国民经济和社会发展第十四个五年规划和二〇三五年远景目标的建议》，将"加快构建以国内大循环为主体、国内国际双循环相互促进的新发展格局"纳入其中。构建基于"双循环"的新发展格局绝对不是"闭关锁国"，而是党中央在国内外环境发生显著变化的大背景下，推动中国开放型经济向更高层次发展的重大战略部署，其核心要义仍然是通过进一步对外开放深度融入全球价值链下的全球化。在疫情以及百年

未有之大变局形势下，通过加入 CPTPP 进一步畅通外循环，可以进一步提升与更广范围贸易伙伴的经贸联系，增加更多连接内循环和外循环的节点。通过 CPTPP 等高水平自贸协定，可以积极参与全球制造业产业链重构，优化产业链供应链"多元化"布局，有利于在中高端领域以直接投资方式进入美欧市场，深度嵌入全球创新网络和产业链；在传统劳动密集型制造业和高技术行业的低技能环节，主动转移进入东欧、东南亚和拉美市场，扩大资源品来源地，形成资源品到制成品的国际大循环。

（3）有利于倒逼经济体制改革，为深化改革提供参考和方向

CPTPP 所代表的国际经贸新规则既有个别发达国家和跨国公司发挥自身优势、谋求自身利益最大化的一面，也有顺应经济发展趋势和促进人类进步的一面，与我国的深化改革方向和目标是一致的，其中的环境规则、知识产权保护以及跨境信息自由流动等与"创新、协调、绿色、开放、共享"的新发展理念高度契合。与高水平国际经贸规则接轨，将促进中国加快供给侧结构性改革步伐，提升自主创新水平，提高政府管理水平，从而为中国经济社会转型升级奠定坚实基础。尤其是目前中国改革已经进入深水区，通过对接国际高标准规则，可以为全面深化改革提供有益的参照体系，是营造新的制度红利的有效途径。中国大力兴建并升级国内自由贸易试验园区，正是中国面临国际规则压力做出的自我调整和自我完善。通过在自贸试验区推动经济体制改革深化，探索全面深化改革和对外开放的新路径，大胆进行制度创新，推动经济结构和产业结构调整和转型，加快知识产权、科技金融和人才流动等体制改革，进一步扩大对外开放的广度和深度，培育参与国际竞争的新优势。

（4）有利于为中国企业"走出去"营造良好环境

货物贸易方面，关税的大幅度削减，对非关税壁垒的加严限制，客观上都大大降低中国货物出口成本，提升产品国际竞争力。投资方面，中国已经成为吸引投资和向海外投资的双向投资大国，高水平的投资保护可以更好地为中国向海外投资，尤其是向"一带一路"地区投资提供权益保障。电子商务方面，在经济全球化背景下，中国发展成为全球最大的电子商务大国，跨境数据流动

已经成为中国企业与其他国家开展贸易的重要环节。中国跨境电商的主要伙伴是美国、欧盟、日本和东盟等经济体，与这些经济体商谈电子商务规则，学习和借鉴国际规则，可以更好地促进中国电子商务的发展。提高投资开放水平，放开一般制造业外资准入，扩大电信等服务业市场准入，有利于进一步吸引外资，促进中国产业转型升级；供应链条款通过原产地规则等条款，在成员之间建立起区域供应链，将对产业布局产生深远影响；加强全球价值链领域的合作也有助于降低区域贸易投资壁垒，集聚全球资源与要素，引导行业全球布局；中小企业条款的引入，有利于提升中国中小企业参与国际竞争的能力，提高其创新能力和管理水平，为中国中小企业加入全球产业链争取更多权益。

（5）有利于顺应经济发展趋势，营造良好营商环境

CPTPP 高标准的知识产权、环境、劳工和国有企业等所谓公平竞争议题的引入，尽管更多反映发达国家及其跨国公司利益，但也顺应经济发展趋势，有利于进一步提升中国营商环境，稳住和进一步吸引外商投资。其中，加强知识产权保护有利于形成倒逼机制，促使中国企业通过创新增强竞争实力，进而提升中国整体创新能力；提升环境和劳工标准，是中国实现"双碳""共同富裕"的应有之义；加强对国有企业的约束，建立和完善国企信息披露制度，规范国企补贴行为，营造国企、私企、外企公平竞争环境，也是中国进一步深化国有企业改革的目标和方向。

（6）有助于积极扩大国际交往合作，力避"断链"和"脱钩"

可以借助高水平自贸区，团结一切可以团结的力量，扩大朋友圈，深入巩固与传统贸易国家和地区的关系，开拓更多伙伴，对冲对我国的"孤立"与"脱钩"，强化互联互通，与各国携手加强全球经济治理和政策协调。

二、全新碳关税规则的兴起和推进

当前，应对气候变化问题得到国际社会的高度关注，已成为大国博弈的重

要领域。碳关税有望成为全球应对气候变化问题的国际规则改革方向之一，其中欧盟提出的碳边境调节机制（CBAM）已较为确定，美、日等其他发达经济体的碳关税政策尚处于讨论形成阶段，但多已表达支持、参与意愿，该类国内政策出台已成趋势，或将最终演化成国际规则。

（一）主要经济体碳关税的最新动向

1. 欧盟不断推进欧盟碳边境调节机制，已取得碳关税国际规则的锚定优势，引领全球碳关税后期走向

2019 年 12 月，欧盟正式提出碳边境调节机制（CBAM），将其作为"欧洲绿色新政"的重点内容之一。2021 年 3 月，欧洲议会投票通过设立碳边境调节机制决议。目前，该提案细则已于 2021 年 7 月 14 日由欧盟委员会正式宣布。2022 年 6 月 22 日，欧洲议会全体会议通过了关于碳边境调节机制的修正提案，并对提案内容进一步调整。根据最新方案，设定 2023 年至 2026 年为过渡期，2027 年起正式开始对进口商品碳排放收费。值得关注的是，依托欧盟碳市场，欧盟碳边境调节机制为碳价核定夯实了制度基础。此外，欧盟已明确表示希望与美方联手"为全世界建立碳边境调节机制样本"，但也表示仍将坚持单方面对进口产品执行碳边境调节机制（见表 4-6）。[1]

表 4-6　欧盟碳边境调节机制要点

政策维度	具体内容
征收方式	为进口商品设置不包含欧盟碳市场配额的专门配额池，其价格等于欧盟碳市场配额（EUA）价格
征收对象	未与欧盟以相同方式征收碳排放税的国家
产品范围	针对钢铁、铝、水泥、化肥、电力、有机化学品、塑料、氢和氨产品等高碳泄漏行业，将间接碳排放（如外购电力）纳入；[2]计划 2030 年前引入所有适用碳排放交易体系（ETS）的产品范围

---

[1] 姚颖，刘侃，费成博，等. 美国碳边境调节机制工作进展及思考[J]. 环境保护，2021, 49(10): 6.

[2] 陈圆. 企业向绿色转型的税收优惠政策门槛有望降低[J]. 中国对外贸易，2022(9): 2.

续表

政策维度	具体内容
征收额度	碳价方面，参照欧盟碳市场配额（EUA）价格；碳排放量方面，要求进口商对进口商品提供符合要求的碳排放数据，否则将以欧盟内部同类产品生产商中碳排放最高的10%的平均碳排放作为默认标准；允许以进口商品在生产国碳市场、碳税政策下已承担的碳排放成本抵扣相应费用[1]
执行时间	2023年至2026年为过渡期，对拟征收进口商品进行免费配额分配，须提交产品进口量、进口国、碳排放及间接排放、产品在原产国支付的碳价等信息
资金用途	支付 CBAM 相关运营机构行政费用，余额纳入欧盟预算管理

资料来源：赛迪智库整理，2022。

2.美国争取碳关税规则话语权意愿迫切，但自身碳市场等基础机制尚不成熟，进一步推进仍存在一定阻力

欧美战略伙伴对话中双方曾就碳边境调节机制进行讨论，美国政界，特别是目前执政的民主党，普遍承认欧洲在气候变化领域处于领先地位，并认为美国应重拾气候变化问题的领导地位。美国拜登政府将气候领域作为内政外交的优先领域，碳定价和碳边境调节机制均在其施政承诺中。[2]欧盟碳边境调节机制提案于2021年7月出台后，美国民主党议员于同月推出美国版碳关税的立法草案（见表4-7）。2021年3月发布的《2021贸易政策议程及2020年度报告》，明确表示将考虑把碳边境调节机制纳入贸易议程。2022年上半年，美国共和党、民主党均有议员提交碳边境调节机制相关提案，该议题已成为党争激烈局势下美国两党少有的共同议题。目前，美国方案尚在讨论阶段，并未有明确的政策落地动向，有待进一步跟踪观察。特别需要注意的是，碳市场建设是碳边境调节机制的基础性制度之一，但美国现阶段碳市场主要为加州等地方碳市场，联邦层面统一碳定价尚未起步，这给美国推进相关政策造成一定阻碍。

---

① 周杰俣，崔莹. 碳边境税及对我国的影响[J]. 中国财政，2021(19): 3.

② 姚颖，刘侃，费成博，等. 美国碳边境调节机制工作进展及思考[J]. 环境保护，2021, 49(10): 6.

表 4-7 美国碳边境调节机制要点

政 策 维 度	具 体 内 容
征收方式	对规定范围内的进口产品直接采取征收一定金额的进口费用
征收对象	针对进口商品来源于减排力度不如美国、减排方案不如美国激进的国家
产品范围	针对两大类产品。一是燃料类产品，包括石油、天然气、煤炭及其衍生加工产品（在使用过程中会排放温室气体的其他产品）。二是工业类产品，包括钢、铁、铝和水泥，以及上述产品含量超过 50% 的其他产品
征收额度	大致相当于美国同类企业平均环境成本，与该产品相关的生产、加工、运输等经济活动产生的碳排放量的乘积
执行时间	2024 年 1 月 1 日起执行
减免条件	①美国认定的最不发达国家的产品；②未对美国产品实施类似的碳关税等政策、减排目标雄心水平与美国近似的国家的产品
资金用途	支付海关等相关部门行政费用；促进碳减排相关的技术研究和出口等；转移支付各州，用于"韧性社区赠款项目"、碳减排转型行业工人再就业培训、地区性气候灾害评估和基础设施建设，以及向受气候变化影响最大的社区提供技术支持甚至搬迁服务的费用等

资料来源：赛迪智库整理，2022。

3. 日本较早探索碳税、碳市场等基础性机制建设，具备一定基础，有意愿推进美欧日三方框架

日本在碳定价、碳市场建设方面探索较早，目前已实施全国范围的碳税措施，并在国家层面实验了多种机构牵头的碳排放交易和碳抵消项目体系，如自愿碳排放交易体系（JVETS）、碳排放信用体系（J-Credit）、联合信用机制等，但市场建设效果存在较大争议。[1]2021 年日本经济产业省提出，计划于 2022—2023 财年启动国家示范性碳信用额度交易市场，鼓励更多本土企业自主减排，同时也向跨国公司开放，预计将有 400~500 家公司参与其中。[2]碳市场建设是碳边境调节机制的基础性制度之一，日本虽起步较早，但政府部门间关于采取何种方式为碳定价尚存在分歧，有待进一步跟踪观察。根据日本经济产业省《2050 碳中和绿色增长战略》，其主要政策动向包括，国际合作方面加强与美欧在创新政策、关键技术标准化和规则制定等方面的合作。

---

① 王林. 日本酝酿全国性碳交易市场[N]. 中国能源报，2021-08-30.

② 同上.

4．美西方国家围绕碳关税正在构建合作框架，需警惕对我国不利影响

2021 年，意大利担任 G20 主席国期间，引入国际货币基金组织（IMF）推动的"最低碳价下限"议题。该议题认为，只要中、美、欧（盟）、英、加、印等六个参与方以及其他 G20 成员实现《巴黎气候协定》中的承诺，到 2030 年，发达经济体实施 75 美元/吨的碳价下限，中国等高收入新兴市场经济体实施 50 美元/吨的碳价下限，印度等低收入新兴市场经济体实施 25 美元/吨的碳价下限，则可以将全球温升控制在 2 ℃以下。如按照该议题内容，美西方部分国家碳价水平已达到该标准，或差距较小，而该标准是我国现行碳价的 5～6 倍，将极大提高我国生产成本。

（二）全球主要经济体推动碳关税的意图

1．作为经济转型升级新型工具，推动高碳经济向低碳经济迈进

美欧日等发达经济体是全球产品的重要消费需求方，并具有较强的示范引导能力。发达经济体通过制定碳关税等政策举措，倒逼其进口商品的生产国加强本国减碳力度，促使生产国向低碳经济转型，从而提高全球范围的节能减排降碳成效。但需关注的是，碳关税机制也可能损害发展中国家的发展权益。欧美等发达经济体原有高碳排放产业已向后发国家转移，其本质也是一种"碳转移"，开征所谓的碳关税名义上推动全球经济低碳化转型，实质是对承接高碳排放产能国家的利益侵蚀。

2．通过将气候变化政策与贸易捆绑，设立新型技术性贸易壁垒

目前，欧美日等发达经济体正逐步将碳关税等政策举措作为气候治理手段。但政策执行中可能存在贸易歧视性举措，违反现行以 WTO 为主导的国际经贸规则。单一国家或地区对外加征碳关税的行为无异于贸易制裁，将限制发展中国家的发展权，对全球经贸形势产生系统性影响。以我国为例，我国目前碳市场价格在 4 美元/吨～6 美元/吨，而欧盟碳市场价格在 60 美元/吨～70 美元/吨，双方碳价差异巨大，该政策执行将极大提高我国对欧出口产品成本。又如，美国民主党议员提交的提案中，在减免优惠条件方面存在较大的操作空间，可能存在通过锁定减免征收国家的方式，利用贸易歧视加速国际产业分工格局演变，进而削弱我国全球产业地位。

3. 将低碳规制由国内向国际扩展，掌控碳市场标准与话语权

碳关税这类政策措施表面看旨在维护贸易公平，但将观察视角的时空维度放大，从发展阶段、国际分工的视角看，该类政策是欧美等发达经济体争夺新一轮标准制定与国际规则话语权的抓手。欧美日等发达经济体率先完成工业化，较早步入后工业化并已进入服务经济时代，在国际产业分工中多处于高价值链、低能耗、低碳排放产业环节。发达经济体依托自身消费能力，通过设立并掌控议题，成为全球低碳产业主导者、规则制定者和定价权控制者。以进口为"饵"倒逼发展中国家产业转型，并加速产能从相对具有国际竞争力的国家流向发展相对较晚、要素成本更加低廉的新兴发展中国家，推动全球产业链供应链重构，趋向有利于巩固发达经济体地位的方向演进。

（三）双碳背景下应对碳关税国际规则化的思考

完善碳交易制度体系，配套相关法律法规。碳交易已是全球多个国家实施碳定价机制的关键着力点。我国应基于国情，引导与支持地方加强对碳减排行为的市场激励，逐渐由行政干预型碳减排政策工具转向更经济有效的市场激励型碳减排政策工具，缩小与欧盟等经济体之间的碳价水平差距。鼓励已开展碳市场交易的地区进一步加强碳市场相关的制度建设。例如，加强碳减排数据的汇总、上报等，逐步向全国推广碳减排典型地区的有效经验，加快推进覆盖更多行业的全国碳交易市场建设。引导金融机构特别是地方金融机构严把金融衍生产品等审核门槛，加强防范碳交易市场运行过程中的投机行为，谨防引发金融风险。

谨慎开征碳税，加强与资源税、环境税等税种的协调。全球多个国家兼顾碳交易与碳税两大路径。鉴于我国产业、能源和经济结构与实施碳税国家均存

在较为明显的差异，当前我国仅采取碳交易路径，建议谨慎评估碳税开征时点，并研判可能对经济造成的冲击。考虑到 2030 年实现碳达峰目标，我国开征碳税时点至少应在 2030 年之后。此外，需要提前做好碳税与资源税、消费税、环境税等现存税种的优化配置，避免重复征税等问题。

科学设置国内碳定价标准，避免极端经济波动出现。目前国内碳定价标准需平衡低碳发展与利益维护的关系，过高的碳成本将加重企业生存压力，反之则存在企业利润向欧美日流失的风险。建议事先采用专家论证、政策模拟、企业调研等手段，科学制定我国碳排放费用标准，对基准价格、涨跌机制、配额设置、碳强度计量标准等相关事项进行前瞻规划，争取"熨平"碳关税涉及的行业波动及经济负面效应，同时充分发挥其在减排工作、倒逼企业转型升级中的"鞭策效应"。

主动与欧美日展开双边或多边对话。在碳关税正式开征前，争取在征收标准、方式、计税等方面的调节空间，尽量减轻国内制造业转型的外部压力。积极与欧盟协商，仅将碳边境调节机制应用于特定高排放产业。为确保公平竞争，在事关碳关税、碳排放配额等事项裁决时，建议多方协同处理或引入第三方仲裁。

三、美国单边主义惩罚性关税的盛行与滥用

（一）美国滥用惩罚性关税的特点

1. 以国家安全为由对个别产品启动 232 调查

1962 年美国《贸易拓展法》第 232 节（《美国法典》第 19 卷第 1862 节）规定，总统有权根据商务部的肯定裁决，基于被调查的产品"进口到美国的数量或情况可能危及国家安全"，对某些进口产品实施限制。条款没有对国家安全进行具体定义，但指出调查必须考虑某些因素，如预计国防需求所需的国内生产和产能，为国防提供必不可少的人力资源和物资，以及由于过度进口引发的失

业、投资、政府收入等因素恶化情况。

2017年4月20日，时任美国总统特朗普指示商务部启动钢铁与铝产品的232调查。2018年3月1日，美国政府宣布对进口钢铁和铝产品分别加征25%和10%的关税，所涉产品价值高达480亿美元。2020年5月4日和6日，美国商务部连续发起两次232调查，分别针对电力变压器及其组件中的叠片、铁芯和移动式起重设备。①2021年9月，正当全球大宗商品价格高位震荡之际，拜登政府又故技重施，宣布就钕铁硼永磁材料是否损害美国国家安全开启232调查。

对于美国开展的钢铁和铝的232调查，美国曾给予欧盟、韩国、巴西、阿根廷等实行分化政策，在这些国家承诺出口限制后，给予关税排除的待遇。现任总统拜登曾表示，在找到产能过剩解决方案之前，他将支持并维持钢铁和铝的232关税。

2. 以不公平贸易为由对华全面启动301调查

301调查是美国依据301条款进行的调查，301条款是指《1988年综合贸易与竞争法》第1301～1310节的全部内容，主要是保护美国在国际贸易中的权利，对其他被美国认为贸易做法"不合理""不公平"的国家进行"报复"。根据这项条款，美国可以对它认为"不公平"的其他国家的贸易做法进行调查，最后由总统决定是否采取提高关税、限制进口、停止有关协定等措施。301调查由美国自身发起、调查、裁决、执行，具有强烈的单边主义色彩。

2017年8月14日，时任美国总统特朗普签署备忘录，授权贸易代表莱特希泽审查"中国贸易行为"，来决定是否对中国发起301调查。8月18日，莱特希泽正式启动对中国在技术转让、知识产权和创新领域的301调查。中美贸易争端风云又起，301条款成为关注焦点。2018年4月，美国依据单方面所谓"调查结果"，宣布对来自中国的约500亿美元的进口商品加征25%关税，并于7月6日对其中的340亿美元产品正式实施征收，加征关税产品主要集中在中国制造强国战略中重点发展的领域；此后，美国在2018年8月和9月分别推出160亿

① 张伟伦. 美三天发起两次232调查 中企应合理防范[N]. 中国贸易报，2020-05-12.

美元、2000 亿美元加征关税的产品清单，加征税率为 25%，其中 2000 亿美元产品清单从之前的领域扩大至机械、电子、化工、纺织服装等众多领域；2019 年 9 月推出 3000 亿美元产品清单，基本覆盖到电子产品、服装等大众消费品（见表 4-8）。

表 4-8 301 调查下美国对我国加征关税情况表

加征轮次	加征产品金额	加征时间	加征税率
第一轮	340 亿美元	2018/7/6	25%
	160 亿美元	2018/8/23	25%
第二轮	2000 亿美元	2018/9/24	25%
第三轮	3000 亿美元（A 清单）	2019/9/1	2019 年 9 月 1 日后为 15%，2020 年 2 月 14 日后为 7.5%
	3000 亿美元（B 清单）		暂停加征

为做好应对，我国研究出台对等加征关税清单，并将美国加征关税行为上诉至世贸组织。2020 年 1 月 15 日，中美第一阶段经贸协议签署，协议文本包括序言、知识产权、技术转让、食品和农产品、金融服务、汇率和透明度、扩大贸易、双边评估和争端解决、最终条款九个章节。中美第一阶段经贸协议达成后，美国对我国 3000 亿美元 A 清单产品关税加征由 15% 降到 7.5%，但仍保持 2500 亿美元清单产品加征 25% 关税。我国对美国也相应保持一定关税。目前，美国对中国商品的平均进口税率为 19.3%，远高于美国 3% 的最惠国税率（MFN 税率）；中国对美国商品的平均进口税率为 21.1%，也远高于中国的最惠国税率。

中美第一阶段经贸协议并未实现美国期望缩小逆差的初衷，反而因加征关税加剧了美国的通胀水平。从贸易逆差看，2020 年美国对华贸易逆差高达 3169 亿美元，2021 年逆差达 3965 亿美元，较 2017 年分别增长了 14.9% 和 43.8%，美国对华逆差大幅增加。此外，第一阶段经贸协议签署后，美国并未取消已经对我国实施的惩罚性关税，加上疫情、俄乌冲突等不可控因素的影响，美国国内通胀压力进一步加大。2022 年 3 月，美国核心 CPI 高达 8.5%，国内要求取消加征关税的呼声越来越高。彼得森国际经济研究所的政策简报显示，如果取消特朗普政府对中国输美产品加征的 301 关税和以"国家安全"为名加征的 232 关税等，可以降低美国消费者价格指数（CPI）约1.3个百分点。[①]但从目前看，即便美国国内通货膨胀率居高不下，美国仍然维持关税加征。

（二）关税排除正发挥折中和妥协作用

2018年以来，美国在301调查下对华大部分输美产品加征关税，旨在减少巨大的贸易逆差，但对于严重依赖中国进口的美国企业来说，也不可避免地增加了进口成本。为缓解加征关税带来的不利影响，美国启动了关税排除程序（也称为"关税豁免"）。从总体看，美国关税排除是在全面对华加征关税下的折中性的阶段性选择，最终仍服务于美国推动对华"脱钩"的策略选择，难以改变美国破坏世贸组织规则、单边主义和霸权主义的实质。

1. 美国关税排除的基本情况和特点

2018年7月6日，美国公布了301调查下对华加征关税排除规定，正式启动关税排除程序。排除商品必须满足三个条件：必须从中国进口，无其他替代来源；加征关税将造成严重经济影响或严重损害美国利益；不属于"中国制造2025"支持的领域。但在现实中，美国也会考虑国家安全、中小企业利益等因素。从原则上看，排除有效期为1年，部分产品可获得延期资格。

截至2020年1月31日，美国共收到52472项排除申请。按照"必须从中国进口、无其他替代来源，加征关税将造成严重经济影响或严重损害美国利益，不属于'中国制造2025'支持的领域"三个必要条件，美国政府仅批准6817项关税排除申请，占比约13.0%。涉及99项10位全税号产品和2129项特定商品，排除规模为1505.7亿美元（按对应10位税号的2020年美国进口额计算，下同），占全部加征关税商品规模的34.7%。由于排除商品多为10位税号下部分产品，因此实际排除规模要小于上述值。

---

① Gary Clyde Hufbauer (PIIE), Megan Hogan (PIIE) and Yilin Wang (PIIE).For inflation relief, the United States should look to trade liberalization [EB/OL].The Peterson Institute for International Economics.2022-03. https://www.piie.com/publications/policy-briefs/inflation-relief-united-states-should-look-trade-liberalization.

从排除具体领域看，数量最多的是机械产品，涉及 4220 项，排除规模约为 387.7 亿美元，占关税排除总规模的 25.2%；其次为轻工产品，涉及 1154 项，排除规模约 504.5 亿美元，占关税排除总规模的 33.5%；再次为电子产品，涉及 696 项，排除规模约 327.2 亿美元，占关税排除总规模的 21.7%。其余大类为冶金、纺织、化工、医药等产品，涉及 847 项，排除规模约 295.2 亿美元，合计占比为 19.6%。上述产品排除期限大多截至 2021 年 9 月底，仅保留了为应对新冠疫情而必须进口的部分医疗产品。

从关税排除的特点看，一是排除的产品范围较为精确且能够动态调整。美国关税排除为海关编码 10 位税号下的部分商品，部分产品甚至细化到某个公司下的某个具体型号产品。同时，还会根据企业诉求及时调整排除产品的描述范围，以便排除更为精确。二是关税排除的商品以原材料和零部件、日常消费品为主，主要侧重于满足企业生产和民众生活需要。疫情发生以来，美国优先将口罩、防护镜、防护服等产品纳入关税排除范围，以满足国内骤增的进口需求。三是排除重点考虑对财政收入和就业等具有一定影响力的企业。其中，中小企业和大型跨国公司的排除申请获批的机会较高。比如，美国苹果公司在华生产的鼠标等产品，尽管遭遇国内部分协会和企业的强烈反对，最终仍被纳入排除清单中。

2. 2022 年 3 月美国排除 352 项产品的基本情况

由于前述美国排除的产品陆续在 2021 年到期，面对国内通胀等压力，2021 年 10 月 4 日，美国贸易代表戴琪宣布针对中国进口的 549 项产品重启定向关税排除程序。2022 年 3 月底，美国最终公布了最终豁免的 352 项产品清单。

美国重新启动关税排除主要基于以下方面考虑：

一是美国对华加征关税的损失主要由美国进口商承担。美国穆迪投资者服务公司研究报告显示，美国进口商承担了美国对中国商品加征 20% 关税中 90% 以上的额外费用。按照现有关税税率来看，这意味着美国进口商需为中国商品支付高出原价约 18.5% 的费用，而中国出口商仅少赚了 1.5%。为安抚国内企业情绪、降低美国进口商成本负担，重启新一轮关税排除程序成为最优选择。

二是美国面临较为严峻的通货膨胀压力。疫情之后，在美国强大刺激政策、大宗产品价格上涨等因素影响下，美国面临非常严重的通货膨胀压力，并创下历史新高，重启关税排除有利于缓和美国的通胀压力。

三是关税排除对减少对华贸易顺差实质性意义不大。美国对华加征关税以来，虽然对华遏制手段从贸易升级到科技、金融、人才等领域，但在疫情冲击下，中国经济不仅快速修复，并且替代东南亚等国家成为医疗物资等产品的主要出口国，美国对华加征关税实质性意义不大。

从总体看，美国排除的 352 项产品具有以下方面特点：

一是关税排除产品数量不多且排除规模不大。美国此次公布的 352 项产品涉及 33 个全 10 位税号和 319 个特定描述产品，全部为此前排除过的产品，排除期限在 2021 年底前到期。相对于美国最初 6817 项产品的排除产品规模，此次 352 项产品的排除数量要小很多。从排除金额上看，352 项产品排除规模约为 670.4 亿美元（按对应 10 位税号的 2021 年美国进口额计算，实际金额要小于该金额），约占征求意见的 549 项产品规模的 60.7%；占美国全部加征关税产品规模的 22.4%。其中，电子定位跟踪器、图形处理模块、一次性塑料布、一次性听诊器盖、吸尘器、淋浴喷头等美国自我国进口额较大的产品均在其中（见表 4-9）。

表 4-9　352 项排除产品中金额最大的 10 类产品

排除产品税号	排除产品名称	2021 年美国自中国进口金额/亿美元	备注
8517620090	电子定位跟踪器	93.13	部分税号
3926909985	塑料碗、塑料量杯、塑料泡沫垫、一次性塑料布、无菌倾析器	33.93	部分税号
6307909891	剖腹手术用棉质垫、一次性听诊器盖	28.20	部分税号
8473301180	图形处理模块、自动数据处理（ADP）机器用印刷电路组件	27.99	部分税号
8473305100	产品 8471 的机器零件和附件	23.72	部分税号
9401616011	软垫座椅	23.24	部分税号
3924905650	塑料淋浴头	21.71	部分税号

续表

排除产品税号	排除产品名称	2021 年美国自中国进口金额/亿美元	备注
8508110000	带独立电机的真空吸尘器	18.79	全部税号
7326908688	钢制电缆钩	15.90	部分税号
9403200050	金属和高压层压竹制家具	15.77	部分税号

数据来源：TradeMap 数据库。

二是与生产相关的机电产品和与疫情相关的医疗耗材、家具等是主要排除产品。如图 4-1 所示，机械设备排除比例最高，涉及 46 个 10 位税号产品，排除规模约为 216.2 亿美元，约占 352 项产品关税排除规模的 33.9%，包括绝缘电线、电动机、泵阀、货物处理设备、净化器等。电子产品涉及 51 个 10 位税号产品，排除规模约为 126.8 亿美元，占比约为 19.9%，包括印刷电路板、铝电解电容器、绝缘导线导体、液晶显示器模块等电子产品。家具等杂项制品涉及 18 个 10 位税号产品，排除规模约 71.4 亿美元，占比约为 11.2%，包括金属家具、淋浴头等产品。其余类别包括塑料产品、汽车及零部件、服装、光学设备和仪器、贱金属杂项制品等。此外，在征求意见的 549 项产品清单中，最终未被排除的产品主要是口罩机、测温仪、疫情防控车辆、便携式自行车、水果干、打印机相关零件等疫情缓解后消费需求下降的产品，这些产品美国在 2020 年的进口额为 312.8 亿美元，2021 年下降至 224.3 亿美元。

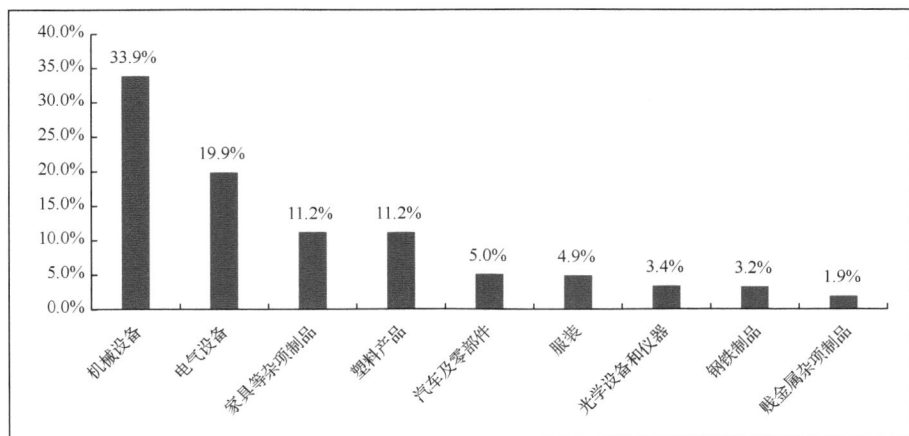

图 4-1　美国排除的 352 项产品主要类别分布

（数据来源：TradeMap 数据库）

三是疫情防控和产品可替代性等是美国关税排除的主要考量因素。此次排除共收集到 2024 份公众意见，最终获准排除的主要考虑原因有：第一，疫情相关产品或者疫情下需求激增的产品。例如，印刷电路板得以排除的理由是，COVID-19 大流行导致对该产品的需求大幅增加，只有中国生产的印刷电路板可以满足医疗、工业和军事专业人员对多种应用的特定需求。第二，美国没有或者缺乏可替代的产品。有美国公司提出，减压阀是高度工程化的成品，需要严格的资格认证，除中国之外的第三方来源选择非常有限且远不足以满足美国需求。第三，中国生产成本大幅低于美国。美国泵公司认为，中国一台 1 HP 泵的生产成本为 70 美元，而美国品牌为 800 美元，中国产品的高性价比才能满足美国的消费需求。第四，跨国公司全球布局生产的标准件产品。苹果公司建议将 ADP 设备排除，主要是 Mac Pro 计算机生产中涉及的复杂组件无法从美国本土获得。

四是部分关税排除产品已出现多元化替代的趋势。2018 年美国一直在减少对我国排除产品的数量和规模，此次保留的 352 项关税排除产品主要是美国高度依赖我国并且进口金额逐年上升的产品。2017 年美国自我国进口 352 项产品的金额为 468.3 亿美元，2021 年上升至 670.4 亿美元，占美国自我国排除产品进口总额的比重由 2017 年的 35.1%上升至 2021 年 41.5%；占美国对我国所有加征关税产品进口额的比重由 2017 年的 13.7%上升至 2021 年的 22.4%。但也应看到，在加征关税情况下，美国部分产品进口来源正逐渐呈现多元化趋势。2017 年美国自我国进口所有加征关税产品的金额为 3518.3 亿美元，2021 年已下降至 2977.5 亿美元，下降了 15.3%。其中，墨西哥、越南等成为主要替代国（见表 4-10）。

表 4-10　352 项产品中美国进口来源多元化的部分产品

HS10 位税号	商品名称	美国前五位进口来源地和进口额/亿美元	
		2017 年	2021 年
8473301180	自动处理设备的零附件	中国内地 43.9 中国台湾 4.1 越南 0.7 墨西哥 0.5 加拿大 1.2	中国内地 15.9 中国台湾 4.4 越南 3.7 墨西哥 2.8 加拿大 1.5

续表

HS10 位税号	商品名称	美国前五位进口来源地和进口额/亿美元	
		2017 年	2021 年
8473305100	其他自动数据处理设备的零附件	中国内地 31.8 中国台湾 4.5 墨西哥 1.5 马来西亚 0.7 加拿大 0.3	中国内地 23.7 中国台湾 8.6 墨西哥 3.9 马来西亚 1.3 加拿大 0.6
4202923131	人造纤维旅行、运动及类似包（背包除外）	中国内地 9.1 越南 1.1 柬埔寨 0.1 印度尼西亚 0.1 缅甸 0.1	中国内地 5.2 越南 1.7 柬埔寨 1.4 印度尼西亚 0.7 缅甸 0.4
9401616011	其他未列名的家用座椅、软垫、木框架	中国内地 25.6 越南 0.1 墨西哥 1.2 柬埔寨 0.1 意大利 0.5	中国内地 23.2 越南 22.8 墨西哥 2.6 柬埔寨 1.8 意大利 1.3
8544422000	电压不超过 1000 V、配有连接器的绝缘电导体	中国内地 12.5 越南 0.1 墨西哥 1.9 中国台湾 0.5 马来西亚 0.1	中国内地 10.4 越南 5.1 墨西哥 2.3 中国台湾 1.1 马来西亚 0.5
8537109170	用于电气控制/分配的底座	中国内地 13.5 墨西哥 30.4 加拿大 3.2 德国 4.0 日本 3.7 越南 0.9	中国内地 11.8 墨西哥 34.6 加拿大 4.7 德国 4.6 日本 4.4 越南 3.9

数据来源：TradeMap 数据库。

3. 美国关税排除的经验借鉴

一是积极推动美国取消加征关税。尽管疫情下我国对美国出口仍在上升，但加征关税产品对美国出口呈现持续下降态势。作为我国重要出口目的地，稳定对美国出口对我国经济稳定恢复具有重要意义。应做好中美双边谈判重启准备，积极推动美国取消对华加征关税。

二是做好我国关税排除相关工作。研究我国对美国加征关税后的进口情况，按照数量对等、规模对等、时间对等原则，精准做好我国自美国进口产品关税排除工作，适当延长部分产品的关税排除期限。指导企业做好关税排除申请工作，进一步简化排除流程，让符合条件的企业尽可能享受关税排除政策，降低企业进口成本，助力企业应对经济下行压力。

三是打造更具有吸引力的投资环境。进一步优化营商环境，提升投资开放力度，在美国加息背景下稳定资本正常流动，保持经济稳定增长，增强其他国家对我国经济发展信心。吸引更多外资进入制造业或来华设立创新中心，为培育竞争新优势、构建新发展格局创造更有利条件。

（三）美国推动与中国贸易"脱钩"对美国航空制造等重点行业负面影响显著

2021 年 2 月，美国全国商会中国中心和荣鼎咨询集团联合发布《理解中美"脱钩"——宏观趋势和行业影响报告》(后文简称《报告》)，旨在评估中美"脱钩"对美国宏观经济以及美国航空制造、半导体、化工和医疗器械四个行业的潜在影响。《报告》是美国众多智库和行业协会持续关注中美"脱钩"问题的又一重磅研究成果，有助于我们进一步了解美国政府和企业对中美"脱钩"的态度，研判中美"脱钩"的可能性和发展趋势，也启示我们应全面评估中美"脱钩"的可能性及"脱钩"对我国宏观经济和相关行业的影响，做好"知己知彼、百战不殆"的准备。

《报告》包含四部分内容，第一部分是回顾美国认为的中美"脱钩"根源及"脱钩"的领域和范围；第二部分是中美"脱钩"对美国宏观经济的整体影响；第三部分是中美"脱钩"对美国航空制造、半导体、化工、医疗器械四个行业的具体影响；第四部分是美国全国商会基于前述"脱钩"成本分析对美国政府提出的政策建议。

《报告》从贸易、投资、技术研发和人员交往四个方面概括了美国近年来实施的推进与中国"脱钩"的主要政策和手段。贸易方面包括加征关税、出口管制、修改美国国内产业政策以加大对中国产品的购买和使用限制、确保美国国内供应链安全等；投资方面包括加大对外资国家安全审查力度、加大金融制裁力度以限制资金向中国关键实体和关键区域的流动等；技术研发方面包括限制高技术人员流动、限制面向中国市场的研发支出等；人员交往方面包括暂停或取消签证、加大对相关行为和相关人员的制裁力度等。

1.《报告》发现中美"脱钩"将给美国宏观经济带来巨大损失

贸易领域,如果将目前中美互相加征 25% 关税扩大至所有双边贸易,到 2025 年,美国 GDP 损失将超过 1900 亿美元；到 2030 年,损失将超过 2500 亿美元,该损失不包含出口管制等其他贸易政策影响。如果考虑美国在中国失去市场准入机会造成的竞争力下降等其他方面损失,美国面临的风险和成本更加巨大。

投资领域,截至 2020 年 6 月,美国在华直接投资存量约 2580 亿美元,"脱钩"导致在华投资存量下降近一半（1240 亿美元）,估计每年将损失 250 亿美元的资本收益。按照美国海外投资与 GDP 之间的比例系数计算,在华投资存量下降一半将导致美国 GDP 每年损失 5000 亿美元。如果再将企业退出中国市场导致的间接损失统计在内,这一影响可能高达每年 5500 亿美元。

技术研发领域,"脱钩"会削弱美国生产力和创新能力,但这方面的量化比较困难。从短期看,"脱钩"会对美国研发支出产生影响,美国企业有关中国市场的研发支出、中国企业在美国的研发支出、第三国企业在美国进行的有关中国市场的研发支出都将下降。从长期看,尽管难以定量评估,但"脱钩"势必会削弱美国作为全球创新者灯塔的"软实力"影响。

人员交往领域,将中国学生排除在高科技研究领域之外,将使美国大学收入受损,增加美国技术和创新面临的风险。仅教育和旅游两项,2018 年中国留学生年度平均消费为 37200 美元,中国游客平均消费为 6524 美元,假如资金流入削减至疫情前的一半,美国每年服务贸易出口损失约 150 亿至 300 亿美元。

2.《报告》发现中美"脱钩"将对美国四大优势产业造成极大负面影响

航空制造业，假设加征关税和出口管制等方面措施导致美国完全丧失中国市场，美国将每年损失 380 亿至 510 亿美元收入。如果未来 10 年中国停止购买美国飞机，到 2029 年，美国总计损失将达到 2772 亿美元；如果未来 20 年中国停止购买美国飞机并拒绝美国提供航空商业服务，则在 2020—2038 年，美国的预计总损失将达到 8750 亿美元。

半导体行业，鉴于半导体行业在美国制造业增加值和科技创新中的作用，放弃中国市场意味着美国规模经济和研发支出的降低，并削弱美国在全球技术供应链中的核心地位。"脱钩"将促使一些外国公司半导体业务"去美国化"，并进一步激励中国自给自足。失去中国市场将导致美国制造业损失 540 亿至 1240 亿美元产出，并面临超过 10 万个就业岗位的消失，以及 120 亿美元研发支出和 130 亿美元资本支出损失的风险。

化工行业，推动与中国"脱钩"意味着美国在日益增长的中国市场中的份额减少，美国研发支出也将随之减少，进而抵消美国化工行业为改进技术和降低原材料成本所产生的竞争优势。仅从加征关税角度衡量，如果中国短期内难以找到替代美国产品的化工品，则美国将减少 102 亿美元的工资和产出损失，并影响 2.6 万个工作岗位；如果中国短期内能够找到替代品，则美国工资和产出损失将扩大至 380 亿美元，并影响近 10 万个工作岗位。

医疗器械行业，在完全"脱钩"情况下，美国将继续推动医疗器械领域供应链回流，中国也将采取反制措施，禁止美国公司参与中国公立医院采购。美国公司目前在中国医疗器械市场的份额约为 30%，如果美国份额降为零，则美国公司年营收损失约 236 亿美元。考虑到中国国民收入增长以及老龄化社会的到来，失去中国市场将意味着未来十年美国医疗器械行业的累计营收损失接近 5000 亿美元。基于美国企业营业收入与研发支出的系数，这一损失将导致美国研发支出减少 335.4 亿美元，从而严重损害美国医疗设备行业对新一代技术和产品的研发能力。此外，中美"脱钩"可能会严重扰乱美国医疗器械行业的全球供应链，不仅会给美国企业带来巨大损失，也会严重影响全人类的福利。

3. 美国全国商会给美国政策制定者的建议

建议一：重视数据分析在制定中美战略决策过程中的重要参考价值。尽管"脱钩"的经济成本和国家安全利益之间的平衡超越了经济学范畴，但基于基础经济数据分析得出的政策，更有可能成功并减少不必要的成本。

建议二：完全的中美"脱钩"对美国宏观经济和重点行业的损失和代价非常高，相比之下，临时性的、相对缓和的对华政策更具合理性。

建议三：在对华战略中纳入促进产业创新和技术进步、维护以规则为基础的市场开放秩序、保护具有系统性和战略性的资产和行业不受威胁等政策，但相应政策组合应尊重市场机制的核心作用，并认识到政府主导资源配置的局限性。

（四）从 2018—2021 年数据看美国加征关税效果

2018 年 7 月 6 日，美国正式实施 301 调查下的对华加征关税行动，至今中美贸易争端已持续四余年。对四年来美国对华贸易"脱钩"进行评估，结果显示：美国自华进口额在美国总进口额中的比重较贸易争端之前下降了 3.5 个百分点，呈现初步"脱钩"态势；但从全球价值链角度看，中美"脱钩"的实际程度比贸易数据计算所得缩小 0.6 个百分点。随着美国逐步推进供应链"去中国化"和"友岸外包"等战略，中美"脱钩"恐面临更多的挑战。我国应充分利用中间品第一大贸易国的优势，加强与东盟合作，提升我国全球价值链地位，让美国在未来难以真正与"中国成分"脱钩。

1. 美国对华加征关税产品已初步呈现"脱钩"态势

（1）美国加征关税并未减少美国对华贸易逆差，但加征关税产品的自华进口额正在减少

美国自华整体进口额小幅回升，贸易逆差未实质性减少。2021 年美国自华进口额为 5415.5 亿美元，与 2017 年相比增长了 3%；四年期间年均增速为 0.7%，

低于美国自全球进口 5.1%的年均增速,与贸易争端之前美国自华进口年均增长 3.4%的水平也存在一定差距。从贸易差额看,美国对华贸易逆差从 2017 年的 3957.5 亿美元缩至 2021 年的 3904.8 亿美元,并未实质性减少。

美国自我国未加征关税产品的进口保持相对稳定,美国对我国仍有极强依赖。2017—2021 年,美国自华非加征关税产品的进口额年均增长 8.9%。其中,受疫情影响,美国自华进口的笔记本电脑、视频游戏机和玩具大幅增长,2017—2021 年分别年均增长 10.7%、18.1%和 5.5%,且自华进口在美国自全球进口中的比重基本保持在 80%~90%的高位。这表明,美国对我国非加征关税产品依然高度依赖。

美国自我国加征关税产品的进口额波动性下降。从加征关税清单产品看,2017 年美国自我国进口总额为 3526.1 亿美元,2018 年受抢出口等因素影响增至 3817.9 亿美元,2019 年和 2020 年连续两年负增长,在 2021 年疫情影响下有一定程度回升,进口额达到了 2978.1 亿美元,但仍未恢复至 2017 年的水平。从总体看,美国自我国加征关税产品的进口额在 2017—2021 年期间年均下滑 4.1%。其中,电子电气(HS85)、机械设备(HS84)、非针织服装(HS62)、鞋靴(HS64)和皮革制品(HS42)等分别下滑 8.8%、7%、10.3%、10%和 15.7%,下降幅度较大。

(2)越南等东盟国家正在加速占领美国市场,填补我国出口产品缺口

尽管我国仍是美国最大的进口来源国,但自华进口额在美国总进口额中的比重从 2017 年的 21.9%下降至 2021 年的 18.4%,减少 3.5 个百分点。尤其是加征关税清单产品的自华进口占比已经从 2017 年的 17.9%降至 2021 年的 13.0%,减少了约 5 个百分点。与此同时,东盟国家在美国进口中的比重则从 2017 年的 7.3%,增长至 2021 年的 10.3%,上升 3 个百分点,很大程度替代美国对华进口。其中,2017—2021 年,美国自越南、马来西亚、泰国的进口总额分别增长了 123.4%、51.8%和 56.5%,年均增速分别为 22.3%、11.0%和 11.9%。美国对我国加税高达 30%的产品的被替代程度尤其明显,以越南为例,美国自越南进口这些产品的金额从 188.3 亿美元上升至 536.0 亿美元,年均增速高达 29.9%,其中

机械设备（HS84）四年年均进口增速更是高达 80.5%。

（3）从全球价值链角度看，中美"脱钩"的实际程度小于贸易数据表现

中美双边贸易数据只能体现美国进口来源中最后组装部分的变化，难以真实反映这些货物中包含了多少从中国进口的中间投入。单纯从双边贸易数据看，美国自华进口额在美国总进口额中的比重较贸易争端之前下降了 3.5 个百分点。

但从全球价值链角度看，即便仅考虑我国向越南、马来西亚、泰国和墨西哥四国中间品出口的情况下，中美"脱钩"的实际程度比贸易数据计算所得缩小 0.6 个百分点。这是因为，当前越南等国家向美国出口的产品中，超过一半的增值部分来源于其他国家，特别是中国。仅考虑越南、马来西亚、泰国和墨西哥四国的情况下，根据四国向美国的出口额、四国的全球价值链（GVC）后向参与度（指一国出口产品中来源于他国的价值占比）、四国进口来源的中国占比可估算出，2017 年美国自四国进口中共计约有 342.7 亿美元的中间品来源于中国，2021 年约有 572.5 亿美元来源于中国。意味着，在东盟等"贸易中间国"的作用下，中美"脱钩"的实际程度小于双边贸易数据的表现。

2．应警惕美国借助制造业回归及"友岸外包"等战略，进一步推动中美"脱钩"

美国对华加征 301 关税是美国正式开启对华贸易"脱钩"的标志性事件，但这一行动最初实际上是奥巴马时期"再工业化"战略和制造业回流计划的延续。拜登政府上台以来，随着疫情持续和俄乌冲突带来的全球供应链危机加剧，对华加征关税逐渐成为美国构建"去中国化"供应链以及美国"近岸外包""友岸外包"战略布局的重要一环。同时，美国也将借助"近岸""友岸"手段进一步推动中美贸易持续"脱钩"。

一方面，美国对我国持续打压已成为其两党共识，取消 301 调查加征关税的难度较大，不排除美国启动新一轮301调查，进一步推动中美"脱钩"。按照原定计划，美国对华进口 340 亿美元和 160 亿美元产品加征关税的行动本应该于 2022 年 7 月 6 日和 8 月 23 日到期。但是在中期选举压力下，拜登政府最终

以"400 余家美国企业代表认为关税手段有利于提升美国商品的竞争力，并要求延长对华加证关税"为由，未取消相应关税。未来，拜登政府在面临中期选举后"分裂国会"的情况下，国内政治极化程度加深。考虑到对华战略竞争已是两党共识，两党都将中国视为最具威胁的竞争对手，甚至互相指责对方对华不够强硬，未来美国对华政策将持续高压。特别是共和党赢得众议院控制权将大概率施压拜登政府，不排除美国开启新一轮针对产业补贴或专精特新企业的 301调查。

另一方面，美国正在实施制造业回流、"友岸外包"等战略，全面打造"去中国化"供应链，将进一步推动中美"脱钩"。新冠疫情以来，美国成为推动全球供应链"非正常重塑"的主要力量，通过大量刺激性产业政策引导企业回流，联合盟友推动对华全面"脱钩"。一是联合重要盟友构建半导体、关键矿产资源、生物医药和大容量电池等领域"去中国化"供应链。二是通过《2022 年芯片与科学法案》《通胀削减法案》，对美国本土制造业提供大量补贴，旨在吸引半导体、新能源汽车等制造业回流，提升本土制造能力。三是兜售"友岸外包"，发起印太经济框架（IPEF），以鼓动跨国企业从中国迁往东盟为"诱饵"，拉拢东盟在中美之间站队。随着美国利用其控制力塑造全球供应链的效果不断外溢，跨国企业被迫重新思考其全球供应链布局，从而在实质上响应发达经济体制造业再回归或"友岸外包"。

出口管制制度：从国内立法向国际规则演变

出口管制制度作为一种贸易管理手段，本身是一项中性制度，建立出口管制体系已经成为世界多数国家的通行做法。2020 年 12 月 1 日《中国出口管制法》生效以后，联合国五大常任理事国都具备了专门的出口管制法。与此同时，出口管制制度又具有非常强的政治性、歧视性和阶段性，在不同历史时期、国际形势和双边关系下，各国的出口管制政策又有所变化。美国的出口管制演变历史就是这种政治性、歧视性和阶段性的典型体现。

近年来，美国政府已经完全无视出口管制制度的中性化特征，打着国家安全名义，随意修改出口管制规则，将其打造成遏制竞争对手的重要手段。在单边层面，为巩固美国在制造业和高科技领域的优势地位，美国企图通过限制高科技产品贸易来实现调整全球价值链分工的目的。为此，美国通过修改国内法律的形式更新其出口管制的方式和手段，2018 年出台《出口管制改革法案》（the Export Control Reform Act，ECRA）重新授权美国总统进行出口管制，完善和奠定了美国出口管制的法律基础。在多边层面，逐渐联合盟友形成了一批闭环的技术联盟。尤其是加大与欧盟和日本等盟友在"瓦森纳安排"（42 国关于常规武器和两用商品及技术出口管制的安排，我国不在其中）等多边管制机制的协调，力图发挥管制的最大效用。

这些做法既导致以 WTO 为代表的多边平台面临体系性危机，也给全球经贸规则的有效性和权威性带来挑战，甚至可能影响全球经贸规则未来的发展方向。

一、从中间主义到限制主义：两届美国政府的路径选择

在 2000 年前后，中国还被美国媒体描述为"不可能成为工业巨头"的、对未来发展无关紧要的国家。但是仅 10 年后，这一情况已经发生转变。2020 年 11 月 16 日，美国"中美科技关系专项工作小组"发布政策报告，《面对中国的挑战：美国的科技竞争新战略》，声称中国已经成为美国保持全球领导地位的最大威胁，建议下届美国政府以基础科学、5G、人工智能、生物科技为核心抓手提升美国在全球的科技领导力，对来自中国的安全风险进行有效管控。2021 年

12 月，哈佛大学肯尼迪学院发布《大型科技竞争：中国与美国的较量》研究报告，也对中美在 5G、人工智能、半导体、生物科技、可再生能源、量子信息等领域的竞争进行了剖析。

当前美国对华科技封锁打压基本已成共识，但在路径选择上，美国国内主要形成了四种截然不同的观点：分离主义、限制主义、中间主义、合作主义。[①] 特朗普时期的种种过激言论，更加倾向于分离主义。但是，鉴于分离主义"完全脱钩"所产生巨大"反噬"效应，商界对于"完全脱钩"持怀疑和否定态度。到了拜登时期，强调"在最具战略敏感性的领域限制中国企业，同时允许在其他不敏感领域尽可能多地开展业务"的中间主义占了上风。中间主义成为主流的最主要原因源于中美"脱钩"的巨大经济成本。根据 2021 年美国全国商会的测算结果[②]，假如中美"脱钩"，航空制造业收入损失将达到 380 亿～510 亿美元，并导致 R&D 支出减少 10 亿～20 亿美元；半导体行业失去中国市场将导致美国制造业损失 540 亿～1240 亿美元产出，并面临超过 10 万个就业岗位的消失，以及 120 亿美元研发支出和 130 亿美元资本支出损失的风险。哈佛大学、卡内基国际和平基金会等高校、智库的研究均认为，中间主义有助于美国政府保持对"脱钩"进程的控制，保持其速度和范围与美国的需求一致。即中美的科技生态系统完全脱离并不符合美国或全球的最佳利益，应通过"目标明确的脱钩"继续保证美国科技领先优势。这种"目标明确的脱钩"与拜登政府"小院高墙""精准脱钩"等的对华战略高度一致，其建议也契合了美国当前的主流做法。

尽管拜登政府的"小院高墙"符合中间主义的主流观点，但从最终的操作上看，实际上是在限制主义和中间主义之间左右摇摆。特别是进入 2022 年下半年，随着中期选举压力的加大，在实施了一系列全面的技术管制政策之后，限制主义政策正在取代拜登政府主张的中间主义政策。

---

① Max Bessler. The Debate to Decouple[R]. 2022.

② China Center USCC. Understanding U S -China Decoupling[R]. 2021.

二、特朗普政府以来美国企图利用出口管制制度调整全球价值链布局的尝试

近年来，美国越发依赖出口管制等工具维护其技术优势。从特朗普政府时期开始，无论是实体清单的频繁使用还是对新兴技术的管控，都预示着出口管制力度和广度的全面升级。拜登政府延续了这一态势，例如，吉娜·雷蒙多在2021年3月刚就任商务部部长时即表示将充分利用"实体清单"，限制美国技术和产品流向中国华为和其他企业；2022年11月，其在"关于美国竞争力和中国挑战的讲话"中继续称，美国正在加倍努力，通过战略性和持续更新其出口管制政策和投资筛选框架来维护核心技术优势。美国战略与国际问题研究中心（CSIS）的一份研究报告则称，出口管制对新时代的竞争至关重要，是外交政策的"有力工具"。[①]

（一）《出口管制改革法案》的生效为强化出口管制奠定基础

特朗普政府时期，美国在法律层面上对出口管制、投资审查等进行了一系列改革，《出口管制改革法案》（简称"ECRA法案"）就是其中最重要的纲领性文件。

ECRA法案重新授权美国总统进行出口管制，并对出口管制制度进行部分修订，重点事项如下：

一是明确将新兴和基础技术纳入出口管制范围。根据法案第1758条的规定，美国的出口管制领域将正式引入对国家安全有关键影响的新兴和基础技术，相关受管制的新兴和基础技术将完全等同于其他受管制物项。2018年11月，美国商务部工业与安全局（BIS）发布了受管制的新兴技术清单征求意见草案，涉及14类技术，包括生物技术、人工智能、增材制造、机器人等；2020年8月，又

---

① Gregory C Allen, Emily Benson, William Alan Reinsch. Improved Export Controls Enforcement Technology Needed for U S National Security[R]. 2022, 12.

对"基础技术"征求意见，但均未公布最终结果。

二是将外国投资审查与出口管制相关联形成闭环管控。2018 年 8 月，《外国投资风险审查现代化法案》（简称"FIRRMA 法案"）与 ECRA 法案同时作为《2019年美国国防授权法案》的一部分，正式签署生效。FIRRMA 法案扩大了对外国资本投资美国敏感行业进行审查的权力，并将现有出口管制体系未覆盖的新兴和基础技术纳入管控范围。2018 年 10 月 10 日宣布的 FIRRMA 法案试点项目锁定 27 个行业，包括飞机制造、滚珠轴承、光学仪器、石化制造等。2020 年 5 月21 日，美国外国投资委员会（CFIUS）发布一项拟议规则，在是否向 CFIUS 做出强制申报问题上，将视从事关键技术、基础设施或数据的美国企业是否需要获得出口许可而定，即将 CFIUS 强制申报与出口管制挂钩。FIRRMA 法案将"关键技术"定义为：美国军品清单上的防务物项；商业管制清单上的物项；核设施、设备和材料；特定的试剂和毒素；由《出口管制改革法案》管控的新兴和基础技术。美国商务部 BIS 公布的数据显示，2021 年 BIS 与 CFIUS 密切合作，共审查了 444 个 CFIUS 的申报案例，且这一审查数量呈明显上升趋势。①

三是组建新兴技术咨询委员会，依托专家组对新兴技术进行深度挖掘。美国商务部 BIS 在 2019 财年已经开始了新兴技术咨询委员会的组建工作，人员来自学术界、工业界、联邦实验室以及美国政府有关部门和机构。该委员会重点关注未来 5～10 年新兴和基础技术的发展动态及其对美国国家安全可能造成的影响。②值得注意的是，对于关键和新兴技术的关注不仅仅限于美国商务部，美国国家科学技术委员会也下设包含 3 位联合组长和 18 位来自美国政府各部门、机构和总统办公室的相关领域专家的"关键和新兴技术快速行动"小组委员会。2023 年 1 月，美国国务院公布设立关键和新兴技术特使办公室。该办公室将通过提供一个专业知识和资源中心，制定与协调关键和新兴技术外交政策，协调外国合作伙伴应用"改变社会、经济和安全"的新兴技术，为美国国务院处理关键和新兴技术的方法提供更多的技术政策知识、外交和战略，足见美国对关

---

① BIS. Annual Report of the Bureau of Industry and Security for Fiscal Year 2021[R].

② BIS. Annual Report of the Bureau of Industry and Security for Fiscal Year 2019[R].

键和新兴技术的高度重视。

（二）对关键物项范围不断收紧，实现从生产到软件、技术的全链条式封锁

1. 更新物项管制清单，对部分敏感物项实施"原材料—生产设备—软件/技术"的"全链条管制"

随着 ECRA 法案提出对关键技术加强管制，美国商务部 BIS 对关键物项的管控也不断升级。特朗普政府时期主要聚焦软件和技术类实施管控，以求对部分敏感物项实施"原材料—生产设备—软件/技术"的"全链条管制"。例如，2019年 5 月，BIS 宣布对离散微波晶体管、量子后加密算法、用作水听器的水下传感器、专门设计或改装为空中发射平台的飞机等新兴技术实施出口管制；2020 年1 月，对地理空间图像自动分析软件实施临时出口管制。到了拜登政府时期，对新兴和基础技术的管控继续扩大。仅 2021 年就 6 次增加、拟增加或调整物项管控，其中：10 月 5 日，增加了一个新的出口管制分类号（ECCN）——2D352，该软件是由 ECCN 2B352 控制的用于模拟病原体和毒素的核酸装配和合成软件；10 月 6 日，在 ECCN 的 1C298 条目下增加了非核最终用途氘；10 月 21 日，拟增加 ECCN 4A005（为生成、命令和控制或交付具有入侵性质的软件而专门设计或改造而成的系统、设备及其相关组件）、ECCN 4D004（为生成、命令和控制或交付具有入侵性质的软件而专门设计或改造而成的软件）、ECCN 4E001.a（根据 General Technology Note 被认定为用于研发、生产和使用受某些 4A 和 4D 系列 ECCN 管控的设备和软件的技术）和 ECCN 4E001.c（研发具有入侵性质的软件的技术）四个物项；10 月 26 日，就是否对脑机接口（Brain-Computer Interface）技术作为新兴技术实行出口管制征求公众意见。此外，2022 年 1 月和 3 月分别修订《化学武器公约条例》相关条目和 22 个 ECCN 编码。①

随着 2022 年《芯片与科学法案》等法案的落地，BIS 在物项管控上也更加聚焦与半导体相关的技术。2022 年 8 月，BIS 将氧化镓（Ga_2O_3）、金刚石、ECDA 软件、压力增益燃烧技术四项新兴和基础技术加入 CCL 清单，其中氧化镓

---

① 根据 2019 年底瓦森纳安排的变化调整 22 个 ECCN 编码。

（Ga_2O_3）、金刚石、ECDA 软件均与半导体领域息息相关；10 月将特定高性能计算芯片以及含有该芯片的计算机加入 CCL 清单；11 月新增四项管制物项至 CCL 清单，对应高性能计算芯片（3A090），包含高性能计算芯片的计算机、电子组件或元件（4A090），开发生产前述计算机、电子组件或元件的专用软件（4D090），以及特定先进半导体制造设备（3B090）。

2. 跨部门联合更新关键和新兴技术清单，为加大科技出口管制力度明确"小院"范围

根据 2018 年《出口管制改革法案》，美国商务部需要制定出口管制的"新兴和基础技术"清单。尽管美国商务部早在 2018 年 11 月就对 14 类"新兴技术"征求意见，也在 2020 年 8 月对"基础技术"征求意见，但均未公布最终结果。为此，美中经济与安全审查委员会（USCC）曾在 2021 年 6 月指责商务部只注重实体清单而忽略制定物项清单的做法不利于解决更广泛的国家安全风险问题。

2022 年 2 月，美国白宫发布 2022 版"关键和新兴技术清单"（CET 清单）。该清单由美国国家科学技术委员会（NSTC）编制，参考 2020 年 10 月发布的《关键和新兴技术国家战略》，将 2020 年版本的 20 大项调整为 18 大项技术，并在每一大项下增加多个细分领域。清单公布后，一定程度上作为美国商务部物项清单的替代版，为加大科技出口管制力度明确"小院"范围。具体看，新版 CET 清单增加了：先进燃气涡轮发动机技术、先进核能技术、定向能量技术、金融科技、高超音速、可再生能源的生产和储存 6 项；保留了：先进计算、先进工程材料等 9 项；调整了：自主系统（改为自主系统与机器人）、空间技术（改为空间技术与系统）、先进传感（改为先进网络传感和签名管理）、分布式记账技术（纳入金融科技）4 项；删除了：先进常规武器技术、农业技术、化学/生物/辐射和核减弱技术、医疗和公共卫生技术等 7 项（见表 5-1）。整体看，新版 CET 清单取消部分偏常规和传统的领域，聚焦更具有先进性、战略性的高科技领域。

表 5-1　2022 年版 CET 清单与特朗普政府 2020 年版变化情况

序号	技术大项	变化	技术细分领域
1	先进计算	保留	超级计算；边缘计算；云计算；数据存储；计算架构；数据处理和分析技术
2	先进工程材料	保留	材料设计和材料基因组学；新性能材料；对现有性能有实质性改进的材料；材料性能表征和生命周期评估
3	先进燃气涡轮发动机技术	新增	航空航天、海事和工业开发及生产技术；全授权数字发动机控制技术、热截面制造和相关技术
4	先进制造	保留	增材制造；清洁、可持续制造；智能制造；纳米制造
5	先进网络传感和签名管理	调整	有效载荷、传感器和仪器；传感器处理和数据融合；自适应光学；地球遥感；签名管理；核材料检测和表征；化学武器检测和表征；生物武器检测和表征；新兴病原体检测和表征；交通部门传感；安全部门传感；卫生部门传感；能源部门传感；建筑行业传感；环境部门传感等
6	先进核能技术	新增	核能系统；聚变能；空间核动力和推进系统
7	人工智能技术（AI）	保留	机器学习；深度学习；强化学习；感官知觉和识别；下一代人工智能；计划、推理和决策；安全或有保障的人工智能
8	自主系统与机器人	调整	地面技术；空中技术；海洋技术；太空技术
9	生物技术	保留	核酸和蛋白质合成；基因组和蛋白质工程，包括设计工具；多组学和其他生物计量学、生物信息学、预测建模和功能表型分析工具；多细胞系统工程；病毒和病毒传递系统工程；生物制造和生物加工技术
10	通信与网络技术	保留	射频（RF）和混合信号电路、天线、滤波器和组件；频谱管理技术；下一代无线网络，包括 5G 和 6G；光链路和光纤技术；陆地/海底电缆；卫星通信；硬件、固件和软件；通信和网络安全；网状网络/基础设施独立通信技术
11	定向能量技术	新增	激光；大功率微波；粒子束
12	金融科技	新增	分布式账本技术；数字资产；数字支付技术；数字身份基础设施
13	人机接口	保留	增强现实；虚拟现实；脑机接口；人机协作
14	高超音速	新增	推进；空气动力学与控制；材料；检测、跟踪和表征；防御技术
15	量子信息技术	保留	量子计算；量子器件的材料、同位素和制造技术；后量子密码学
16	可再生能源的生产和储存	新增	可再生能源；可再生燃料；储能；电动和混合动力发动机；电池；网格集成技术；节能技术
17	半导体和微电子	保留	设计和电子设计自动化工具；制造工艺技术和制造设备；超越互补金属氧化物半导体（CMOS）技术；异构集成和先进封装；用于人工智能、自然和恶劣辐射环境、射频和光学元件、大功率设备和其他关键应用的专用/定制硬件组件；先进微电子的新型材料；用于电源管理、分配和传输的宽带隙和超宽带隙技术

续表

序号	技术大项	变化	技术细分领域
18	空间技术与系统	调整	在轨服务、组装和制造；商品化的卫星巴士；低成本运载火箭；用于局部和广域成像的传感器空间推进；弹性定位、导航和授时（PNT）；低温流体管理；进入、下降和着陆

资料来源：赛迪智库整理。

（三）六大"用户黑名单"相互串联，对相关实体实施多重管制

当前美国各类制裁"黑名单"中，对我国影响最大的主要包括六项，按照美国主管部门划分，可分为：（1）美国商务部出口管制局主管的"实体清单""未核实清单""军事最终用户清单（MEU 清单）"三类；（2）美国财政部主管的"非SDN 中国军工复合体清单（NS-CMIC 清单）"和"特别指定国民清单（SDN 清单）"两类；（3）美国国防部主管的"中国涉军企业清单（CMC 清单）"。

1．实体清单：无法采购美国关键物项

"实体清单"是美国对华出口管制领域最为常见的"黑名单"。被纳入实体清单后，相关企业和机构不能采购受美国出口管理条例（EAR）管辖的物项（595个 ECCN 码及 EAR99 物项）。只有在美国境外生产的产品"美国成分"小于 25%时，才有可能继续采购。但针对华为等重点头部企业，美国商务部先后更新"外国直接产品规则"，导致只要外国生产物项在供应链中任何环节涉及实体清单上的华为及关联企业都将受到 EAR 约束。截至 2023 年 4 月，我国被列入"实体清单"的实体数量已多达 585 个，成为被列入实体数量仅次于俄罗斯（815 家）的国家，约占到美国清单管制实体总数的 24.3%。

2．未核实清单：仍可采购但需要单独申请许可证

"未核实清单"是另一个美国商务部主管的出口管制清单。"未核实清单"在特朗普执政时期未对我国使用，拜登政府执政以来已经使用了 3 次。被列入"未核实清单"并不意味美商务部禁止向该实体出口，而是需要履行更多手续以申请出口许可证，且无法享受许可证例外。截至 2023 年 4 月，我国被列入"未

核实清单"的实体已多达 126 个，占比 63.3%，成为被列入数量最多的国家。

3．MEU 清单：对涉军产品和涉军企业进行出口管制

MEU 清单也是与出口管制相关的清单，于特朗普政府时期新设，主要针对中国军民融合企业。企业被列入 MEU 清单后，将被禁止进口 EAR 第 744 部分附录 2 的物项（共计 47 个 ECCN 码，主要包括材料加工、电子、电信、信息安全、传感器和激光等）。虽然禁止进口的物项范围远小于实体清单（595 个 ECCN 码及 EAR99 物项），但其管控范围更加聚焦，便于美国对军用物项和军民两用物项的管控。截至 2023 年 4 月，MEU 清单中共有 71 家中国实体，无其他国家实体。

4．NS-CMIC 清单：旨在限制针对涉军企业的投资交易

该清单属于美国财政部管辖，是拜登政府时期针对我国增设的"投资黑名单"，即禁止美国人与清单所列企业进行投资交易。2021 年 6 月，美国总统拜登以"应对中国军工企业威胁"为由签署行政命令，将华为、中芯国际、中国航天科技集团有限公司等 59 家中企列入 NS-CMIC 清单，涉及航天、国防、电信和数字技术等多个领域。截至 2023 年 4 月，共计 65 家中国实体。

5．特别指定国民 SDN 清单：将被排除在国际贸易和美元金融体系之外

SDN 清单由美国财政部下属的海外资产管理办公室（OFAC）负责。与"实体清单"等进口关键物项受阻相比，企业一旦被列入 SDN 清单，其国际贸易将会受到严格管控，在美资产将被没收并被排除在美元金融体系之外。因此，SDN 制裁更具有系统性，产生的后果也更严重。截至 2023 年 4 月，SDN 清单中共有 383 个中国实体，占比 3.2%。与其他清单相比，中国企业被列入 SDN 清单的原因主要是涉嫌违反美国对伊朗、朝鲜、俄罗斯等国的制裁。

6．CMC 清单：并不自动引发相关制裁，但可能与其他清单实现交叉联动

CMC 清单隶属美国国防部管理，被纳入该清单并不自动引发相关制裁，但

美国总统可依据《国际紧急经济权力法案》（简称 IEEPA）适时启动进出口、投资等限制措施；同时还可能与商务部"军事最终用户清单"（MEU 清单）和财政部"非 SDN 中国军工复合体企业"清单（NS-CMIC 清单）交叉联动，对相关实体实现多重限制。截至 2023 月 4 日，共计 60 家中国实体被纳入，主要分布在电子信息、航空航天等军民融合领域（见表 5-2）。

表 5-2　美国六大制裁"黑名单"情况对比

清　单	实体清单（Entity List）	未核实清单（Unverified List）	军事最终用户清单（MEU List）	非 SDN 中国军工复合体清单（NS-CMIC List）	特别指定国民清单（SDN List）	中国涉军企业清单（CMC List）
管辖部门	商务部	商务部	商务部	财政部	财政部	国防部
清单目的	出口管制	出口管制	出口管制	证券等投资限制	经济金融制裁	进出口、投资等限制
更新时间	2023 年 4 月 17 日	2023 年 3 月 24 日	2021 年 1 月 14 日	2021 年 12 月 16 日	2023 年 3 月 9 日	2022 年 10 月 5 日
我国实体数量/个	585	126	71	65	383	60
我国实体占比	24.3%	63.3%	100%	100%	3.2%	100%
主要涉及领域	电子、光学、软件、通信、机械设备	光学、生物医疗、精密机械	航空航天	航天、国防、电信和数字技术等军工及军民融合领域	能源、贸易、金融	电子信息、生物技术、交通运输设备、石化
制裁措施	禁止清单企业进口 EAR 管辖物项（共计 595 个 ECCN 码及 EAR99 物项）	清单企业进口 EAR 管辖物项受到更严格的审查，须在交易前提交声明	禁止清单企业进口 EAR 第 744 部分附录 2 物项（共计 47 个 ECCN 码物项）	限制美国投资方投资清单企业；限制清单企业在美国证券市场募集资金	冻结清单企业财产和权益，不得接入美国的金融系统，对与清单企业交易的实体面临二级制裁	不自动引发相关制裁，但美国总统可依据《国际紧急经济权力法案》适时启动进出口、投资等限制措施

资料来源：根据 ITA 数据整理。

与此同时，美国还通过跨部门合作实现了各个黑名单之间相互串联并实施多重制裁。一方面，美国商务部出台新规对其管辖的实体清单和未核实清单实施了绑定。根据 2022 年 10 月的新规，"若相关企业所在国政府拒绝安排美国商务部对企业的最终用途核查，该企业将被启动纳入'实体清单'程序"。另一方面，在对部分实体的制裁上实现了跨部门合作。2020 年 12 月 23 日，美国商务部在首次公布出口管制 MEU 清单时明确表示，如果交易方未被纳入 MEU 清单，但被纳入 CMC 清单的前身——CCMC 清单，则此类交易将被视作"危险信号"，出口商需要进行额外的尽职调查，判断其是否是"军事最终用户"。这意味着企业只要被纳入国防部的 CMC 清单，美国企业及跨国公司极大概率会过度合规，加大审查力度甚至直接切断与清单企业之间的出口、供货等商务合作。

对六大清单的交叉分析显示，有 41 家重点实体同时处于多个制裁清单之中。如：中国船舶工业集团等 21 家实体被同时列入 CMC 清单和 NS-CMIC 清单；旷视科技等 7 家实体被同时列入实体清单和 NS-CMIC 清单；中国交通建设集团等 5 家实体被同时列入 CMC 清单和实体清单；华为、云从科技、海康威视等 8 家实体则被同时列入三个清单。2023 年 3 月被列入实体清单的浪潮集团，此前也处于 CMC 清单和 NS-CMIC 清单中。由此可见，美国已通过跨部门、跨清单的交叉联动来实施多重围堵和限制。

（四）"外国直接产品规则"从"通用"向"定制"的演变

1. 美国针对中俄加严"外国直接产品规则"

"外国直接产品规则"主要对在外国生产的使用美国技术、软件直接生产的产品进行管辖。近年来，美国商务部主要对中俄等国新增了相关规则。其中对我国新增了三项"外国直接产品规则"，包括：实体清单产品规则、先进计算产品规则和超级计算机产品规则。俄乌冲突之后，美国则对俄罗斯和白俄罗斯新设了俄罗斯/白俄罗斯"外国直接产品规则"以及俄罗斯/白俄罗斯军事最终用户"外国直接产品规则"。这一变化也体现了外国直接产品规则日益从"通用"向"定制"演变，即有针对性地打压特定实体、国家或领域。

实体清单产品规则主要通过对实体标识脚注进行限制，即在没有许可或许可例外的情况下，出口方不得在"知道"该外国生产物项将发往实体清单"许可证要求"列中标注为脚注的任何实体时，再出口、从国外出口或转让（境内）任何受实体清单脚注控制的外国生产物项。当前该规则包括"脚注 1"和"脚注 4"两种，两者的适用逻辑一致，但"脚注 4"的受管制 ECCN 物项为 18 个，比"脚注 1"新增了软件 5D002 和技术 5E002 两个物项（见表 5-3）。

表 5-3 实体清单规则"脚注 1"和"脚注 4"管制范围

实体清单"脚注 1"规则	
特定技术或软件	外国产品直接采用受 EAR 管辖的技术或软件，或直接生产该外国产品的工厂成套设备、设备主要组件直接采用的美国原产技术或软件 ECCN 编码属于第 3 大类（电子）、第 4 大类（计算机）和第 5 大类（通信和信息安全）
特定直接产品	不限
特定目的地/用户	出口商明知交易属于以下两种情况之一，则需申请许可证：外国产品将被实体清单中带有"脚注 1"（footnote 1）的主体并入，用于其生产、购买或订购的任何"部件""组件"或"设备"的"生产"或"开发"中；或上述主体是涉及此类直接产品交易的任何一方，例如买方、收货人、最终用户
实体清单"脚注 4"规则	
特定技术或软件	外国产品直接采用受 EAR 管辖的技术或软件，或直接生产该外国产品的工厂成套设备、设备主要组件直接采用的美国原产技术或软件 ECCN 编码为：3D001, 3D991, 3E001, 3E002, 3E003, 3E991, 4D001, 4D993, 4D994, 4E001, 4E992, 4E993, 5D001, 5D002, 5D991, 5E001, 5E002, or 5E991
特定直接产品	不限
特定目的地/用户	出口商明知交易属于以下两种情况之一，则需申请许可证：外国产品将被实体清单中带有"脚注 4"（footnote 4）的主体并入用于其生产、购买或订购的任何"部件""组件"或"设备"的"生产"或"开发"中；或上述主体是涉及此类直接产品交易的任何一方，例如买方、收货人、最终用户

先进计算产品规则和超级计算机产品规则是针对目的地为中国的涉及这两个领域关键物项出口的限制。其中，先进计算产品规则包含特定技术或软件 19 个物项、特定直接产品 4 个物项；超级计算机产品规则包含特定技术或软件 18 个物项、特定直接产品范围不限（见表 5-4）。

表 5-4　先进计算产品规则和超级计算机产品规则管制范围

先进计算产品规则	
特定技术或软件	外国产品直接采用受 EAR 管辖的技术或软件，或直接生产该外国产品的工厂成套设备、设备主要组件直接采用的美国原产技术或软件的 ECCN 编码为：3D001，3D991，3E001，3E002，3E003，3E991，4D001，4D090，4D993，4D994，4E001，4E992，4E993，5D001，5D002，5D991，5E001，5E991，or 5E002
特定直接产品	外国产品 ECCN 编码为 3A090、3E001（用于 3A090）、4A090、4E001（用于 4A090）；或者参数性能满足 3A090、4A090 且在 CCL 中有其他 ECCN 编码的集成电路、计算机、"电子组件"或"部件"
特定目的地/用户	出口商明知交易属于以下两种情况之一，则需申请许可证：目的地为中国，或该外国产品将被并入任何目的地为中国的、且不属于 EAR99 物项的"部件""组件""计算机"或"设备"中；或该外国产品是某项技术，且该技术是由总部位于中国的实体开发用于"生产"掩膜或集成电路晶圆或模具
超级计算机最终用途产品规则	
特定技术或软件	外国产品直接采用受 EAR 管辖的技术或软件，或直接生产该外国产品的工厂成套设备、设备主要组件直接采用的美国原产技术或软件的 ECCN 编码为：3D001，3D991，3E001，3E002，3E003，3E991，4D001，4D993，4D994，4E001，4E992，4E993，5D001，5D991，5E001，5E991，5D002，or 5E002
特定直接产品	不限
特定目的地/用户	出口商明知交易属于以下两种情况之一，则需申请许可证：外国产品将被用于在中国境内或目的地为中国的超级计算机的设计、开发、生产、操作、安装（包括现场安装）、维护（检查）、修理、大修或翻新；或直接产品将被并入或用于开发、生产任何将被用在中国境内或目的地为中国的超级计算机的"部件""组件"或"设备"

资料来源：赛迪智库整理。

2. 日益"定制化"的外国产品规则被应用于精准制裁

特朗普政府时期，美国商务部首次增设针对华为系实体的实体清单规则，成为"外国直接产品规则"走向"定制化"的转折点。2020 年 5 月，美国针对华为新设了实体清单"脚注 1"规则，用以限制华为系关联实体获取芯片相关物项。同年 8 月，进一步修订了针对华为的外国直接生产规则，并新增 38 个华为的相关实体：从仅适用于"华为开发或生产的物项"拓展至"将被集成于或用于'生产'或'开发'华为生产、采购或订购的任何'部件''组件'或'设备'；

或华为是涉及外国生产物项的任何交易的一方的物项"。同时，为配合外国直接产品规则的修订，在 2019 年分两批将 115 个华为及相关实体纳入实体清单之后，2020 年 8 月 17 日 BIS 又将华为在中国、法国、德国、英国、印度、巴西、阿根廷等 21 个国家或地区的 38 个关联企业列入实体清单。

到了拜登政府时期，进一步扩大了外国直接产品规则的适用范围。2022 年 10 月，BIS 发布三项针对我国关键领域的新规，即修订了"实体清单外国直接产品规则"（即增加"脚注 4"规则），并新增了"先进计算外国直接产品规则"以及"超级计算机最终用途外国直接产品规则"。对于新调整的实体清单规则，BIS 进一步跟进了对 49 家相关实体的修订，即新规发布的同时，北京理工大学等 28 家已经被纳入实体清单的实体被标注了"脚注 4"；12 月，35 家新增至实体清单的中国实体中也有 21 家 AI 企业被标注"脚注 4"。

对比特朗普政府时期，新的外国直接产品规则更为严苛。一方面，物项管制和实体管制均有所扩大。49 家新增"脚注 4"实体不再仅限于华为系，且物项管控范围大于"脚注 1"；另一方面，华为系当时的 4G 产品的许可证审查规则是"逐案审查"（Case by Case），仍有一定获批的可能性，但对"脚注 4"实体的规则是"推定拒绝"（Presumption of Denial），获批准概率几乎为零。

（五）加大出口管制多边协调，企图通过瓦森纳安排等多边平台共同加强对关键物项的管制

1．瓦森纳安排是当前最重要的出口管制多边平台

在国际四大多边管制集团中，瓦森纳安排是美国将单边管制意图上升为多边管制的最重要平台。瓦森纳安排于 1996 年在荷兰海牙附近签署，是由前华沙条约组织国家的集合体、乌克兰和俄罗斯等独立国家、北约盟国以及不结盟的欧洲国家共同组成的一个全面的多边出口控制制度。该安排是世界上第一个关于常规武器和敏感的"两用"产品、软件和技术（即具有民用和军用用途的产品）出口管制的多边协议。自 1996 年以来，瓦森纳成员国的数量从最初的 33 个签署国扩大到 42 个。瓦森纳安排军民两用品管制清单包括特殊材料及相关设

备、材料加工、电子设备等九大类 1458 个物项，涵盖制造业和高科技众多核心领域。物项分为敏感、极敏感和其他普通物项三大类，其中敏感物项和极敏感物项将成为美国及其盟友对我国实施管制的重点。瓦森纳安排清单中约 18% 的物项为敏感物项，第六类激光器与传感器占比最高。根据《出口管制改革法案》的要求，美国正不断推动"新兴技术"从单边管制上升至瓦森纳安排多边管制，促进美国与其盟友保持共同的技术优势。例如，2021 年 12 月，瓦森纳安排发布更新版管制清单，已经就第 3 类"电子"领域中涉及半导体的部分做出较大改动，增加了"电子计算机辅助设计"（ECAD）"软件"等。

2. 鉴于瓦森纳安排的局限性，美国正在建立新的、更有效的国际出口管制规则以更好地管制敏感技术

兰德智库的一份调查显示，高技术企业普遍认为，如果出口管制是单边的，中国仍然能够购买最终产品，唯一的结果是美国公司在销售市场中被取代，因此需要联合更多的盟友共同实施出口管制。[①]美国战略与国际问题研究中心（CSIS）也声称，如果 BIS 于 2022 年 10 月宣布的新规则取得成功，美国的盟友和合作伙伴的支持至关重要。[②]美国的盟友和一些半导体公司甚至呼吁建立新的国际出口管制制度来替代瓦森纳安排，以更好地对敏感技术进行管制。近年来美国不断构筑新的技术管控多边平台，包括成立美国-欧盟贸易和技术委员会（TTC）、启动美日印澳"四方安全对话"、牵头组建"民主科技联盟"（T12）、联合日韩等组建"芯片四方联盟"（Chip4）等，也反映出其建立国际出口管制规则的尝试。

实际上，在当前的国际环境下，瓦森纳安排的局限性越发明显。首先，瓦森纳安排是一个自愿制度，其内部没有工具来迫使其他国家遵守出口管制安排。其次，俄乌冲突之后，俄罗斯不太可能与西方国家就修订瓦森纳安排的物项清

---

① Melinda Moore, Michael A. Wermuth, Laura Werber, Anita Chandra, Darcy Noricks, Adam C. Resnick, Carolyn Chu, James J. Burks. Bridging the Gap[R]. 2022.

② Sujai Shivakumar, Charles Wessner, and Hideki Uno. Toward a New Multilateral Export Control Regime[R]. 2023.

单达成新的共识。再次，当前西方国家针对俄罗斯实施了广泛的经济制裁和严格的出口管制，已经属于瓦森纳安排之外制定的新规则。

3．在美国的带动下，欧盟、日本等逐步加大了对关键技术的管控力度

2021 年 9 月，欧盟新修订的出口管制条例生效，这些新变化包括：扩大受管制行为的范围、加大对部分技术的最终用途控制、加强欧盟内部协调等。日本也频频与美国联动：一方面，呼吁建立出口管制跨国机制，如计划与美欧共同合作设立针对半导体相关技术的出口管制框架 ；另一方面，日本对华实体的管制与美国高度重合，美国"实体清单"中的部分中国大陆实体也同时被纳入日本的"最终用户清单"。

三、美国已经成为单边主义霸凌行径的实施者，对全球科技合作和高科技产品贸易造成不利影响

（一）随着美国出口管制的不断升级，受影响实体获取关键物项的难度不断加大

1．中国获取申请许可证的难度增大

首先，中国需要申请许可证的比例高于全球水平。2021 年，美国向全球所有产品出口中仅有 0.4%的产品出口需要向 BIS 申请许可证，但中国需要申请的比例为 0.8%。其次，我国在申请通过率上明显低于全球水平。2021 年，我国的通过率为 67.4%，明显低于全球（86.0%）18.6 个百分点。从近年来的变化看，我国申请被拒绝的数量从 2016 年的 55 例激增至 2021 年的 526 例，总额从 2016 年的 0.1 亿美元飙升至 2021 年的 2911 亿美元；针对中国大陆地区出口许可证的平均行政审核时间由 2016 年的 31 天增加至 2021 年的 81 天（见图 5-1、图 5-2）。

	2016（年）	2017（年）	2018（年）	2019（年）	2020（年）	2021（年）
批准/个	2528	2888	2883	2666	2645	3990
RWA/个	494	539	576	613	925	1407
拒绝/个	55	73	77	130	177	526
平均处理时间（天）	31	37	40	62	62	81

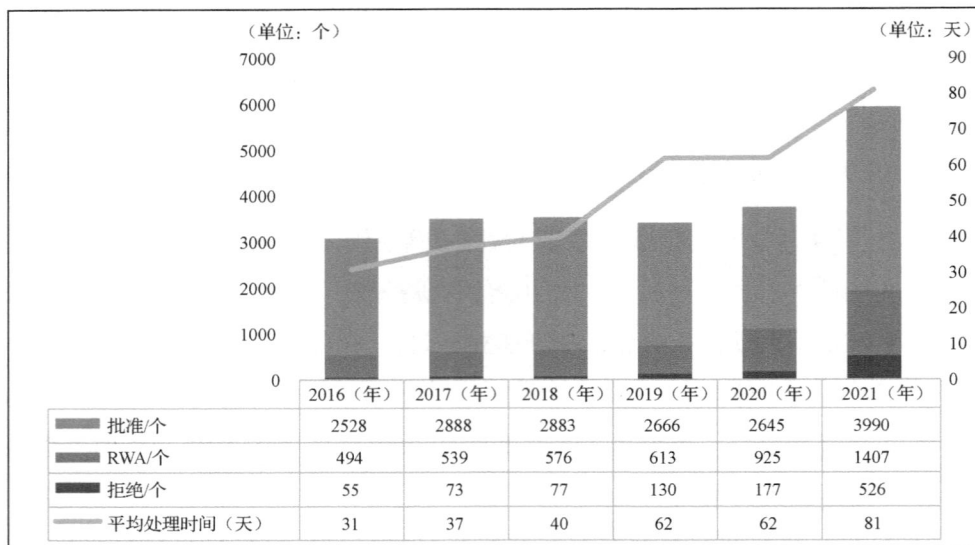

图 5-1　2016—2021 年美国出口中国的有形产品、软件和技术产品许可证数量

（资料来源：美国工业与安全局，2021 年度报告）

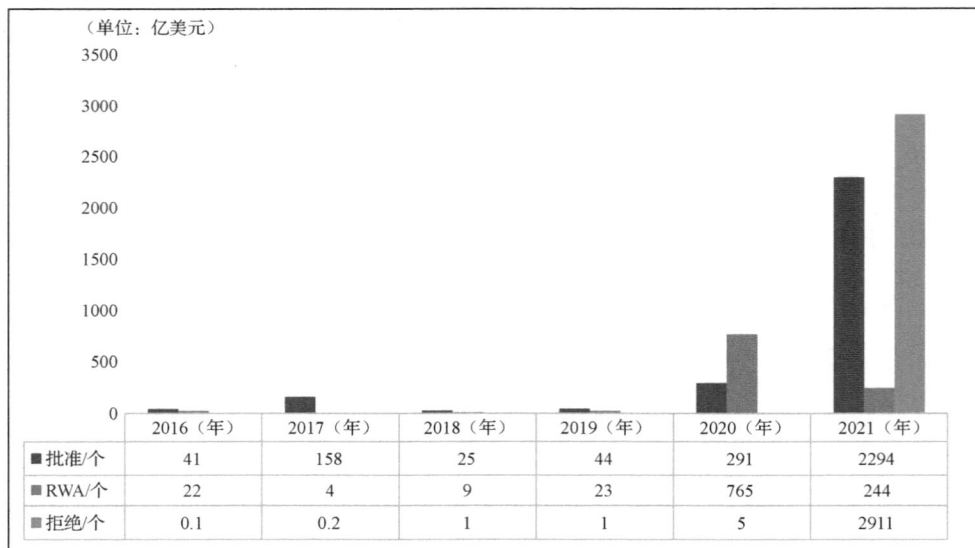

	2016（年）	2017（年）	2018（年）	2019（年）	2020（年）	2021（年）
批准/个	41	158	25	44	291	2294
RWA/个	22	4	9	23	765	244
拒绝/个	0.1	0.2	1	1	5	2911

图 5-2　2016—2021 年美国出口中国的有形产品、软件和技术产品许可证价值

（资料来源：美国工业与安全局，2021 年度报告）

2. 美国通过修改民用最终用户规则，基本切断我国通过许可证例外获取相关物项的途径

如图 5-3 所示，特朗普执政前的 2016 年美国对华许可例外出口总金额高达 40 亿美元，此后呈明显下降趋势，特别是自 2020 年 6 月 29 日起取消民用最终用户（CIV）例外规则后，更是连续两年个位数的进口额，2020 年和 2021 年分别仅为 4.6 亿美元和 3.3 亿美元，已经不到特朗普执政前的 1/10。

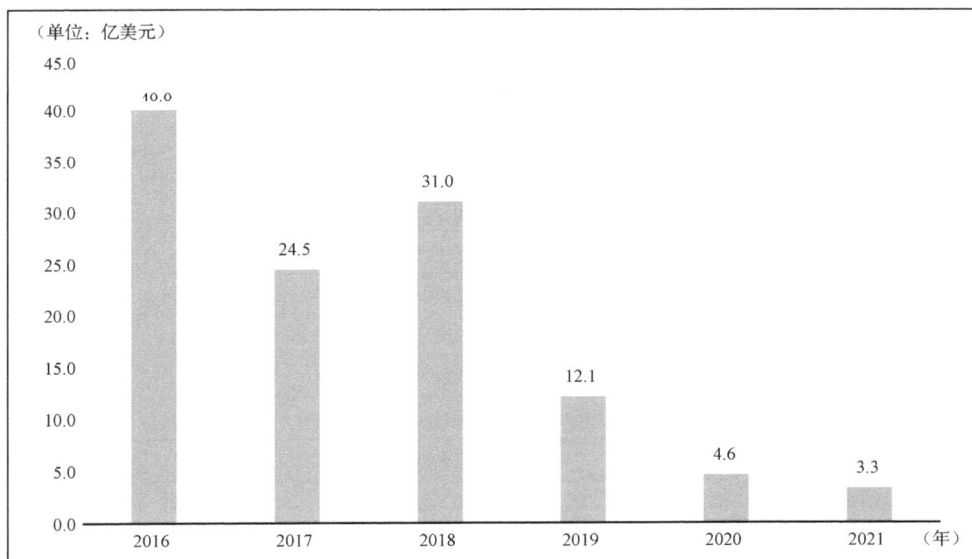

图 5-3　2016—2021 年美国对华 BIS 许可例外产品出口金额

（资料来源：美国工业与安全局，2021 年度报告）

3. 我国被拒绝的物项整体呈上升态势，且主要聚焦于通信和信息安全类

一是我国被拒绝物项数量整体呈上升态势。2019 年的前十名被拒物项共计 103 次，2020 年略微降至 88 次，2021 年则猛增至 393 次，同比上升 346.6%。

二是从功能看，软件（D 类）和技术（E 类）物项被拒绝的次数显著增加，这与特朗普执政时期主要聚焦软件和技术类实施管控密不可分。数据显示，在

2021 年美国出口中国被拒绝的主要物项中，包括软件及技术类物项共计 5 个[①]，而 2019 年仅 5D002（信息安全软件）一个（见表 5-5）。

表 5-5　2019—2021 年美国出口中国被美国商务部拒绝的前十大产品（按数量统计）

年份	序号	ECCN 编码	产品描述	次数/次	占全球比例
2019	#1	3A001	电子设备组件	28	56.0%
	#2	EAR99	不受其他地方控制的受 EAR 约束的项目	27	38.6%
	#3	3A002	通用电子设备	10	100.0%
	#4	2B006	尺寸检验/测量系统或设备	7	100.0%
	#5	5D002	信息安全软件	6	50.0%
	#6	6A003	摄影机	6	85.7%
	#7	6A005	光学设备 （激光）	6	85.7%
	#8	6C005	合成晶体激光主体材料	5	83.3%
	#9	3A992	通用电子设备	4	80.0%
	#10	3B991	不受 3B 控制的其他制造/测试装备	4	100.0%
2020	#1	3D991	软件/ 3A991 控制/通用电子设备 3A992	14	93.3%
	#2	3E991	电子设备"开发""生产"或"使用"技术	13	81.3%
	#3	3A001	电子项目（见受控项目清单）	10	32.3%
	#4	6A003	照相机、系统或设备，及其"部件"	10	71.4%
	#5	2B350	化工生产设施和设备	7	30.4%
	#6	3A002	通用电子设备	7	87.5%
	#7	5D991	为"开发""生产"而设计或修改的"软件"	7	77.8%
	#8	5D992	未受 5D002 控制的"信息安全"软件	7	50.0%
	#9	6A005	"激光器""组件"和光学设备	7	100.0%
	#10	3A999	特种加工设备	6	75.0%
2021	#1	5A991	未受 5A001 控制的电信设备（见项目清单）	109	97.3%
	#2	5A992	未受 5A002 控制的设备（见物品清单）	44	78.6%
	#3	3A001	电子项目如下（见受控项目清单）	39	50.0%
	#4	5D992	未受 5D002 控制的"信息安全"软件	38	79.2%
	#5	6A003	照相机、系统或设备，及其"部件"	29	78.4%
	#6	3A991	电子设备和部件	29	96.7%

---

① 主要包括 5D992（未受 5D002 控制的"信息安全"软件）、3E991（电子设备"开发""生产"或"使用"技术）、5D002（信息安全软件）、5E991（设备开发、生产、使用的技术）和 5D991（为"开发""生产"而设计或修改的"软件"）.

续表

年份	序号	ECCN 编码	产品描述	次数/次	占全球比例
2021	#7	3E991	电子设备"开发""生产"或"使用"技术	28	80.0%
	#8	5D002	信息安全软件	26	57.8%
	#9	5E991	设备开发、生产、使用的技术	26	81.3%
	#10	5D991	为"开发""生产"而设计或修改的"软件"	25	80.6%

资料来源：美国工业与安全局，2019—2021 年度报告。

（二）出口管制的滥用扭曲了高科技产品贸易，中美之间受损尤其明显

2018 年美国明显收紧出口管制后，2019 年美国全球高科技产品出口同比下降 0.5%，全球进口下降 0.1%，2020 年出口同比下降 17.4%，进口下降 0.8%。其中，中国所受影响更甚。2019 年美国对华高科技产品出口同比下降 13.4%，自华进口同比下降 21.4%。从分领域看，对华出口下降明显的包括光电、信息及通信、先进材料、航天，分别下降 24.6%、15.9%、5.1%、42.5%；自华进口下降明显的包括电子、柔性制造、先进材料、核技术分别下降 35.3%、38.1%、39.2% 和 80.3%。根据 CSIS 估计，2018 年至 2022 年，被限制购买某些美国商品的中国公司数量增加了四倍多，其中大多数被限制的商品是与国家安全相关的原材料和下游技术。[①]

四、面对美国的步步紧逼，我国已经在世界贸易组织正式起诉，显示我国捍卫多边贸易规则的决心

美方近年来不断泛化国家安全概念，滥用出口管制措施，阻碍芯片等产品的正常国际贸易，不仅威胁全球产业链供应链稳定，破坏国际经贸秩序，还严重违反国际经贸规则。特别是美国所采取的出口措施不断从军用物项向民用物项扩展，是典型的对出口管制措施的滥用。对此，2022 年 12 月我国已经向世界贸易组织起诉美国滥用出口管制措施限制芯片等产品贸易，体现了我国捍卫多

---

① Max Bessler. The Debate to Decouple[R]. 2022.

边贸易规则的决心。

一方面，美国滥用出口管制措施是以"国家安全"为名，行贸易保护之实。这种违背经济规律和市场法则、提高市场风险和交易成本的做法，不仅使得我国企业遭遇了不公平的待遇，也导致包括美国企业在内的各国企业的利益受损。

另一方面，美国滥用出口管制给国际经贸规则带来一定的负面影响，导致WTO面临体系性危机，给多边贸易规则的有效性和权威性带来挑战。我国此举既做出了维护多边主义的表率，也能警示相关成员继续跟风滥用出口管制和国家安全例外措施，力挽全球经贸规则向美国主导的单边霸权主义方向发展。

第六章 │ Chapter 6

国际投资规则：投资自由化与国家安全审查泛化的博弈

围绕投资自由化与保护主义，发达国家和发展中国家在双边、区域和多边层面进行反复的博弈、谈判，经过六十多年的发展演变，国际投资规则先后经历了注重投资保护（欧式 BIT）的第一代、提倡投资自由化（美式 BIT）的第二代和更高水平自由化的第三代规则演变，逐渐形成了双边、区域和多边投资协定共存的规则体系。与全球性投资协定规则相比，区域协定主导的投资规则从覆盖范围和形式上呈现出重复和碎片化，在内容结构上则呈现出域内更高自由化和域外排他性的分化。尤其是 2018 年中美贸易争端发生以来，以美国为代表的西方发达国家不断出台、调整对外投资审查制度，通过泛化安全审查限制外资流动，实施事实上的保护主义，严重冲击全球经济的发展。从数据看，我国已经成为美国外资审查制度的最大受害者。随着大国博弈加剧，美国在完善国内立法实现对我国双向投资限制的同时，通过多种措施勾结盟友对我国实施联合限制。在此背景下，我国唯有以更大的开放力度、团结更多的朋友缓冲破解美国主导的投资保护主义之围。

一、国际投资规则的演变：保护主义的回归

国际投资规则是国家间为促进和保护国际投资而确立缔约方相互间权利和义务的法律制定。围绕对外投资保护与促进的分歧，发达国家和发展中国家在双边、区域和多边层面进行反复的博弈、谈判，经过六十多年的发展演变，国际投资规则逐渐形成了当前双边、区域和多边投资协定共存的规则体系。[①]从国际投资规则发展演变的历史看，其先后经历了注重投资保护（欧式 BIT）的第一代、提倡投资自由化（美式 BIT）的第二代和更高水平自由化的第三代规则演变。2018 年以来，大国博弈、世纪疫情以及俄乌冲突等突发性事件严重冲击世界经济格局，加速了国际投资规则的重塑，突出表现为以美国安全审查滥用为典型的投资保护主义的回归。

---

① 李玉梅，桑百川. 国际投资规则比较、趋势与中国对策[J]. 经济社会体制比较，2014(01): 176-188.

（一）第一代国际投资规则：注重投资保护

20 世纪 50 年代至 70 年代，是第一代国际投资规则的确立阶段。在这一阶段，发达国家和发展中国家对投资保护和征收补偿事宜存在分歧，导致两者对国际投资规则的态度处于相互对立状态。作为资本输入国的发展中国家在投资保护和征收补偿问题上一直持保守立场，而发达国家则期望通过国家条约的形式约束东道国政府行为，以保障本国投资者的利益和安全。[1]事实上，发展中国家也有通过吸引外资来促进国内经济发展的意愿。因此，在双边的博弈中，少数发展中国家最终通过让渡部分政府管辖权力满足了发达国家保护投资者的要求。1959 年，德国与巴基斯坦签订了第一个双边投资协定。

（二）第二代国际投资规则：提倡投资自由化

随着全球化的发展，发展中国家普遍接受了市场化经济发展原则，部分国家开始接受"华盛顿共识"，跨国投资快速发展，各国对外开放的意愿也不断加强。从 20 世纪 80 年代开始，美国政府在加强投资保护和征收补偿的基础上，在双边层面不断推行诸如准入前国民待遇等开放程度和对外资保护程度更高的投资规则，同时不断弱化东道国政府权力。这一时期的投资规则，重点强调跨国公司在投资过程中的应享受的权利和东道国政府的责任，而非跨国公司的责任和东道国政府的权力。

（三）第三代国际投资规则：更高水平的投资自由化

进入 21 世纪，新兴经济体对外投资迅速增加，世界投资流动双向发展，区域经济一体化步入新一轮蓬勃发展期，区域自贸协定成为国际投资规则的主导形式。[2]TPP、TTIP 和 RCEP 等巨型自贸协定陆续登台，国际投资规则出现了双边、区域和多边"同时开花"的局面。在此过程中逐渐形成了第三代国际投资

① 聂平香. 国际投资规则的演变及趋势[J]. 国际经济合作，2014(07): 16-20.
② 李玉梅，桑百川. 国际投资规则比较、趋势与中国对策[J]. 经济社会体制比较，2014(01): 176-188.

规则，其特点为高标准的投资自由化，在强调投资保护的同时注重东道国对外资的管理权和竞争中立原则。[①]

（四）重构中的国际投资规则：保护主义的回归

2018 年美国主动挑起对华贸易争端，贸易保护主义开始抬头。2020 年暴发的世纪疫情叠加 2022 年突发的俄乌冲突，暴露了当前全球价值链合作模式的脆弱性，全球经济合作模式从注重"效率"向兼顾"安全"转变。以中国为代表的新兴经济体的群体性崛起日益引起欧美等发达国家的恐慌。以美国为首的西方发达国家，频频改革国内的外资审查制度，企图通过泛化"国家安全"概念，加紧对外资的审查。在这一时期，鼓励产业回流、"近岸外包""友岸外包"等政策纷纷出台，投资保护主义开始回归。

二、投资自由化与国家安全审查泛化的博弈

随着 CPTPP、RCEP 等巨型自由贸易协定的签署，以区域协定为主导的国际投资规则体系逐渐形成。各区域协定覆盖的国家不同，导致不同协定间的国家呈现出投资自由化与保护主义之间的博弈。而保护主义突出表现为以"国家安全"为由的投资审查泛化。

（一）域内：更高水平的投资自由化

从区域协定主导的国际投资规则看，域内国家呈现更高要求的投资自由化和便利化趋势。

1. 在投资准入方面，要求"负面清单加准入前国民待遇"的管理模式

随着新兴市场国家在国际投资中的群体性崛起，越来越多的国家开始接受

---

① 朱易，宾建成，牛晴晴. 国际投资新规则：趋势、影响与应对[J]. 经济论坛，2018(03): 96-99.

"负面清单加准入前国民待遇"的外资准入模式。目前，国际上有 70 多个国家采用这一模式。从影响力看，接受负面清单模式的国家 GDP 总量约占全球的60%，对外直接投资占到全球的 50%。[①]从国际层面看，《全面与进步跨太平洋伙伴关系协定》(CPTPP)、《中国-欧洲联盟全面投资协定》(CIA)、《区域全面经济伙伴关系协定》(RCEP) 均采用"负面清单加准入前国民待遇"这一准入模式。

2．在规则内容方面，注重公平和透明的"边境后"措施

传统国际投资规则强调市场准入的开放、优化和便利，以及对外国投资的保护。[②]随着全球价值链的不断深入，跨国公司对外直接投资规模和影响力越来越大，国际投资规则开始注重投资进入一国管辖范围之后的"边境后"措施，尤其是与竞争政策、知识产权保护、参与东道国技术标准制定权等营商环境密切相关的规则。与此同时，东道国政府也要求跨国公司在社会责任、环境保护、劳工保护和反腐败等方面承担更多的责任。这些非直接投资相关问题的纳入使得国际投资规则的内涵更加丰富，也使得发展中国家面临前所未有的挑战。[③]

（二）域外："国家安全"审查的泛化

从不同区域协定覆盖的国家看，对各自域外国家的投资表现出明显的投资保护主义，其中，以"国家安全"审查制度最为典型，且呈逐渐泛化之势。

1．实施主体的泛化：采取该制度的国家不断扩围

2017 年以来，众多经济体纷纷调整外资安全审查制度，并呈逐渐泛化态势。美国、欧盟、法国、意大利、德国、澳大利亚、英国、日本等国加严外资审查的新举措不断涌现（见表 6-1）。捷克、丹麦、比利时也引入了外资审查机制，

---

① "准入前国民待遇+负面清单"制度全面实行[O/N]. https://m.yicai.com/news/4704601.html.（访问时间：2023 年 2 月 10 日）
② 吴其胜. 国际投资规则新发展与中国的战略选择[J]. 国际关系研究，2014(2): 14.
③ 张悦，崔日明. 国际投资规则演进与中国的角色变迁[J]. 现代经济探讨，2020(07): 92-98.

西班牙进一步延期暂停外国直接投资自由化的政策，斯洛伐克新建投资审查机制，规定任何收购其关键基础设施超过 10%股权都可能会因国家安全而受到审查。[1]各国审查制度的变革呈现共同趋向，即以国家安全名义加大审查范围并严苛审查程序。据统计，以发达经济体为主的 34 个国家建立了外资审查制度，占全球外商直接投资流量的 50%和存量的 60%。[2]

2．审查范围的泛化：审查门槛降低、审查对象扩大

随着投资保护主义的回归，西方发达国家不断调整自己的外资审查制度，通过降低审查门槛、扩大审查对象等措施来加大对外资的审查力度。以美国为例，自成立外国投资委员会（CFIUS）以来，先后经历了以《埃克森—佛罗里奥法案》《伯德修正案》《外国投资与国家安全法》《外国投资风险审查现代化法案》为标志的四次重大改革后，监管权限和自由裁量权越来越大。2022 年，拜登签署行政令颁布《外国投资委员会执法和处罚指南》，进一步扩大了 CFIUS 的审查范围。西班牙、法国、德国、捷克、意大利、波兰出台或者修订了本国的外资审查法律，从扩大审查行业范围、降低触发审查的股比门槛、强化审查机构权限等方面加强外资审查（见表 6-1）。根据联合国贸易和发展会议（UNCAD）最新发布的《2021 年世界投资报告》，2020 年各国出台的投资措施数量比上一年上涨 42%，其中限制性和监管性投资政策共 50 项，上涨至总体政策的 41%，达到历史最高值。[3]随着西方发达国家对外资审查的泛化，国际投资保护主义加速盛行。

表 6-1　发达经济体投资安全审查概况[4]

经 济 体	审 查 内 容
美国	出台《外国投资风险审查现代化法案》，对涉及美国国家安全的外商投资活动加大审查力度

---

[1] 陈良奎，简基松，杨昕. 西方国家外资审查制度的"逆全球化"趋势及中国的对策[J]. 决策与信息，2021 (7): 10.

[2] UNCAD. World Investment Report 2021[R].

[3] 同上.

[4] 本表格整理自：陈良奎，简基松，杨昕. 西方国家外资审查制度的"逆全球化"趋势及中国的对策[J]. 决策与信息，2021(7): 10.

续表

经 济 体	审 查 内 容
欧盟	出台《外国直接投资审查条例》，推动欧盟成员国之间的外商投资制度趋同化，维护欧盟成员国以及欧盟整体的利益；扩大"欧盟利益"的项目和计划清单，包括与太空计划、数字欧洲计划、欧洲国防基金以及健康欧盟计划相关的投资等
德国	修改《对外贸易和支付条例》，引入并不断扩大外资审查机制所涵盖的敏感行业和技术清单，包括人工智能、自动驾驶汽车、专用机器人、半导体、增材制造和量子技术等，并根据行业更改了触发对不同类型收购进行投资审查的门槛
法国	将外资审查触发门槛由外资占比 25% 降至 10%，同时将与可再生能源生产相关的技术列入受外资审查机制约束的行业和关键技术清单中
英国	《国家安全和投资法》及其实施条例生效，引入了独立的外资审查制度，尤其是具体化了需要强制申报的 17 个敏感领域，包括能源、先进材料、人工智能、通信、民用核技术、密码认证、数据基础设施、国防、军民两用物项、量子技术、卫星和空间技术、应急服务供应商、运输等
意大利	通过修法，将影响国防和国家安全资产的所有权、控制权等添加到需要事先申报的领域，同时扩大了被视为对国家安全具有战略意义的工业部门的数量，特别是与 5G 和云服务部门有关的工业部门
日本	修改《外汇与外贸法》，将包括稀土在内的关键矿产以及某些港口设施的维护和改善相关的业务部门，列入外资审查行业清单中
澳大利亚	澳大利亚政府和联邦议会为了防止外商投资者在疫情背景下对澳实施不符合澳方利益的投资，于 2020 年 12 月 10 日颁布了《外国投资（保护澳大利亚国家安全）改革法》

资料来源：赛迪智库整理。

三、国际投资规则下的大国博弈：美国对外资安全审查制度的滥用

（一）美国外资安全审查泛化的演变

1．美国外资审查的主体——CFIUS

美国外国投资委员会（CFIUS）作为白宫与国会在外资立场上妥协的产物，在成立之后的十多年里，只是一个"几乎没有执行权的纸老虎"。直到 1988 年，里根总统根据《第 12661 号行政命令》，赋予 CFIUS 执行"第 721 条款"的权力，才使该委员会成为一个全副武装的"看门人"。CFIUS 经历了以《埃克森—佛罗里奥法案》《伯德修正案》《外国投资与国家安全法》《外国投资风险审查现代化

法案》为标志的四次重大改革后，监管权限和自由裁量权越来越大。①

2．美国外资审查的法理依据——《外国投资风险审查现代化法案》

2017 年 11 月 8 日，美国参议院共和党议员约翰·科宁（John Cornyn）提出了《外国投资风险审查现代化法案》（简称"FIRRMA 法案"）。他在对该法案进行说明时，特别强调来自中国的威胁。该法案最终于 2018 年 8 月 13 日由特朗普总统签署生效。FIRRMA 法案的生效，"将阻碍中国在高科技领域向价值链上游移动的努力"，标志着美国对华在投资领域的限制措施正式确定。②该法案以国会立法的形式，使投资审查制度在制度化、标准化和规范化方面更趋完善，为美国 CFIUS 的"国家安全"审查提供了法理依据。从内容上看，法案扩展了"国家安全"的考量范围，扩大了 CFIUS 的监管权力，并将中国或明或暗地列为"特别关注国"。

从内容上看，第一，在关于美国的"重要技术企业"或"重要基础设施企业"的"非被动投资"中，FIRRMA 法案对"被动"投资进行了狭义定义，从而导致被纳入审查范围的"非被动投资"有所增加。第二，扩大了与美国"重要技术企业"的技术转移相关的投资审查范围。第三，扩展了"网络安全与信息安全"相关的投资范围。2018 年中国阿里集团旗下的蚂蚁金服（Ant Financial）收购美国速汇金（Money Gram）一案惨遭失败，就是因为这一原因。第四，明文规定投资审查范围包括外国企业在紧邻美国国内军事基地或机密设施附近购买或租借的房地产。此外，FIRRMA 法案还单独提出"受外国政府控制"的交易，并以"特别关注国"（Countries of Special Concern）的方式加以强调。该法案在把"特别关注国"定义为对美国国家安全带来明显威胁的国家的同时，却未明确界定"国家安全"和"明显威胁"的清晰标准。此外，该法案还设置了"国家安全"审查豁免标准的兜底条款——美国"外国投资委员会"认为合适的其他标准。这无疑加大了 CFIUS 自由裁决的空间。需要特别强调的是，"特别关注国"不仅与"国家安全"相联系，还涉及上述的"重要技术企业"。因为，FIRRMA

---

① 张赛赛. 中美双边直接投资关系的历史发展及其影响因素[D]. 长春：吉林大学，2019.

② 包善良. 中美贸易争端的演进过程、动因及发展趋势[J]. 国际关系研究，2018(04): 56-76, 154-155.

法案规定"重要技术企业"包括那些拥有使美国保持或获得相对于"特别关注国"的技术优势所需的"新兴技术"（Emerging Technologies）的企业。

（二）美国外资审查的泛化：用数据说话

2020 年 9 月 15 日，CFIUS 发布最终规则，加强对涉及"关键技术、关键基础设施和个人敏感数据"美国企业收购的强制申报义务。2022 年，拜登签署行政令颁布《外国投资委员会执法和处罚指南》，进一步扩大了 CFIUS 的审查范围。美国外资审查加速泛化。

1．CFIUS 对我国审查不断收紧，我国企业赴美投资并购意愿下降

2017—2021 年期间，CFIUS 对我国赴美投资审查的交易数量共计 201 件，远超日本（142）、加拿大（123）等其他国家，成为受审查数量最多的国家。其中，2017 年、2018 年和 2021 年三年均为当年涉案交易数量最多的国家，2019 年和 2020 年两年均为当年涉案交易数量第二多的国家（见表 6-2）。CFIUS 对我国赴美投资企业审查力度不断加大，叠加中美经贸摩擦的不确定性，已经实质性影响了我国企业赴美投资的意愿。根据中国商务部的统计，2021 年中国对美直接投资同比下降 7.2%，为 55.8 亿美元，占当年中国对外直接投资总额的 3.1%。CFIUS 的投资审查是阻碍我国对美投资的重要障碍。未来，随着 CFIUS 对外国投资主体和投资资金来源进行穿透性审查，我国对美投资将更加困难。

表 6-2　2019—2021 年美国 CFIUS 审查交易数量前 10 的国家

（单位：件）

国　　家	2019 年	2020 年	2021 年	三 年 总 计
日本	46	19	26	91
中国	25	17	44	86
加拿大	23	11	28	62
法国	13	11	13	37
英国	13	14	13	40
德国	13	7	10	30
瑞典	7	10	5	22

续表

国　　家	2019 年	2020 年	2021 年	三 年 总 计
新加坡	10	10	13	33
韩国	10	2	13	25
澳大利亚	11	10	4	25

数据来源：美国财政部，赛迪智库整理。

2．分行业看，制造业是我国被美国 CFIUS 审查的重点

受贸易争端以及新冠疫情影响，在近三年我国赴美投资的企业中，受审查数量最多的是金融、信息和服务业，一定程度上与赴美投资的制造业企业减少有关（见表 6-3）。排除新冠疫情影响，从更长时间看，2017—2021 年的数据，我国制造业被审查的交易数量最多（102 件），其次为金融、信息和服务业（98件），明显高于日本、加拿大等国。

表 6-3　2019—2021 年美国 CFIUS 审查交易数量的行业分布

（单位：件）

国　　家	金融、信息、服务	制　造　业	采掘、公共事业、建筑业	零售、批发、交通运输	总　　计
日本	36	38	8	9	91
中国	47	32	1	6	86
加拿大	28	10	15	7	60
法国	22	10	3	2	37
英国	20	14	2	4	40
德国	13	14	1	2	30
瑞典	15	6	1	0	22
新加坡	23	4	4	2	33
韩国	6	12	4	3	25
澳大利亚	15	2	5	3	25

数据来源：美国财政部，赛迪智库整理。

3．我国赴美投资被 CFIUS 审查周期延长，投资申请通过概率不断下降

首先，2018 年 8 月通过的《外国投资风险评估现代化法案》将法定审查时间从 30 天延长至 45 天，但实际审查周期远远高于 45 天，导致企业投资决策不

确定性预期增加；其次，投资申请通过概率不断下降。据统计，奥巴马执政时期，中国企业赴美投资被 CFIUS 审查通过的概率在 95% 以上，但在特朗普执政后，这一概率下降至 60% 左右，随着拜登政府加大对我国安全审查的范围和力度，这一概率仍会进一步下降。

（三）美国外资审查新动向：合纵连横

随着中美博弈的加剧，美国不断加强对我国投资限制。纵向看，美国对我国投资审查程度逐步加深；横向看，审查范围和审查边界不断扩大。这些新趋势标志着美国对我国投资审查的合纵连横体系逐渐成形，对我国技术管制从侧重于延迟我国技术进步转向直接削弱。

1. 将国家安全审查和出口管制深度绑定，要求对关键技术领域的投资进行强制申报审查

2020 年 9 月 15 日，CFIUS 发布的最终规则，将关键技术的强制申报要求与美国出口管制法规直接挂钩。美国商务部工业与安全局（BIS）发布的 2022 年度报告显示，在 2021 财年（2020 年 10 月至 2021 年 9 月），BIS 与 CFIUS 等其他机构密切合作，将申报的要求与相关出口管制当局对外国投资者的许可证要求联系起来，从而改变了关键技术的强制性申报方案。2023 年 2 月 16 日，美国司法部和商务部宣布成立"颠覆性技术打击工作组"的新工作机制，共同负责联合审查美国的对外投资和技术出口。近年来，BIS 已经深度参与 CFIUS 对关键技术领域的投资审查。数据显示，2021 财年 BIS 与 CFIUS 共联合审查了 444 个 CFIUS 的申报案例，同比增长 42%，且有加速上升之势。当前我国已经成为 BIS 和 CFIUS 的重点审查对象，随着出口管制与投资审查的深度捆绑，中美双边投资将面临前所未有的障碍。

2. 审查范围从传统的国防安全向经济、信息等非传统领域扩展

近年来，美国不断泛化"国家安全"概念，国家安全审查的范围不断扩大（见表 6-4），2018 年《外国投资风险评估现代化法案》（FIRRMA 法案）直接将关键技术、关键基础设施和个人敏感数据纳入审查范围。2022 年 9 月 15 日，拜登签署总统行政令，指示 CFIUS 加强对外国投资的审查力度，在投资审查过程中着重考虑国家安全因素。同年 10 月 20 日，美国财政部发布了史上首份《外国投资委员会执法和处罚指南》，就 CFIUS 在审查所辖交易时应考虑的国家安全风险做出正式指示。这些进一步加强了 CFIUS 对外国投资的监管，特别是涉及微电子、人工智能、生物技术、量子计算、敏感数据、网络安全等领域的涉美投资并购交易，将面临更加严格的审查。2023 年 2 月，美国乔治城大学安全与新兴技术中心（CSET）发表名为《美国对中国人工智能公司的对外投资》报告，详细分析 2015—2021 年间美国对中国人工智能公司的投资数据，并建议美国政策制定者应对人工智能等对国家安全至关重要领域的对外投资加强审查。

表 6-4　近年来 CFIUS 拒绝的主要案例

年　份	收　购　方	标　的	行　业
2016	紫光股份	西部数据	信息通信
2016	清芯华创	仙童半导体	半导体
2016	福建宏芯基金	德国爱思强	半导体
2016	海航集团	环球鹰娱乐	信息通信
2017	中青芯鑫	科利登	半导体
2017	英飞凌	科锐子公司疾狼	半导体
2017	TCL 集团	诺华达无线通信旗下的猫 FI 业务	信息通信
2017	思维图新、腾讯等组成的联合体	荷兰数字地图供应商 HERE 公司	定位导航
2017	峡谷桥 1 号基金	莱迪思半导体	半导体
2018	蚂蚁金服	速汇金	金融服务
2018	蓝色光标	大数据营销公司	互联网
2018	海航集团	大桥资本	金融服务
2018	中国重型汽车集团	电动汽车零部件公司	制造业
2019	字节跳动	社交媒体应用 music.ly	互联网
2020	北京中长石基	StayNTouch	信息通信
2020	美国爱科索仿生机械公司	在浙江建立合资企业	制造业
2021	智路资本	美国上市半导体企业美格纳	半导体

数据来源：赛迪智库整理。

3．投资安全审查的边界从单向流入的审查转向流入与流出双向审查

2020 年 5 月底，美国爱科索仿生机械公司与我国浙江优创创业投资有限公司、浙江硅谷天堂资产管理集团成立合资企业的项目遭到 CFIUS 强令终止。按照协议，爱科索将授权其制造技术，提供其在中国的相关专利权，换取合资公司 20% 的股权，但却被 CFIUS 以国家安全为由拒绝。这是 CFIUS 首次叫停美资企业在华合资项目，意味着未来不仅赴美投资面临困难，美资企业在华投资合作也将面临阻碍。2022 年初，美国众议院通过了《国家关键能力防御法案》（NCCDA），拟建立一个国家管家能力机构委员会（CNCC），主要负责审查美国对特定国家的投资，包括任何可能对"国家关键能力"构成威胁的美国企业或与美国企业开展的合并、收购或接管活动。法案文本一方面未明确界定"国家关键能力"的含义，另一方面规定出境审查程序将适用于美国人、非美国实体及其附属机构。这意味着非美国实体在相关国家或与相关实体从事涵盖活动可能会触发该委员会的审查管辖权。根据美国彭博社 2022 年 12 月 20 日报道，美国众议院计划成立的"中国问题特别委员会"候任主席迈克尔·加拉格尔表示，"如果过去五年的重点是加强对中国在美国投资的审查，那么下一阶段将会是强化对美国在中国的投资审查。"这意味着，美国对外投资的安全审查已经从单向流入的审查转向流入与流出的双向审查。

4．投资审查的主体从美国单体扩围到欧盟等盟友体系

随着美国对华遏制效果的乏力，美国智库及政府等相关部门开始探索联合盟友对我国进行围堵遏制。2022 年 5 月 15 日至 16 日，美国和欧盟贸易和技术委员会（TTC）第二次会议发布的联合声明中指出，双方"对在其境内外建立完善的外国投资审查机制的重要性持有共同看法"。同年 12 月 5 日，TTC 第三次会议发布的联合声明中，双方重申"美国和欧盟强调在大西洋两岸建立全面、稳健的外国投资审查机制对于应对国家安全风险和内部公共秩序风险上的重要意义，同时保持对投资的开放"。尽管目前双方尚未出台相关联合投资审查方案，但这一动向值得警惕。

四、中国对策：以更大的开放破解投资保护主义

（一）坚持多边合作和开放政策，通过完善 WTO 框架对投资议题的覆盖，以国际性制度化的规则约束外资审查泛化

一是，始终秉持多边主义和投资自由化便利化原则，积极推进《投资便利化协定》在 WTO 内的达成。实现 WTO 框架对投资议题的覆盖，在全球范围内提升投资政策透明度、简化和加快投资审批程序、促进国际合作。以国际性制度化的规则加大对欧美等通过安全审查泛化人为设置投资障碍的约束。二是，适时推动中美双边投资协定谈判[①]、中欧全面投资协定重启，推动中日、中韩等双边投资协定升级。

（二）以开放包容的姿态联合更多的朋友，实现国内国际双循环联动发展

一是，降低关税壁垒和非关税壁垒，进一步向外资和外国商品开放国内市场，扩大制造业、服务业外资市场准入开放范围，优化外商投资环境，为世界高新技术企业来华投资开设绿色通道。二是，团结一切可以团结的力量，扩大朋友圈，深入巩固与传统国家和地区的关系，开拓更多伙伴，对冲对我国的"孤立"与"脱钩"，注重加强与以色列、荷兰等关键小国的技术合作，探索开展关键共性技术攻关，降低对美国依赖。

（三）以科技自立自强，提升国际话语权，打破美国对我国投资封堵

美国一系列的投资限制意在对我国进行技术封锁，我们必须将重心放在核心技术攻关上，以科技自立自强打破美国的闭环封锁。一是，完善企业、高校、科研机构协同创新体系，在"制造强国""网络强国"等战略指引下，加快人工

---

① 项卫星，张赛赛. 中美双边投资协定谈判中的冲突与趋同[J]. 东北亚论坛，2017, 26(03): 84-96, 128.

智能、集成电路、新材料等关键领域的自主研发进度。[①]二是，统筹使用国家现有支持核心技术发展的各类资金，区分基础研究、应用研究、产品开发等不同创新阶段，分别采取不同的财政支持方式，发挥不同渠道资金的效用，推进重大项目上下游骨干企业加强产业协同和技术合作攻关，增强产业链韧性，提升价值链水平。

---

① 梁一新. 美国对华高技术封锁：影响与应对[J]. 国际贸易，2018(12): 4.

产业政策与产业补贴规则：美国成为规则双重标准操纵者

产业政策是引导产业发展的中性工具。各国在产业发展初期和发生公共危机事件时期都曾大量使用，疫情后各国采取的供应链调整等政策都属于广义产业政策的范畴。产业政策属于国内政策，也是政府管理权的重要体现，目前尚没有广义产业政策的国际规制。产业政策在众多国家都产生了积极效果。Rodrik（2004）研究表明，产业政策在全球大多数国家和地区，尤其是东亚都取得了成功。[1]Chang（2002）也支持使用激进的产业政策，他研究了包括英国、美国、德国、日本等在内的一系列发达国家的经验，研究结果表明，几乎所有国家在经济追赶阶段都使用了幼稚产业保护在内的产业政策。这些政策组合工具包括出口补贴、授予垄断权、有针对性的信贷以及对研发的支持等。[2]

产业补贴属于产业政策的一种，也是最受关注的产业政策类型。在产业补贴领域已经形成了较为成熟的多边规则，即 WTO 的《补贴与反补贴措施协定》（SCM 协定）。SCM 协定的多边补贴规则体现了自由贸易与贸易保护的相互制衡，既要确保补贴服务于经济上合理的政策目标，同时要最大程度降低补贴对全球贸易的扭曲，其演进历程也体现了不同国家和不同利益集团之间的角逐。补贴可以有效弥补市场失灵，但当补贴为出口商或者被补贴行业提供竞争优势时，就会扭曲贸易，损害他国利益。从某种意义上看，制定约束政府的国际补贴规则，反而有助于确保政府以最低的成本实现政策目标。[3]这也是多年来 GATT和 WTO 补贴规则期望解决的问题以及规则形成的动因。

在 WTO 多边平台，我国自 2004 年首次被加拿大发起对华反补贴调查以来，已经成为全球反补贴调查的最大目标国。[4]受影响的产业不仅包括冶金等传统产业，还进一步向风电装备等高附加值产品延伸，对相关产业造成不利影响。欧

---

① Rodrik. Industrial policy for the twenty-first century, CEPR Discussion Paper No. 4767, London: Centre for Economic Policy Research, 2004.

② Chang H J. Kicking Away the Ladder: Development Strategy in Historical Perspective, London: Anthem Press, 2002.

③ WTO (2006), World Trade Report 2006: Exploring the Links Between Subsidies, Trade and the WTO, WTO, Geneva, https://doi.org/10.30875/5b142cc2-en.

④ 截至 2020 年 4 月底，国外对华反补贴调查累计 177 起，同期全球反补贴案件共计 409 项，对华反补贴调查占比高达 43.3%。

美日等国显然不满足于现有 SCM 协定框架下的反补贴调查，而是期望在多边、双边和区域平台制定专门针对中国特色市场经济的全新规则，旨在限制我国利用补贴政策扶持产业发展的正当权利。长期以来，美国在各种场合散布中国通过五年规划和产业政策等途径给予中国企业大量的补贴、扶持特定产业并旨在占领全球市场等言论。在美国这些论调的反复抹黑下，以及在美国主要盟友的附和中，我国的国际形象受到不良影响。

不仅如此，美国更是成为了产业政策双重标准的操纵者。一方面，将在美国经济腾飞历史上起到重要"梯子"作用的扶持幼稚产业的政策视作"坏政策"，限制发展中国家对所谓"坏政策"的使用，要求中国等其他成员加严规则、严守透明度；一方面自己却实施大规模排他性歧视性产业政策，尤其是拜登政府执政以来实施的《芯片科学法案》《通胀削减法案》，已经对包括欧盟、韩国和中国在内的国家和地区产业发展造成了不利影响。

一、"踢梯子"：美国意图为中国量身打造补贴规则

SCM 协定并非补贴与反补贴多边纪律的终点。有关 SCM 协定法律适用问题的争议不断出现在起诉至 WTO 争端解决机构的案件中。尤其是随着中国加入WTO，美欧等国家期望利用多边补贴规则加大对中国的多边规制。与此同时，发展中国家对发达国家滥用贸易救济剥夺其利用产业补贴实现经济追赶的企图也"深恶痛绝"。基于此，自多哈回合谈判以来，针对 SCM 协定框架下的补贴与反补贴规则改革，美欧发达国家与中国为代表的发展中国家产生了激烈分歧。

（一）美国穷尽 WTO 反补贴贸易救济手段，持续加大对我国相关产业的反补贴调查力度

在国外对华反补贴调查中，美国占据重要地位。一是美国是发起对华反补贴调查最多的国家，占国外对华反补贴调查案件总量的 50%以上。二是美国对华反补贴调查具有示范效应，如美国 2011 年对我国光伏产品发起反补贴调查，

带动 2012—2014 年欧盟、加拿大展开调查。三是中美在 WTO 争端解决机构关于补贴和反补贴的多个案件中，就"公共机构认定""补贴专向性认定""外部基准"等规则层面问题展开激烈角逐，成为中美国际规则话语权争夺的重点领域。综上，在大国博弈大背景下，深入分析美国对华反补贴调查案件，探究其对华反补贴调查的政策关注点具有重要参考意义。案例分析样本选取 2015—2019 年五年间美国对华发动的反补贴案件，共计 43 起，涉案政策共计 1234 频次。

从涉案产品种类看，美国对华反补贴调查兼顾经贸博弈、遏制发展、市场保护等多重目标。2015—2019 年，美国对华反补贴案件主要集中在金属制品、冶金、化工、家具、建材等产品，具体如表 7-1 所示。总体看，涉案产品主要为中低端产品，缺乏高精尖产品。上述涉案产品多为上游原材料、低技术含量零配件、低技术含量消费品，产品替代性较高，"双反"造成的贸易损失主要由我国的国内企业承担。从上述涉案产品特征看，美国对华反补贴涉案产品选择具有较为明显的"博弈筹码"性质。一方面，在全球化大生产背景下，所选涉案商品对我国传统产业的冲击更为集中；另一方面，涉案产品并非美国对华遏制的真正着力点，反而是美国希望将我国在全球产业分工中锁定的领域，"双反"等贸易救济手段是大国博弈的手段而非目的。此外，美国反补贴调查工具也注重对我国产业升级的遏制，如 2011 年对晶体硅光伏电池、2012 年对应用级风电塔发起反补贴调查，均具有遏制我国发展、保护本土市场等目的。

表 7-1　2015—2019 年美国对华反补贴涉案产品

类　别	产　品
冶金产品（7 起）	不锈钢板材和带材、冷轧钢板、铝箔、铝合金薄板、耐腐蚀钢板、碳合金钢定尺板、预制钢结构
金属制品（13 起）	大口径焊管、订书机钉、锻钢件、钢货架、钢制丙烷气瓶、工具箱（柜）、可重复使用的不锈钢啤酒桶、冷拔机械管、碳合金钢螺杆、铁制机械传动件、铸铁污水管、铸铁污水管配件、铝制电线电缆
机械设备（3 起）	不锈钢法兰、钢制轮毂、直径 12～16.5 英寸钢轮
化工产品（6 起）	甘氨酸、聚对苯二甲酸乙二醇酯树脂、硫酸铵、葡萄糖酸钠、葡萄糖酸及衍生产品、羟基乙叉二膦酸、细旦涤纶短纤
塑料橡胶（5 起）	卡车和公共汽车轮胎、双轴土工格栅、塑料装饰丝带、橡皮筋、新充气非公路用轮胎

续表

类　别	产　品
家具建材（6 起）	玻璃容器、瓷砖、立式金属文件柜、木柜和浴室柜、石英台面产品、硬木胶合板
其他产品（3 起）	无涂层纸、非晶硅织物、拉伸变形丝

资料来源：赛迪智库整理。

从涉案政策种类看，基本实现对我国产业政策的全覆盖。2015—2019 年，美国对华反补贴案件涉案补贴工具主要分为财政补贴类、税收费用类、价格干预类、信贷支持类以及债务救济类政策（见表 7-2）。其中，涉案财政补贴类政策共计 337 次，占全部涉案政策工具条目的 27.3%，包括各级政府对企业的赠款、奖励、亏损补贴、贴息及各类基金、资金投股等。涉案税费优惠类政策共计 366 次，占全部涉案政策工具条目的 29.7%，主要涉及企业所得税、国内增值税、进口环节增值税、关税以及契税、印花税等其他税费优惠政策，其中企业所得税优惠占税费优惠类政策近六成。涉案信贷支持类政策共计 256 次，占全部涉案政策工具条目的 20.7%，主要涉及政策性贷款、贴息优惠贷款、国债贷款等。其中，围绕外贸出口的信贷工具是反补贴的主要标的，如出口买方信贷、出口卖方信贷、出口信用保险等共提及 96 次，约占信贷支持类政策的 37.5%。涉案价格干预类政策共计 226 次，占全部涉案政策工具条目的 18.3%，主要涉及土地、电力、水、物流以及产品生产所需的铁、锌、尿素、纯碱等各类原材料，其中涉及土地价格共计 72 次、涉及电力价格共计 41 次，分别占全部价格干预类政策的 32%、18%。涉案债务救济类政策共计 49 次，占全部涉案政策工具条目的 4%，多为企业改制等特定时期或针对东北老工业基地振兴等特定地域的临时性政策。

从美国政府动机看，美国对我国中国特色社会主义市场经济体制的针对性明显。从补贴主体看，美国无视我国国有经济为主体的制度特征，不仅将国有企业视作接受补贴的主体，更是将其直接界定为"公共机构"，导致国有银行和提供生产要素的国有企业都成了补贴提供者。从涉案政策看，信贷支持类、价格干预类政策则具有较为明显的扩大补贴认定范畴的倾向。信贷类政策强调发放贷款的银行所有制身份（国有银行）与获取贷款的企业所有制身份（国有企业），严重扩大了补贴认定范畴。价格干预类政策基于我国"非市场经济地位"的认定，除了将具有我国市场经济特色的土地、电力供应认定为 LTAR（低于合理报酬的价格），更将企业生产涉及的原材料、能源、中间品甚至物流等服务认定为 LTAR。以 2018 年美国对华直径 12～16.5 英寸钢轮反补贴案为例，涉及土地、电力等价格政策裁定税率合计 118.41%，涉及出口信贷、保险、担保等信贷政策裁定税率合计 115.15%，二者合计达到最终裁定税率的一半以上。

表 7-2 美国对华反补贴涉案补贴工具

政 策 类 别		频次/次
财政补贴类		337
其中	基金资金类	137
	奖励类	55
	亏损补贴类	6
价格干预类		226
税费优惠类		366
其中	关税	7
	关税+进口增值税	49
	所得税	215
	国内增值税	37
	费用减免	7
信贷支持类		256
其中	优惠贷款	103
	国债贷款	15
	政策性贷款	40
债务救济类		49
其中	免除分红	11
	免贷免息	10
	欠税豁免	12
	注资	7
总计		1234

资料来源：赛迪智库整理。

从涉案政策出台主体看，地方政策可能成为我国补贴政策监管的薄弱环节。2015—2019 年，美国对华反补贴案件涉案补贴政策中具有明确地域限定的政策共计 195 次，占比 15.8%。其中围绕振兴东北老工业基地、中部崛起、西部大开发等特定区域优惠政策共计 60 次，多为中央政策的地方执行细则，以税收优惠政策、信贷优惠政策为主。地方政府自行出台的补贴政策涉案共计 132 次，占全部涉案政策的 10.7%。其中，省级出台涉案政策共计 45 次，资金、基金类政策共计 28 次，占省级涉案政策的 62%；市级出台的涉案政策共计 18 次，主要为市级地方政府对企业的赠款、奖励等财政补助；地方区县级或园区出台的涉案政策共计 43 次，主要为辖区内的费用减免、财政奖补、土地优惠等政策工具。[①]地方政府出台的众多政策成为国外对华反补贴调查的主要针对对象，也成为我国补贴政策监管的重要风险点和薄弱点。

从涉案政策扶持目的看，外贸促进类政策是美对华反补贴重点，调查对既往政策存在追溯。2015—2019 年，美国对华反补贴案件涉案补贴政策扶持目的大致可归纳为结构调整、投资引导、市场推广、企业整合、环境保护、创新驱动、品牌培育、行业扶持、外贸促进、债务化解等十大类别（见表 7-3）。外贸促进类政策涉案频次最高，达 290 次，占全部涉案政策 23.5%，其中出口促进政策达 194 次，为该类政策主体。创新驱动类政策涉案 194 次，占比 15.7%，其中研发支持政策、创新企业支持政策、重点项目及技术攻关政策分别占比 5.7%、6.2%、3.4%，成果转化类支持政策仅 2 项。投资引导类政策涉案 36 次，占比 2.9%。结构调整类政策涉案 30 次，占比 2.4%，主要围绕落后产能淘汰、产能易地搬迁等。市场推广类政策涉案 46 次，占比 3.7%，主要为国产设备推广等。环境保护类政策涉案 63 次，占比 5.1%，围绕节能减排、清洁生产、资源高效利用等。品牌培育类政策涉案 45 次，占比 3.6%，主要工具为政府对优质品牌企业的奖励性补助。需要关注的是，反补贴涉案政策中存在部分已废止的既往政策，由于企业历史上享受过该类优惠，也纳入反补贴范畴。如投资引导类政策中的固定资产投资方向调节税减免优惠共计 17 次，但该项政策已于 2012 年废止。这也意味着，针对反补贴涉案政策的完善和优化的效果将是长期性的，短期内不能起

---

① 需要说明的是，上述地方政府涉案政策仅是根据美国对华反补贴案件文本表述中具有明确政策发布主体信息所提取统计的，涉案政策中地方政府优惠政策数量很可能大于上述统计数据.

到减少美国对华反补贴强度的目标。

表 7-3 美国对华反补贴涉案补贴政策目标

类 别	具 体 方 向	频次/次	
结构调整	产能搬迁	14	30
	落后产能	16	
投资引导	对外投资	9	36
	鼓励外资	27	
市场推广	购买国产设备	46	
企业整合	企业改制	8	29
	兼并重组	13	
	上市融资	8	
环境保护	环保-节能减排	33	63
	环保-清洁生产	7	
	环保-资源利用	10	
	环保-其他	13	
创新驱动	科技研发	70	194
	高新技术企业	77	
	重点项目、技术	42	
	新产品	3	
	成果转化	2	
	品牌培育	45	
行业扶持	特定行业	46	51
	特殊设备	5	
外贸促进	外贸-出口	194	290
	外贸-电子商务推广	4	
	外贸-进口	2	
	外贸-进口-重点产业重点产品	59	
	外贸-双反应对	8	
	外贸-其他	23	
债务化解		48	
其他		402	

资料来源：赛迪智库整理。

（二）美国联合盟友加严补贴纪律，进一步限制我国产业发展空间

2021 年 10 月 20 日，WTO 对我国开始第八次贸易政策审议，美国声称中国国家主导的产业政策扭曲了竞争环境，对进口商品和服务及其外国供应商不公平，美国将采取一切措施说服中国做出必要的改变。事实上，从 2017 年 12 月到 2020 年 1 月 14 日，美欧日在两年多的时间内连续发表七份三方联合声明，直指我国非市场经济导向和产业补贴问题。上述内容与美国的 WTO 多边改革方案，《美墨加协定》（USMCA）、CPTPP 等区域贸易协定等相互配合，进而对我国联合施压。结合前述美欧日七次三方声明，以及美国、欧盟等的最新补贴立法和反补贴实践，发达国家主导的国际补贴规则重塑呈现以下几个动向：

第一，修改或者完善"公共机构"定义，将更多国有企业纳入补贴主体中，加大对国有企业的约束力。最新的第七次声明中，美欧日三方一致认为在确定某一实体是公共机构时不必认定该实体"拥有、行使或被授予政府权力"。但关于如何界定公共机构，美国和欧盟之间还存在一定分歧。美国主张"控制论"，即只要被政府多数所有权或者其他方式控制的实体都是公共机构，因而国有企业必然被认定为公共机构；欧盟方案相对温和，与我国立场更能找到契合点。根据 2019 年 9 月欧盟发布的《WTO 现代化——欧盟未来方案》，欧盟希望更清晰地界定"公共机构"的构成要件，阐明评判特定成员对相关企业实施"有意义控制"的标准，以便更好约束国有企业。

第二，补贴方式的界定范围从财政行为延伸到金融商业行为，并重点关注中国的政府投资基金。目前，《补贴协定》界定的补贴方式包括财政资助以及任何形式的收入或者价格支持，基本都属于政府财政行为。但在第四次联合声明中，欧美日提出六个方面"特别有害补贴实践"（包括国企贷款、政府投资基金、非商业债转股、优惠原材料定价、补贴亏损企业、产能过剩补贴），已涉及金融商业行为的范围。

第三，进一步扩展反补贴类型，试图规制中国特色的产业发展体系。SCM协定规定的补贴类型包括"禁止性补贴""可诉补贴"和"不可诉补贴"三种。

要质疑一项"可诉补贴"，需要证明其具有专向性，且对受害国产业造成损害。"禁止性补贴"只包括出口补贴和进口替代补贴，不需要证明专向性和损害性。"不可诉补贴"包括研发补贴、落后地区资助以及环保改善补贴，但 2000 年后已失效。为此，欧美国家期望扩大"禁止性补贴"范围，拟新增的"无条件禁止性补贴"和"举证责任倒置"的补贴类型都涉及过剩产能补贴问题，未通报补贴也拟纳入"禁止性补贴"，此方案一旦在 WTO 通过将对中国的产业发展体系构成巨大挑战。同时，美国期望加大针对违反透明度义务的惩罚力度，一旦补贴被任一成员国反向通报则成为禁止性补贴。

第四，在多边、区域和双边层面对中国特色市场经济体制施加压力。美国近三年的各大报告充斥着对中国"非市场经济体制"的讨论，欧盟和日本在此问题上保持一致。有美国学者将中国体制归为除典型的"市场经济"和"非市场经济"体制之外的"第三种模式"，宣称这种模式不存在具体、可诉的法律或者措施，导致《补贴协定》无法有效应对。为此，欧美日在 WTO 多边平台推动《补贴协定》改革的同时，加速在 CPTPP、《美墨加协定》等区域贸易协定中对国有企业和补贴规则的重塑。

（三）中国团结和维护发展中国家利益，提出合理改革方案

美国主导的 WTO 补贴改革方案，几乎全面否定了发展中国家的特殊和优惠待遇，超出了发展中国家的发展阶段和实力。[1]我国明确反对美国明显针对发展中国家的议题，提出合理的补贴规则和方案。[2]根据商务部世贸司的官方通报，我国目前对 WTO 补贴改革持开放态度，具体主张主要如下：[3]

一是主张恢复研发补贴、环境保护补贴、落后地区补贴等不可诉补贴，保

---

① 王光，闫实强，卢进勇. 开放经济环境中的补贴政策：多边规则，争端风险与政策空间[J]. 国际贸易，2021(01).

② 李计广，郑育礼. "双失灵理论"视角下的 WTO 改革与路径[J]. 国际贸易，2022(11): 7.

③ 2021 年 10 月 28 日，在国新办举行的世贸组织第八次对华贸易政策审议情况发布会上，商务部世贸司司长郦东表示，中方支持对世贸组织进行必要的改革，对在世贸组织改革框架下启动补贴有关谈判讨论持开放态度，并对中方立场进行阐述.

障发展中国家提升本国科技研发、环境保护和地区均衡发展的能力。

二是将《补贴协定》修改与《农业协定》修改绑定，规制发达国家在农业领域的巨额补贴。

三是澄清和改进补贴认定、补贴利益确定、可获得事实等补贴和反补贴相关规则，防止美国等国滥用反补贴措施。

四是反对"补贴通报惩罚机制"，主张建立帮助发展中国家完善通报的机制。

二、"只许官兵放火，不许百姓点灯"：美国开启产业政策双重标准大幕

拜登政府执政后，随着《芯片与科学法案》《通胀削减法案》《基础设施法案》等一系列雄心勃勃的产业政策提案变成正式法案，美国迎来产业政策回归高潮。本文在梳理第二次世界大战后美国产业政策历史变迁基础上，研判拜登政府产业政策的三大特征，包括：扶持目标更加聚焦到与中国竞争、供应链安全和清洁能源；扶持阶段更加侧重技术产业化和生产落地；组织模式上或通过新设"未来产业研究院"发力未来产业。

（一）第二次世界大战后美国产业政策的四个阶段

第二次世界大战后，美国联邦政府采取的产业政策可以分成四个阶段，每个阶段联邦政府都试图通过政府力量打通创新体系的不同阶段和不同参与者。

第一个阶段是冷战时期，标志性政策是成立国家航空航天局（NASA）和国防部高级研究计划局（DARPA）。NASA 通过联邦政府主导的研发促成了空间技术和卫星通信部门产生，并在此后几十年间持续推动相关技术的商业化和民用化。DARPA 则从一开始就延续了第二次世界大战期间国防产业的研发一体化传统，不仅支持基础研究，还支持开发、原型设计、技术测试，并通过政府采购创造了商业化市场，进而事实上促进了航空航天、核电、电子计算机和互联网

等产业发展。

第二个阶段是 20 世纪 70 年代至 80 年代与日本的产业竞争时期，曾推出"制造业推广伙伴计划（MEP 计划）""小企业创新研究方案""半导体制造技术联盟（Sematech）"等一系列产业政策。这些产业政策，旨在帮助创新者跨越研究和技术实施之间的"死亡之谷"，并将更多小企业纳入联邦政府研发系统中，大力促进了美国半导体设备制造等产业发展。在这一时期，美国首次出台了研发税收抵免政策，主要用于奖励开发新技术或改进新工艺的企业，大大激励企业加大研发投资力度。

第三个阶段是克林顿和奥巴马时期，联邦政府通过能源创新产业政策推动能源技术变革。在此期间，美国能源部从单纯围绕化石燃料、核能、基础物理机构转变成全新的技术创新组织。能源部效仿国防部专门成立了能源高级研究计划署（ARPA-E），初衷是为了打通能源研发和技术创新通道，但由于能源部缺乏国防部强大的政府采购计划，难以推动能源技术创新的商业化落地。不过，该产业政策仍然取得了一定效果，其贷款项目挽救了在金融危机中濒临破产的特斯拉，为其成长为全球电动汽车生产商奠定了基础。

第四个阶段是 2012 年开始的围绕先进制造业推出的"制造业创新研究院"等一系列产业政策。金融危机后，美国开始意识到制造本身是创新系统中不可或缺部分，"本土创新+海外制造"的最终结果将是越来越多的"海外生产+海外制造"。为此，美国产业政策的着力点转移到制造业创新领域，先后创建了 16 个制造业创新研究院，聚焦增材制造、数字化生产、机器人、电力电子、生物医药、柔性制造和光学等领域，以之前除国防部门之外的联邦政府从未采取的其他方式将创新行为者联系在一起。然而，联邦政府向研究院提供的资金总额表明，投资未达到制造业转型所需要的水平。2019 财年，制造业创新研究院的总支出为 4.88 亿美元，其中联邦基础项目资金只有 1.33 亿美元，其他资金则来自企业、学术界、州政府等。联邦政府期望用 1.33 亿美元撬动规模达 2 万亿美元的制造业非常困难。而且，从能源部获得 5.35 亿美元政府支持贷款的 Solyndra 太阳能公司最终破产，引发美国国会对产业政策的持续质疑。

（二）拜登上台后，美国进入"汉密尔顿式"产业政策的全新阶段

2021 年 11 月，彼得森国际经济研究所发布《1970—2020 年美国产业政策 50 年报告》。该报告首先对美国产业政策的发展阶段进行了回顾，认为汉密尔顿式产业政策正在回归美国。从 1791 年汉密尔顿首次提出政策至今的 230 年里，美国各界对于产业政策的态度几经变化。在最初的 19 世纪，以支持汉密尔顿产业政策的观点为主；进入 20 世纪，产业政策逐渐受到质疑，特别是在联邦政府关税和政府支出问题上。但是 2020 年以来，美中贸易战和新冠疫情促使特朗普政府采取重塑政策，并通过补贴来刺激国内医疗设备和各种高科技产品的生产。拜登政府的《供应链百日审查》《芯片与科学法案》《通胀削减法案》等也均涉及产业政策，国会正在寻求将更多产业政策概念纳入立法当中。为重塑产业竞争力，美国正从摇摆不定中转向支持产业政策。

综合看，拜登政府执政后，美国产业政策进入全新阶段，其以复苏名义对具体行业和领域的生产和研发进行扶持。该阶段的产业政策支持力度远超历史规模，其目标、扶持领域及阶段、组织模式等都呈现出诸多新特征。

1．目标更加聚焦到与中国竞争、供应链安全和清洁能源

结合彼得森研究所等美国智库观点，第二次世界大战后美国产业政策主要聚焦和围绕三大目标：是否提高产业的出口竞争力、是否创造或者挽救了就业、是否推动前沿技术进步。然而，拜登政府执政后，美国产业政策的目标则更加聚焦，包括：是否有利于系统提升与中国的竞争能力、是否有助于确保美国供应链安全、是否能促进清洁能源相关的技术研发和产业化。

（1）与中国竞争是本轮产业政策的最大目标

包括彼得森国际经济研究所《1970—2020 年美国产业政策 50 年报告》在内的多个美国智库报告均支持美国在供应链和技术竞争领域利用产业政策与中国竞争。《芯片与科学法案》是美国产业政策的集大成者，其多项条款指向我国，打压中国意图明显。其不仅在芯片及无线通信领域投入 542 亿美元制造和研发

补贴并提供税收减免，而且在人工智能、量子计算等关键技术领域投入 2308 亿美元，以提升与中国系统性竞争的能力。法案要求，领取联邦财政补贴和享受投资税收抵免优惠的企业 10 年内不得在中国或其他有关国家进行"实质性"产能扩张，禁止新建基于"先进"工艺的集成电路制造项目。如果企业违反协议，美国政府将收回补贴。若企业投资的项目主要为该国市场生产基于"成熟"工艺的集成电路产品，则不受限制。法案要求美国相关部门定期讨论如何定义"先进"与"成熟"工艺，确保该项政策能够随着技术发展动态更新。

（2）确保供应链安全是本轮产业政策的另一目标

2022 年 2 月 24 日，美国白宫发布对信息和通信技术（ICT）产业、国防工业、能源工业、运输产业、农产品和食品产业、公共卫生和生物产业六大领域的供应链评估报告，与 2021 年 6 月 8 日四大优先领域（半导体制造和先进封装、大容量电池、关键矿物和材料、药品和原料药）百日审查报告相辅相成，构成拜登政府意在加强关键供应链和振兴美国产业基础的"组合拳"。

（3）聚焦新能源相关技术研发和生产是本轮产业政策极具"拜登特质"的第三大目标

气候变化和清洁能源是拜登政府所属民主党的执政特色。经过近一年努力，2021 年 11 月，美国国会正式通过《基础设施投资和就业法案》，将为美国能源部资助大型能源示范项目提供支持：一是为碳管理项目示范提供高于 100 亿美元的财政支持；二是为清洁氢能源项目示范提供 95 亿美元财政支持；三是为可再生能源项目示范提供超 10 亿美元支持；四是为核能项目示范提供近 30 亿美元支持；五是为关键矿物和材料项目示范提供近 11 亿美元支持。

2．产业扶持阶段更加侧重技术产业化和生产落地

除支持早期研究外，本轮产业政策还对一系列创新阶段进行干预。涵盖从开发到原型设计、测试、演示、生产融资、市场进入和扩大市场等各个环节，尽管不同项目有所区别，但扶持政策都从研发阶段拓展到研发后阶段，并尤其侧重技术产业化。这是因为，美国智库界、战略界等普遍认为，与基础研发相比，美国技术产业化面临的制约更大，需要系统性提升。

直接补贴半导体领域新建晶圆厂也是促进产业化落地的重要措施之一。直接补贴生产环节是之前的美国产业政策很少出现的。《芯片与科学法案》（CHIPS 法案）明确将对新建晶圆厂实施建厂补贴和税收抵免补贴。建厂补贴即用 390 亿美元直接补贴企业半导体制造和生产，聚焦先进制程，但其中 20 亿美元专门用于成熟制程，以解决汽车、消费电子等传统芯片缺乏问题；税收抵免补贴是指到 2024 年税收抵免 40%，2025 年降至 30%，2026 年降至 20%，并在 2027 年逐步取消，补贴价值约 227 亿美元。同时指示商务部建立价值 100 亿美元的联邦计划，与州政府激励机制相匹配，以扶持建立新的代工厂。

3. 组织模式上或通过新设"未来产业研究院"发力未来产业

2021 年拜登政府执政后，美国总统科技顾问委员会（PACST）提出建立未来产业研究院的构想。与奥巴马时期的制造业创新研究院为解决创新链条"死亡之谷"相比，未来产业研究院致力于将与产业创新相关的所有公共和私营部门都作为核心合作伙伴纳入其中，促进美国科技基础设施各个部分的无缝对接合作，实现"理论探索-基础研究-工程化中试-产业化"全链条式创新。高度关注先进制造、人工智能、量子信息科学、生物技术、先进通信网络等五大领域的未来产业，通过对至少两个产业的交叉融合领域开展研究与创新，确保美国未来产业科技领导地位。这一组织模式创新将与"制造业创新研究院"相得益彰。

4. 性质上带有明显歧视性，涉嫌违反 WTO 补贴与反补贴规则

《芯片与科学法案》设置"护栏条款"严重违反 WTO 基本原则。在美国，对接受财政资助的接受者，前后均设置了障碍，以保证补贴的接受者不会将联邦政府给予的补贴应用到与中国芯片产业相关的产品上，使得源自中国的芯片产品在美国市场上的竞争力低于美国国产芯片产品。这一条款要求受补贴的企业 10 年内不得在中国建设或者扩建先进制程，将导致英特尔、三星、SK 海力士等企业被迫"二选一"，使其在我国扩产推迟甚至停滞，带有明显歧视性，同时对我国产业造成损害。《芯片与科学法案》中针对芯片制造业的财政资助有构

成禁止性补贴、可诉性补贴的嫌疑，并且其中的"护栏条款"更是涉嫌违反 WTO 关于最惠国待遇以及国民待遇的要求。

《通胀削减法案》设置只能使用"美国产品"的新能源汽车补贴，是典型违反 WTO 规则的禁止性补贴。"出口补贴"和"进口替代补贴"是 WTO 的 SCM 协定明确禁止的补贴。《通胀削减法案》向购买电动汽车的美国人提供最高 7500 美元补贴，但其前提条件是：电池关键物质（含镍锰钴锂、石墨等）40% 的价值量必须由美国或美墨加三国提取或加工，从 2024 年起到 2027 年每年递增 10% 直到 80%。电池组件（含正负极、铜箔、电解液、电芯以及模组）由美国或美墨加制造或组装的价值量大于 50%（2023 年），从 2024 年或 2025 年起到 2029 年每年递增 10% 直到 100%。这种补贴是典型的进口替代补贴，其最终目的是引导和重塑新能源汽车的生产布局，迫使部分厂商舍弃原本成本更低、技术更成熟的进口产品，而选择使用美国本土的产品，进而鼓励相关制造业回流美国。此外，《通胀削减法案》也对中国等国家实施明显歧视性政策，即一个新能源汽车电池的"关键矿物"（包括铝、锑、重晶石、铍、铈、铯、铬）来自中国（或朝鲜、俄罗斯、伊朗），则该汽车的生产无法获得税收补贴。

美方行径明显损害包括中国、韩国和欧盟等在内的各国正当权益，再次证明美国恰恰是国际规则的破坏者，是产业政策双重标准的操纵者。[①]各国应共同抵制这种逆全球化的陈旧思维和单边霸凌，共同维护和践行真正的多边主义。

5．趋势上有将产业政策从中性工具变为充满"价值观"色彩的政治工具的倾向

产业政策是各国引导产业发展的中性工具，在产业发展初期和发生公共危机事件时期都曾大量使用。长期以来，美国在各种场合"妖魔化"我国产业政策，但将自己采取的产业政策定义为符合"民主""人权""21 世纪标准"，将产业政策演变为充满"价值观"色彩的政治工具。从 2021 年 12 月拜登正式签署《维吾尔强迫劳动预防法案》（UFLPA），到近期美国财政部长耶伦提出"友岸外

---

① 陈子帅，王逸.中国在 WTO 起诉美"芯片围堵".环球时报，2022-12-14.

包"（Friend-Shoring）策略，无一不体现美国强力推行"以我划线"价值观阵营的意图。这一动向将严重破坏全球经济秩序，干扰我国产业链供应链安全稳定，给我国利用全球资源和实现市场转型升级带来新挑战。

三、对外发声捍卫我国产业发展权利，对内改革优化我国产业政策工具

（一）正确看待产业政策对一国经济增长的正向作用

通过产业升级捍卫我国在全球产业链供应链位置是我们的核心经济利益，是我们必须捍卫的发展权利，而要实现这一目标也离不开产业政策的引导和扶持。长期以来，美国在各种场合散布中国通过五年规划和产业政策等途径给予中国企业大量补贴等言论，对我国进行"抹黑"。但实际上，产业政策是引导产业发展的中性工具，在各国产业发展初期和发生公共危机事件时期都曾大量使用。

美国多份智库研究报告中也明确指出 19 世纪和 20 世纪的产业政策加速了美国的经济增长。美国产业发展历程和产业政策历史反复昭示，产业政策既存在于历史和当下的时间维度，也存在于发达经济体和发展中经济体的空间维度，任何国家都未能置身产业政策之外。[1]积极的产业政策意味着政府要在技术创新、产业升级、结构调整和企业培育等产业活动中实现政府和市场角色的良性互动。[2]未来要借鉴美国等发达国家在实施产业政策中的有益做法，注意国际合规措施，实现政府产业政策与企业能动性的良好对接，推动我国产业向高质量发展迈进。

（二）持续跟踪研究美欧等发达国家产业政策演变及近况，"用彼之矛攻彼之盾"向世界传达包括我国在内的广大发展中国家使用产业政策的合法性和正当性

要更广泛地研究和宣传当今发达国家的发展历史，按照西方手法，通过外

---

① 周建军. 美国产业政策的经验与启示[J]. 经济导刊，2016(12): 5.
② 同上.

交渠道、媒体驻外机构、新闻发布会等多种渠道，通过"西方故事"揭露发达国家"踢梯子"的真实意图，重点强化对近期美重返产业补贴政策的研究宣传。团结更多国家，捍卫包括我国在内的发展中国家选择真正适合自己国情的政策和制度的权利，捍卫发展中国家继续使用当今发达国家在早期发展阶段频繁使用过的所谓"坏政策"的权利。

供应链国际规则：争夺全球供应链控制力和主导权

近年来，受科技革命、大国博弈、新冠疫情、地缘冲突等多重因素影响，经济全球化出现重大调整，其中最突出的一条是全球产业链供应链加快重构。美国、欧盟等发达经济体日益关注供应链安全稳定，系统、持续地进行政策调整和战略布局，推动建立新的"本国制造–友岸外包–区域化生产"的分级供应链体系，主要意图就是抢占全球产业链供应链的主导权和主动权。

一、主要国家正以"制度化"方式推动全球产业链供应链重构

从美国供应链行政令，到德国供应链法，再到日本的"中国+1"计划和美日印澳供应链联盟，全球与供应链相关的政策正呈现"制度化"趋势，并将供应链政策作为提升产业竞争力和经济实力的重要手段和战略工具。

（一）欧美国家陆续出台"供应链法"使供应链审查制度化

美国：在国家安全战略的基础上注重关键领域供应链安全的评估与预警。2012 年和 2017 年美国先后发布《全球供应链安全国家战略》《国家安全战略报告》，将供应链安全提高至战略高度。此后，在国家安全战略的基础上美国尤其注重关键领域供应链安全的评估与预警，各级部门通过供应链风险管理技术方法识别出关键领域的物资、基础设施，并据此大幅加强了对不同领域供应链脆弱性的评估和预警。[1]2018 年，美国联邦通讯委员会、美中经济安全审查委员会和国土安全部等部门发布《美国信息和通信技术产业供应链风险评估》《美国联邦信息通信技术中来自中国供应链的脆弱性分析》等报告。2021 年 1 月，美国提出《美国供应链安全规则》，该法规关注如何通过立法加强供应链安全，切入点主要在信息通信技术和服务领域。[2]2021 年 2 月，美国启动供应链百日审查，深刻反思了其供应链结构，称国内和国际供应链的结构性弱点威胁着美国的经济和国家安全，并成立特别工作组，以解决半导体、建筑、运输、农业和食品

---

① 李子文. 发达国家和地区的供应链政策及对我国的启示[J]. 中国经贸导刊，2019(6): 4.
② 白晓明. 如何加速构建我国供应链韧性与安全性[J]. 当代金融家，2021(10): 2.

行业的短期供应短缺。

欧洲：加强关键产品与技术评估审查的同时强调人权价值。自新冠疫情暴发以来，多个领域和行业的供应链出现危机，欧盟加大对供应链安全审查的重视。2021 年 5 月，欧盟委员会发布欧盟版供应链审查报告，提出 137 项"战略依赖产品"和 7 项"战略依赖技术"。评估结果显示，欧盟"战略依赖产品"主要集中在能源密集产业，中国、越南和巴西是前三大进口来源国。其中包含 34 种"最敏感"产品，主要涵盖原料药、铁合金等原材料、涡轮螺旋桨、防护服、无线电接收器等制成品。欧盟"战略依赖技术"集中在人工智能、大数据、云计算、网络安全、工业生物技术、机器人和微电子（含半导体）7 大领域，这些领域基本被美国主导。在加强关键产品与技术评估审查的同时，欧洲也加强了对供应链端的人权问题审查的法律化。2021 年 3 月，欧洲议会审议并通过了《欧盟强制性人权、环境和善治尽职调查指令》的大纲提案①，并预计在 2022 年底或 2023 年初生效。6 月，德国联邦议会通过了《供应链尽职调查法》，要求拥有3000 名员工（从 2024 年起为 1000 名）的德国公司实施与人权相关和环境相关的尽职调查标准以规范其国际供应链。

日本：推动"中国+1"计划，要求国内制造业将强化供应链放在首位。2020年 4 月，日本专项拨款 2435 亿日元（约合 157 亿元人民币）鼓励日本制造业企业从中国迁回日本或迁往东南亚国家，以减少产业链供应链对华依赖。2021 年4 月 27 日，三方正式宣布启动"供应链弹性倡议"（SCRI）邀请，旨在建立替代方案来减少关键领域对个别国家的依赖。②2020 年 9 月，日本宣布扩大补贴计划，增加印度、孟加拉国等作为鼓励搬迁的目标国。2021 年 5 月，日本政府在内阁会议上敲定 2021 年版《制造业白皮书》，指出新冠疫情蔓延，增加了日本制造业供应链风险的"不确定性"，有必要通过分散采购源头等进行强化。2021年 6 月，日本经济产业省《通商白皮书》进一步评估了日本制造业供应链布局的变化，指出近年来日本供应链呈现以中国为中心逐渐向周边分散的趋势。未

---

① 王中美. 欧美供应链韧性战略的悖论与中国应对[J]. 太平洋学报，2022, 30(1): 15.

② 白晓明. 如何加速构建我国供应链韧性与安全性[J]. 当代金融家，2021(10): 2.

来日本将牢牢把控关键产品的全球控制力，推动强化"中国+1"区域制造业布局，全面增强本国供应链弹性、多样性和安全性。

韩国：发布"材料、零部件和设备2.0战略"。2020年9月，韩国发布"材料、零部件和设备2.0战略"，扩充供应链管理名录，并加大对尖端产业与国内制造业的扶持力度。[①]根据该战略，韩国将供应链重点管理产品从现有的100个增加至338个。计划在2022年前为研发领域投资5万亿韩元以上，以提升半导体、生物、未来汽车等战略性新兴产业的技术竞争力。同时，为提升国际竞争力，韩国政府还将重点扶持100家具有发展潜力的核心战略技术龙头企业。

中国台湾地区：构建本土化的"弹性供应链2.0"。2021年5月，台湾地区外贸协会发布《供应链重组的领航图》。基于对超800家海内外台商的访谈调查，报告认为未来中国台湾地区供应链调整将呈现本土化等新动向。一方面，台商投资部署方向由全球布局转向以本土布局为主。在过去两年中，28.4%的台商选择回归台湾本土布局，第二个目的地是越南（17.1%），选择留在大陆的比例是16%，选择美国的比例是3.3%。在未来三年，台商选择回归台湾本土布局的比例大大提升至53.1%，留在大陆的比例降至8.2%，台湾地区将成为海内外台商投资部署的首选地。另一方面，在新一轮的供应链调整趋势下，"台湾地区-大陆-美国"的传统三角式贸易关系逐步向"台湾地区-大陆-新南岸国家-美国"的四角式贸易关系转变。

（二）美欧日引领全球供应链规则重构呈现四大特点

一是战略目标上，从着眼化解短期风险向借助供应链重构卡位战略竞争对手转变，呈现将全球供应链推向"价值观化"和"去中国化"的趋势。2022年以前，美欧的供应链管控政策更多表现为化解新冠疫情肆虐等重大突发事件造成的供应链阶段性风险。比如，2021年美国的供应链审查重点工作就是成立供应链中断工作队，并将美国最大的两个港口洛杉矶港和长滩港的集装箱积压量降低了70%左右。但俄乌冲突以来，美欧呈现出推动全球供应链"价值观化""去

---

① 马菲. 韩国出台供应链保障政策. 人民日报. 2020-07-20.

中国化"动向，并借机卡位中俄等战略竞争对手发展。"价值观化"方面，拜登政府将"民主""人权"视为"法宝"，注重以价值观为核心、联合其盟友构筑对华战略包围圈。美国通过《维吾尔强迫劳动预防法案》等将宗教、人权等意识形态问题融入供应链标准。"去中国化"方面，从美国-东盟领导人峰会"让东盟国家挑选能够承接的中国供应链"，到 2022 年 5 月 15 日美欧盟贸易和技术委员会"推动太阳能电池、稀土、芯片等与中国'脱钩'"，以及印太经济框架要构筑一个封闭、对抗性强的供应链体系，供应链"去中国化"意味愈加浓厚。

二是在顶层设计上，美欧确立供应链重点领域"优先级"，并据此匹配不同层次的供应链管控方案。美欧并非对所有供应链进行管控和重构，而是在确立供应链优先级基础上进行分级分层管控。美国按照重要性，将供应链分成必要、战略和非必要三类。其中，对美国社会运作至关重要的定性为必要产品，如药品和医疗设备；对关系美国国家和经济安全的大多数材料和产品定性为战略产品，如半导体；具有一定可替代性的产品，如服装、家具、建材等消费品定为非必要产品。根据不同"优先级"确定不同地理层次的"本国制造-友岸外包-区域化生产"供应链管控方案。第一层次，对必要产品，要求供应链应尽可能实现"本国制造"，即国内生产满足 80%的日常需求。比如，对生命安全至关重要的药品和医疗设备，目标是创建和维持安全且有弹性的国内供应链。第二层次，对战略产品，美国自主建设全部供应链的成本极高，应以盟国和高度信任伙伴国的生产为基础，并尽可能减少对潜在竞争国家的原材料等依赖，即构建"友岸外包"供应链。例如，美国与资源储备丰富的加拿大、澳大利亚等盟友达成供应协议，保障镍、钴、锰及石墨等关键矿产供应，降低对中国的依赖。第三层次，对非必要产品，尽管重要性弱于前两种，但供应链中断仍会威胁到大量经济活动。美国正力推此类供应链实施"区域化生产"，以求在全球不同地区拥有生产能力，并借机实现"去中国化"目的，美国-东盟领导人峰会提出让东盟承接自中国转移的供应链，充分体现了这一意图。欧盟也是在对供应链进行审查的基础上，确定了关键矿产、药品原料药、锂电池、氢燃料等 137 项"战略依赖产品"和人工智能、大数据、云计算等 7 项"战略依赖技术"，并据此采取不同层级提升供应链安全的举措，并强调要"充分利用本地化机会，将对欧盟具有战略意义的工业生产转移回境内"。

三是政策手段上，对内通过产业政策加大对关键供应链扶持，对外构建供应链"盟友圈"，打造提升供应链弹性和卡位战略竞争对手的"组合拳"。一方面，借助一系列产业政策加大对半导体、新能源电池等关键供应链扶持。美国借助《芯片与科学法案》等一系列雄心勃勃的产业政策法案，加大对本土制造和创新的政府投资和政府采购支持，包括为半导体制造和研发提供超 500 亿美元专项资金，加大政府对新能源汽车采购支持等。欧盟产业政策表现在利用"欧洲恢复和复原力基金"等手段，借助公共采购、研发和创新资助等加大对供应链扶持力度，尤其是《欧洲芯片法》拟通过 430 亿欧元支持芯片生产，使 2030 年欧盟半导体产量翻一番。另一方面，借助盟友力量构建供应链排他"盟友圈"。从美日澳印峰会，到美欧技术和贸易委员会的供应链工作组，到"全球供应链弹性峰会"，再到美国财政部长耶伦提出"友岸外包"生产策略以及排除中国的IPEF（印太经济框架），均体现出欧美建立供应链排他"盟友圈"体系的意图。

四是支撑要素上，注重发挥基础设施、劳动力、中小企业和数据的协同作用，构建关键供应链"生态圈"。美欧在提升供应链弹性中尤其注重发挥支撑要素协同，确保供应链"生态圈"畅通。美国，（1）通过《两党基础设施法案》五年内提供 5500 亿美元的基础设施新投资，包括用于建设电网的 730 亿美元和用于建设电动汽车充电桩的 75 亿美元等，为新能源汽车等关键供应链提供基础设施支撑。（2）强调劳动力在供应链建设中的基础作用，尤其提出要为先进制造业培养优质技能工人，针对 ICT、电池和储能等领域通过设立奖学金等方式培养专业人才。其中《芯片和科学法案》专门有 2 亿美元用于培养高技能劳动力，目标是 2025 年增加 9 万名半导体从业人员。（3）重视中小企业在弹性供应链生态系统的重要作用，为中小企业提供更便利的融资和技术援助方案。（4）发挥数据和信息在降低供应链风险中的作用，要求商务部建立专门供应链数据中心，并加强与产业的信息数据共享，快速识别药品、ICT、电池和储能等关键领域存在的供应链风险。欧盟也强调提升劳动力技能、为中小企业提供特定支持、发挥企业在供应链多元化方面的主动性、构建充分合作和竞争的欧盟单一市场、设立欧盟关键产品和技术的数据监测机制等，为供应链弹性提供要素保障和支撑。

二、美国正利用 IPEF 等多个平台机制将供应链国内法上升为国际规则

美国是供应链国际规则的探索者和引领者。此前，无论是 WTO 多边机制，还是 CPTPP 等高水平自贸协定并没有专门的供应链规则章节。但拜登政府执政以来，美国正通过 TTC（美国与欧盟贸易和技术委员会）、IPEF（印太经济框架）等平台提出全新供应链规则，旨在引导和建立能够增强美国对全球供应链掌控力的国际规则。

一方面，与欧盟在 TCC 框架下建立"安全与供应链"工作组，就供应链相关规则开展合作。2021 年 6 月美欧成立贸易和技术委员会（TCC）作为双方协调机制，并明确将"安全与供应链"设立为独立工作小组，加大相关规则和制度的协调。

另一方面，2022 年 5 月美国在 IPEF（印太经济框架）中将"供应链"纳入四大支柱之一，并制定了详细的供应链条款。

此外，2022 年 12 月 12 日，美国智库亚洲协会政策研究所（Asia Society Policy Institute）发布最新报告，题为《重新构想 TPP，可能有助于美国重返 CPTPP 的变革》，建议如果美国要重返 CPTPP，必须增加"供应链"条款，并指明了供应链合作的具体条款。

总体看，供应链国际规则核心是"提升供应链弹性"，并在标准识别、强化投资、信息共享、物流建设等方面加强供应链合作，主要包括以下方面内容：

一是制定关键部门和产品的标准。确定事关国家安全、民众健康和安全、具备经济弹性的关键部门和产品标准；开发识别相关原材料投入、制造或加工

能力、物流便利化和仓储需求的流程。在适当情况下加快自贸协定伙伴间关税分期、取消非关税措施和贸易便利化措施。

二是鼓励关键部门和产品投资。识别供应链中的唯一来源或瓶颈；加强关键部门、基础设施建设、提升供应链弹性等方面投资；探索经济发展、技术合作和能力建设方案，增强供应多元化；推动循环经济发展。

三是建立成员间信息共享机制。建立政府间供应链协调机制，促进关键部门货物和服务的有效流动；推动信息共享，鼓励数据和账户的安全交换。

四是加强供应链物流建设。收集和利用供应链物流相关数据；促进投资和技术合作，改善供应链物流；维护边境运输畅通，建立"快速通道"，在短缺和危机时期保持边境贸易开放；制定提升供应链弹性的框架合作，解决现有或潜在供应链瓶颈。

五是加强工人的作用，将其所认定的所谓劳工标准加入供应链规则中。提供更多培训和发展机会，确保关键部门供应链中有足够数量的技术工人。确保劳工权利，让工人和社区分享提高供应链弹性的好处。

六是提高供应链透明度。开发提升供应链透明性的工具和措施，确保不对微型、小型和中型企业造成不必要的成本；与私营部门合作，应对、缓解和减轻供应链风险。

七是建立供应链中断应对机制。识别现有和潜在的瓶颈和漏洞，协调对供应链中断的应对措施，建立早期预警和危机管理机制。在 WTO 承诺的基础上限制 CPTPP 成员之间的出口限制。

八是建立供应链工作组。探索应对供应链危机的措施，分享最佳做法，帮助改进政策或程序。促进供应链的可持续性，包括促进在关键矿产弹性方面的合作，寻找新的采矿资源和可持续的加工方法。

三、美国推动供应链重构面临与中国、跨国公司、盟友等不同主体不同诉求难以平衡的困境

（一）美国保护主义的供应链政策无法提升美国的供应链弹性，还极易引发美国内通胀等反噬效应

美国将供应链脆弱归因于自由贸易的做法是典型的供应链民族主义，其为安抚纺织、钢铁等行业的工会、行业协会等政治利益团体而采取的供应链本地化政策将大大提高成本并可能降低美国供应链弹性。事实上，2018 年特朗普开启的对华贸易战并未实现美国期望缩小逆差的初衷，也并未导致产业大规模转移出中国，反而因加征关税加剧美国通胀水平。数据显示，2020 年美国对华贸易逆差高达 3169 亿美元，2021 年逆差 3965 亿美元，较贸易战前的 2017 年分别增长 14.9%和 43.8%，美国对华逆差大幅增加。近 2 年来，美国国内通胀压力进一步加大，2022 年 CPI 最高值高达 9%，2023 年虽有所下降，但仍保持高位。彼得森国际经济研究所的政策简报显示，如果取消特朗普政府对中国输美产品加征的关税和以"国家安全"为名加征的钢铁关税等，可以降低美国消费者价格指数（CPI）约 1.3 个百分点。[①]事实上，美国对"供应链过度依赖中国导致缺乏弹性"的论述更多是出于政治考虑，而非真正提升经济弹性。对于部分美国企业而言，鉴于中国整体产业配套优势和良好营商环境，依靠中国供应商反而是确保供应链弹性的重要手段。鉴于中美经贸的紧密联系，美国推动供应链"去中国化"极可能再次引发对自身的反噬。

[①] Gary Clyde Hufbauer (PIIE), Megan Hogan (PIIE) and Yilin Wang (PIIE).For inflation relief, the United States should look to trade liberalization.The Peterson Institute for International Economics.2022-03. https://www.piie.com/publications/policy-briefs/inflation-relief-united-states-should-look-to-trade-liberalization.

（二）政府意志难以抗衡经济规律，供应链"去中国化"将极大削弱美国跨国公司全球利益，倒逼中国产业升级步伐

金融危机后，从奥巴马时期的《重振美国制造业框架》《先进制造业伙伴计划》，到特朗普的税改计划，无一不体现出美国政府制造业回流本土的期望。但政府意志难以抗衡经济规律。2020 年 8 月，美国信息技术与创新基金会（ITIF）在《与中国竞争：战略框架》中指出，美国企业在中国的经营规模巨大，苹果在中国收入超过 400 亿美元，英特尔 200 亿美元，耐克 60 亿美元[①]，通用汽车在中国年产量 300 万辆，因此更多跨国公司倾向于维持现状而非改变。科尔尼公司 2021 年制造业回归指数显示，继 2020 年的美国制造业回归指数为-87 之后，2021 年美国制造业回归指数为-154，是 2008 年统计该指数以来最大的负数，体现出美国制造业回归都没有取得进展，也不符合经济规律。与此同时，政治性要求供应链"去中国化"最终将削弱西方高科技跨国企业高额研发投入和中国市场高回报率之间的良性循环机制。[②]美西方国家科技创新能力归功于持续性的巨额研发投入，而来自中国市场的销售收入是其研发投入的最重要来源。随着中产阶级壮大、消费人口增加，中国已经成为全球跨国公司最为注重的市场之一，贴近市场的供应链"短链化"成为企业必选之项，供应链从中国撤出将破坏这一良性循环机制，也会倒逼和加快中国在全球科技创新领域的崛起速度，这不符合跨国公司的全球利益。例如，中国欧盟商会 2022 年 5 月与罗兰贝格联合发布调查报告显示，77%的在华欧盟企业不考虑将现有或计划中的对华投资转移至其他市场，仅有 11%的受访企业表示因中国的防疫政策导致其决定缩减在华业务。[③]

---

① Moschella D，Atkinson R D，邱俊鹏，等. 西方与中国竞争的战略框架[J]. 经济资料译丛，2020(2): 18.

② 张杰. 中美战略格局下全球供应链演变的新趋势与新对策[J]. 探索与争鸣，2020(12): 17.

③ 中国欧盟商会，罗兰贝格.中国新冠疫情防控政策和俄乌战争对欧洲在华企业的影响. 2022-05-05. https://www.europeanchamber.com.cn/documents/signup/zh/pdf/973.

（三）美国及其盟友之间不同的利益诉求使得其供应链调整难以完全协调一致

疫情以来，美欧都开始更多地关注本国内经济，催生出新的产业政策时代。尽管美国和欧日韩等盟友在促进供应链多元化、摆脱对中国供应链依赖方面存在共同意愿，但在对华问题上的不同诉求使得结盟具有局限性。一方面，欧日韩对华的进出口相对均衡，没有面临影响美国心态的贸易逆差压力，整体上仍支持对华贸易。另一方面，中国在汽车、航空航天、化工等欧洲核心产业和消费电子、电子零部件、机床、摩托车等日韩优势领域尚未构成短期经济威胁，因此美国与欧日韩在对华问题上难以保持一致。此外，美欧之间的利益捆绑也并非牢不可破。美欧在产业政策、竞争政策和监管问题上的不同做法会在两者之间制造隔阂。近年来美国利用其反腐败、反对核扩散等域外法对欧盟企业诸多打压，使得欧盟遭遇巨大损失。美国退出伊核协议并对伊朗实施经济禁运使道达尔集团、标致雪铁龙集团均被迫退出伊朗市场；通用电气收购阿尔斯通一案也使法国失去了其众多核电站的控制权。俄乌冲突之后，美欧对俄联合制裁导致欧洲面临能源断供困境，欧洲寻求战略自主的道路更为艰辛，也凸显美欧在经济利益上的冲突。

（四）美国保护主义的供应链政策与应对全球性挑战之间的诉求无法实现平衡

当前，全球经济面临着疫情、金融危机、网络灾难、气候变化等多重威胁，需要跨越地缘政治的沟壑共同解决。但是美国日益渐强的保护主义特别是对俄罗斯和中国的单边制裁严重破坏了全球的经济秩序，也使各国共同应对解决全球挑战愈发困难。首先，畅通的全球自由贸易对促进供应链多元化、减少贸易壁垒具有重要作用。美国出于自身利益考虑，导致 WTO 名存实亡，事实上引发更大范围的全球供应链混乱。其次，美欧日等众多提升供应链弹性的国内措施不但有违反世贸组织规则的嫌疑，还可能产生全球竞争性补贴周期，令全球供应链雪上加霜。再次，解决全球挑战的机会窗口正在关闭，特别是在气候领域，美国一再对华高科技企业的打压可能影响双方仅存的气候变化等合作领域的进展，错失应对气候危机的窗口期。

四、全球供应链国际规则演变的机遇与挑战并存

如果没有中美大国博弈的背景，疫情冲击下的供应链多元化和区域化，以及数字经济和绿色经济下的供应链数字化和低碳化更多是经济规律驱动下的偏中性影响。[①]多元化方面，跨国公司在全球分散生产力布局以减少对单个经济体或少数供应商依赖是提高产业链供应链抗风险能力的重要手段；[②]我国凭借过硬的营商环境和疫情防控能力，反而延缓了部分企业从中国撤离的步伐。区域化方面，随着 RCEP 生效以及中国加入 CPTPP 谈判的启动，我国作为全球供应链亚太区域中心的地位将更加巩固；尤其，随着全球化生产为代表的汽车、芯片等产业链在疫情、技术管制等各种因素影响下遭受重创，在技术、政府、市场和成本的共同驱动下，未来汽车、电子产品、化工、机械设备等资金和技术密集型制造行业的全球化布局空间将进一步降低，区域化布局将进一步加强，这也意味着以中国为中心的东亚产业链供应链一体化趋势将进一步加强。数字化和低碳化方面，中国更是具有明显优势。我国数字经济有良好的发展基础，完善的基础设施，加之完整的制造业产业链和供应链，这些都为制造业数字化转型提供整合基础；而低碳经济与我国传统产业升级的方向和路径一致，我国产业发展模式也已经从粗放型扩张进入了创新驱动阶段，加之我国低碳技术、低碳产业和低碳金融市场都发展较快，能够降低低碳化带来的产业冲击并能抢抓低碳产业机遇。

但中美大国博弈下供应链"去中国化"和供应链"价值观化"则严重影响我国战略发展环境。供应链"去中国化"方面，美国正在将供应链视作围堵中国的重要工具。数字经济时代，中美竞争已经进入技术安全、信息数据安全和

---

① 徐奇渊 东艳. 全球产业链重塑——中国的选择[M]. 北京：中国人民大学出版社，2002(04): 40-47.

② 马盈盈，崔晓敏. 全球产业链的发展与重构：大趋势与新变化[J]. 全球化，2021(2): 13.

供应链安全相融合的全局性博弈阶段。其中供应链安全因为既能承载信息数据安全，又能体现出国家的科技创新水平而变得更加重要。美国正借助供应链安全问题，构筑"去中国化"产业链。供应链"价值观化"方面，拜登上台后将"民主""盟友"视为两大"法宝"，更加注重以价值观为核心、联合其盟友构筑对华战略包围圈。美国通过《维吾尔强迫劳动预防法案》等将宗教、人权等意识形态问题融入供应链标准，表面上是分散供应链风险考虑，但实质是利用共同的价值观和社会制度，力推中国与美欧主导的供应链体系"脱钩"。俄乌冲突进一步加剧了西方各国冷战思维，不但对俄罗斯极限制裁，而且正通过强力推行"以我划线"的价值观阵营，试图将 WTO 多边平台打造成价值观贸易"代言平台"，严重恶化国际发展环境。

五、积极应对全球供应链重构新趋势和新挑战

美西方不具备完全控制全球供应链体系的能力，充其量只能是全球供应链体系调整和重构博弈的重要参与者。[①]多数发展中国家以及大多数的发达国家，仍然希望通过全球价值链下的一体化经济格局获取发展利益。我国应在尊重经济发展规律基础上，从更根本的综合发展利益和发展能力角度统筹把握，抢抓全球供应链重构趋势的同时，冲破美西方对我国产业链供应链的围堵。

（一）依靠全国统一大市场，提高我国对全球跨国公司的吸引力

我国已连续多年成为全球第二大外资流入国，应继续通过加大制度性开放、优化营商环境等，发挥我国超大规模市场优势，让更多外资企业"在华发展、在华生根"，减少外资大规模撤离可能性。

---

① 张杰. 中美战略格局下全球供应链演变的新趋势与新对策[J]. 探索与争鸣，2020(12): 17.

（二）积极拥护多边主义和全球化，对接有利于削减贸易壁垒的高水平经贸规则

自由贸易协定对促进供应链多元化、减少贸易壁垒具有重要作用。中国高举自由化大旗，就是在提升全球的供应链弹性。一方面，以加入 CPTPP 为契机，尽快接纳可以促进全球价值链和全球供应链的高水平规则。在产业补贴等结构性议题上，借当前美国正实施一系列产业政策、中美共识有所增加之机，与美国就产业补贴国际规则寻求更多共识。另一方面，全力防止美国在全球打造价值观贸易。建立多层次朋友圈，依仗发展中国家力量，在不同贸易议题上构建开放、包容和互利共赢的多边议程。

（三）抢抓全球供应链多元化、区域化趋势，主动构建以我为主的区域产业链供应链格局

主动把握全球产业链供应链重构时机，积极捍卫我亚太区域供应链中心地位，加强与发展中国家产业链合作，让更多发展中国家享受我国发展红利，增加美西方对我制裁阻力。

一方面，用好巨大国内市场和良好产业生态优势，提高对核心技术、关键节点、战略资源等的掌控力，在战略性领域构建自主可控、安全高效的国内供应链循环体系，确保极端情况下重点产业链供应链不断链。

另一方面，利用好 RCEP 生效契机，积极推动中国-东盟、"一带一路"产业链供应链合作。[①]主动引导失去比较优势的制造环节转移到东南亚、非洲等发展中国家，推动重点领域产业链供应链与东南亚地区、"一带一路"沿线国家深度"绑定"，维护区域供应链稳定和安全。

---

① 梁一新. 中美贸易摩擦背景下加入 RCEP 对中国经济及相关产业影响分析[J]. 国际贸易，2020(8): 38-47.

第九章 | Chapter 9

数字经贸规则：大国数字主导权博弈

数字经贸规则是国际经贸规则的重要组成部分，是数字经济时代国际经贸关系发展的产物，也是当前国际经贸规则重构和博弈的前沿和焦点领域。

一、数字经贸规则发展演进

（一）数字经贸的概念与内涵

数字经贸指国际数字经济与贸易合作，是随着数字经济发展和经济贸易全球化而出现的新的经济与贸易形态，是数字经济国际化的最直观表现形式。

从涵盖内容看，数字经贸包括两部分。第一部分是数字贸易，该部分是当前国际数字经贸合作中最主要的形式和最活跃的部分，主要侧重商品及服务的进出口等，如数字产品订购交付、跨境电商中介服务等，属于流通领域合作范畴，也是数字经济国际合作的重要组成部分。第二部分是数字经济合作，该部分主要聚焦数字经济领域生产要素在国家间进行重新组合与配置，侧重生产领域的直接合作。

1. 数字贸易

数字贸易作为数字经济国际化中最活跃的部分，其内涵与外延仍处在不断变化过程中，至今尚未形成统一定义，不同国际组织、国家、机构纷纷就其研究提出了各自的观点。从众多定义总结来看，可以分为狭义与广义两大阵营。

广义视角：以 OECD 等组织为代表，将数字贸易定义为"所有通过数字订购和数字交付的贸易"。

2020 年 3 月，OECD、WTO、IMF 发布《数字贸易度量手册》[①]，将数字贸易定义为"所有通过数字订购和数字交付的贸易"。按照交易性质，OECD-WTO 框架将数字贸易分割成三个组成部分：数字订购贸易，强调通过专门用于接收

---

① OECD, WTO and IMF,Handbook on Measuring Digital Trade, https://millenniumindicators.un.org/unsd/statcom/51st-session/documents/BG-Item3e-Handbook-on-Measuring-Digital-Trade-E.pdf.

或下达订单的方法在计算机网络上进行的买卖；数字交付贸易，强调通过 ICT 网络以电子可下载格式远程交付的所有跨境交易；数字中介平台赋能贸易，主要指为买卖双方提供交易平台和中介服务的行为。[①]

欧盟、日本等发达国家也广泛采用数字贸易广义定义。日本在 2018 年的《通商白皮书》将数字贸易定义为基于互联网技术，向消费者提供商品、服务和信息的商务活动。[②]欧盟委员会 2021 年将数字贸易定义为通过电子手段实现的商品或服务贸易，包括：纯数字的贸易，如在线视频、音乐；仅部分数字化的贸易，如通过网络购买实体图书。澳大利亚政府认为数字贸易不仅包括在线上购买商品和服务，还包括信息和数据的跨境流动。

随着对数字贸易研究的不断深入，我国关于数字贸易的定义也在持续优化。2019 年，商务部、中央网信办、工业和信息化部联合发布的《关于组织申报国家数字服务出口基地的通知》（商办服贸函〔2019〕245 号）将数字贸易定义为"采用数字技术进行研发、设计、生产，并通过互联网和现代信息技术手段为用户交付的产品及服务"，是以数字服务为核心、数字交付为特征的贸易新形态。从具体领域来看，《关于组织申报国家数字服务出口基地的通知》将数字贸易划分为三大类：一是软件、社交媒体、搜索引擎、通信、云计算、卫星定位等信息技术服务；二是数字传媒、数字娱乐、数字学习、数字出版等数字内容服务；三是其他通过数字交付的离岸服务外包等。2021 年，国务院发展研究中心对外经济研究部和中国信息通信研究院发布的《数字贸易发展与合作报告（2021 年）》认为：数字贸易是信息通信技术赋能、以数据流动为关键牵引、以现代信息网络为重要载体、以数字平台为有力支撑的国际贸易新形态，是贸易模式的一种革命性变化，其内涵不断发展丰富。

狭义视角：以美国为代表，将数字贸易定义为"任何行业的公司通过互联网进行产品和服务的交付，以及智能手机和互联网传感器等相关产品的交付"。

---

① 方元欣. 对我国数字贸易发展情况的探索性分析——基于 OECD-WTO 概念框架与指标体系[J]. 海关与经贸研究，2020, 41(4): 95-109.

② 国务院发展研究中心对外经济研究部，中国信息通信研究院. 数字贸易发展与合作报告 2021[M]. 北京：中国发展出版社，2021.

美国是最早对数字贸易进行正式界定的国家，但是其定义的数字贸易对象主要局限在可在线交付的产品和服务，排除了大部分实体商品。2012 年，美国经济分析局（BEA）在《数字化服务贸易的趋势》中将数字贸易定义为通过数字网络交付产品和服务。2013 年，美国国际贸易委员会（USITC）在《美国与全球经济中的数字贸易（第 1 部分）》[①]中，将数字贸易定义为"通过固定电话或无线数字网络提供产品和服务"。2014 年，USITC 在《美国与全球经济中的数字贸易（第 2 部分）》[②]中，将数字贸易定义为"互联网以及基于互联网的技术在产品和服务的订购、生产或交付中扮演重要角色的国内和国际贸易"，没有排除通过互联网实现的实物商品贸易。不过，USITC 在 2017 年发布的《全球数字贸易 1：市场机会和主要外贸限制》[③]中，将数字贸易被定义为"任何行业的公司通过互联网进行产品和服务的交付，以及智能手机和互联网传感器等相关产品的交付"，再次将网络订购的实体产品排除在数字贸易的范围之外。美国贸易代表办公室（USTR）在 2017 年发布《数字贸易的主要障碍》提出，数字贸易不仅包括个人消费品在互联网上的销售以及在线服务的提供，还包括实现全球价值链的数据流、实现智能制造的服务以及无数其他平台和应用，并将数字贸易分为数字内容、社会媒介、搜索引擎和其他四大类。从各个机构的定义可以发现，美国提出的数字贸易定义主要局限在可以通过数字技术交付的贸易形式，它排除了大部分的实体商品贸易，比如在线订购的实体商品、通过 CD 或 DVD 等硬拷贝形式交付的软件产品及数字内容等。

我们认为，随着数字技术的广泛应用，数字贸易的新模式新业态不断涌现，实物商品的贸易在数字技术的支持和改造下，也不断焕发新的生机并伴随出现诸多需要解决的新问题，只有将其纳入数字贸易范畴，才能更好地统筹解决数字时代的贸易问题。

---

① USITC, Global Digital Trade 1:Market Opportunities and Key Foreign Trade Restrictions. https://www.usitc.govpublications/332/pub4415.pdf.

② USITC, Digital Trade in the U.S.and Global Economies, Part 2. https://www.usitc.gov/publications/332/pub4485.pdf.

③ USITC, Global Digital Trade 1: Market Opportunities and Key Foreign Trade Restrictions. https://www.usitc.govpublications/332/pub4716_0.pdf.

2. 数字经济合作①

随着云计算、移动互联网、大数据、人工智能等数字技术的快速创新与应用，数字经济正在成为全球经济社会发展的重要引擎。当前数字经济在全球范围内也未形成统一概念。我国《"十四五"数字经济发展规划》指出，数字经济是以数据资源为关键要素，以现代信息网络为主要载体，以信息通信技术融合应用、全要素数字化转型为重要推动力，促进公平与效率更加统一的新经济形态。

延伸到数字经济国际合作，主要是指，数字时代随着生产力不断进步、国际分工日益细化的基础上发展起来的，围绕数字基础设施、数字技术、数字化转型、电子商务、数据跨境流动等方面开展的经济合作。

（二）数字经贸规则的起源与发展

数字经贸规则作为数字经济与贸易领域国际关系的上层建筑，其起源与发展是由经济基础决定的。在数字经济时代，数字技术的高速发展，经济数字化所带来的世界经济基础之变化与原有国际经贸规则之间的冲突，从而产生内在的动力，要求构建适应数字经济发展的全球数字经贸规则。②数字经贸规则按照其探讨议题内容可以分为电子商务规则、数字贸易规则、数字经贸规则三个阶段；按照数字贸易谈判平台可以分为多边、诸边、区域、自由、双边、国际合作组织等多种类型；按照协议条款在协议中所占比重可以分为零星条款、专属章节和专项条约③三个阶段。

1. 以 WTO 多边平台为主导的电子商务规则阶段

世界贸易组织（WTO）于 1998 年设立"电子商务工作项目"（E-commerce Work Program），下设服务贸易委员会、货物贸易委员会、知识产权贸易委员会、

---

① 中国电子信息产业发展研究院. 2019 年中国数字经济发展指数. 2019.
② 黄鹏. 世界经济再平衡下的国际经贸规则重构[M]. 上海：上海人民出版社，2020: 23.
③ 任宏达. 数字贸易国际规则的多元发展与中国元素——以中国申请加入《数字经济伙伴关系协定》为视角[J]. 中国发展观察. 2021(24).

贸易与发展委员会 4 个工作委员会，WTO 各成员方在 4 个委员会组织下，围绕电子商务相关的 27 项议题开展提案工作和展开谈判。然而在 1999 年西雅图部长级会议上，各成员方在"数字产品是属于产品还是属于服务"、是否应该"将对电子交易暂停征收关税"纳入永久性规则等议题产生巨大分歧，导致会议磋商失败。2001 年卡塔尔部长级会议各成员方达成一致共识，认为现有 WTO 协定及规则仍能有效契合电子商务发展的各项需求，电子商务工作项目将在现有 WTO 规则内对电子商务进行系统、深入的解释，并不会开启新的 WTO 规则谈判，即电子商务议题将在非农产品市场准入、服务议题谈判和 TRIPS 协定中分别进行磋商与讨论。①此后，由于多哈回合谈判进展缓慢以及电子商务议题的复杂性，电子商务工作项目并未取得任何实质性进展和成果。此后，WTO 成员方分别于 2017 年 12 月 13 日和 2019 年 1 月 25 日，两次发表《电子商务联合声明》，确定各成员方有意在世贸组织现有协定和框架的基础上，启动与贸易有关的电子商务议题的谈判。②同时，WTO 还通过不断丰富和完善体制内其他与电子商务相关的协定来进一步扩大对电子商务的影响，如在《信息技术产品协定》（ITA）对数字产品进行扩围；在《贸易便利化》中增加关于要求各国建立"单一窗口"，并尽力保证使用信息技术支持"单一窗口"的使用等。

2. 以区域/自由贸易协定为主导的电子商务规则阶段

由于多边贸易规则体制长期未能取得实质进展，无法回应发达经济体在电子商务方面的诉求，因此发达国家以及发展中国家从 2001 年起，陆续转向区域/自由贸易协定。如 2001 年，《新加坡-新西兰自由贸易协定》首次纳入"无纸贸易"条款，2003 年《澳大利亚-新加坡自由贸易协定》《美国-新加坡自由贸易协定》设立电子商务专章；2018 年《欧盟与日本经济伙伴关系协定》首次将电子商务规则与服务投资规则纳入"服务贸易、设立和电子商务"章。据《全球数字贸易规则促进指数报告 2020》数据，2010 年后生效的包含电子商务议题的贸易协定共计 52 个，占同期生效的自由贸易协定总数的一半以上。

---

① 沈玉良等. 全球数字贸易规则促进指数报告 2020[M]. 上海：复旦大学出版社出版. 2021.

② 同上.

3．以区域/自由贸易协定为主导的数字贸易规则阶段

2018 年 10 月，美国、加拿大和墨西哥三方签署《美墨加协定》（USMCA），首次使用"数字贸易"代替"电子商务"，标志着数字经济和贸易领域的经贸协定逐步从以电子商务为主向以数字贸易为主迈进。2018 年 12 月，CPTPP 正式生效，也包括了数字贸易章节。此后，多个国家和组织纷纷围绕推动数字贸易发展签署一系列双边或多边协议。如 2019 年 10 月，美国与日本签订《美国－日本数字贸易协定》；2022 年 1 月《区域全面经济伙伴关系协定》RCEP 正式生效，数字经贸也是其中重要一章。在该阶段，各协定在数字贸易协定方面，内容远超"电子商务"的范畴。以《美－墨－加协定》为例，其条款涵盖了计算设备的位置、网络安全、源代码、交互式计算机服务等实现数据自由流动的新内容。①

4．以区域/自由贸易协定为主导的数字经贸规则阶段

2020 年 6 月，新加坡与新西兰和智利签订《新加坡－新西兰－智利数字经济伙伴关系协定》（DEPA，Digital Economy Partnership Agreement）。DEPA 专注于数字经贸领域的规则制定和更新，致力于促进协议国在数字经济领域合作、创新和可持续发展，是全球首个数字经济领域的专项协定，标志着数字经贸规则的发展进入全新阶段。

此后，以新加坡为代表的数字经贸规则制定的先导国家，启动了一系列专注于数字经济合作的磋商谈判。如 2020 年 12 月，新加坡和澳大利亚的双边数字经济协议正式生效；2021 年 12 月，新加坡与韩国完成数字关系协定谈判；2022 年 6 月，《英国－新加坡数字经济协定》（UKSDEA）正式生效。此外，其他国家也纷纷通过加入已有协议或签署新协议方式，加强数字经贸规则方面的推进力度。如 2021 年 6 月，英国加入 DEPA，我国和韩国正式启动加入 DEPA 程序，加拿大等国也表示有意加入。2022 年 1 月，东盟国家也将研究制定《东盟数字经济框架协议》（DEFA）提上日程。

---

① 王新奎. 关于当前我国对外开放国际环境变化趋势的若干思考[J]. 上海对外经贸大学学报，2020, 27(6): 11-18.

5．以国际合作平台为主导的数字经贸规则阶段

亚太经合组织、二十国集团等国际组织同样将数字贸易作为国际合作、全球治理的重要领域，从发展战略的角度促进数字贸易。亚太经合组织方面，2014年，签订的《促进互联网经济合作倡议》首次将互联网经济引入合作框架；2017年，制定《互联网和数字经济路线图》，同时基于《APEC跨境电子商务便利化框架》采取了促进互联网和数字经济的行动。二十国集团方面，2016年签订《数字经济发展与合作倡议》，着眼于发展数字经济和应对数字鸿沟、支持创业和数字化转型、加强电子商务合作、提高数字包容性和支持中小微企业发展；2017年首次召开负责数字化的部长级对话，发布了《关于保护发展数字化的路线图》，同时提出数字贸易的量化、制定支持促进数字经济发展的国际框架、解决发展中国家面临的障碍以及在数字贸易方面的政策沟通和协调等数字贸易的未来优先事项；2018年，各方再次强调了贸易与数字经济之间的重要关系，将共同促进数字经济的发展。2019年，专门召开了贸易和数字经济部长会议，聚焦数字经济发展。①

二、跨境数据流动成为数字经贸规则的核心议题

从数字经贸规则演进历程可以看出，早期的数字经贸规则主要在透明度义务、电子认证和电子签名、无纸化贸易、禁止垃圾电子信息、消费者保护等内容相对简单、各参与主体之间利益分歧相对较小的领域展开。经过多年的发展，该类数字经贸规则已经相对成熟，并日趋达成广泛共识。近年，随着数字经济的高速发展，数据要素成为关键生产要素，数字技术成为重要生产力，推动各国/组织在数据跨境流动、数字技术开源开放等方面需求增加，进而促进跨境数据流动、数字知识产权保护、互联网开放、数据本地化要求和个人信息保护等争议较大的议题成为数字经贸规则制定的核心内容。尤其是跨境数据流动，由

---

① 黄鹏. 世界经济再平衡下的国际经贸规则重构[M]. 上海：上海人民出版社，2020: 23.

于关系着数字主权和国家安全，逐渐成为各国博弈的焦点。

（一）跨境数据流动的概念与内涵

20 世纪 70 年代，以经济合作与发展组织（OECD）、联合国跨国公司中心和欧洲理事会为代表的国际组织就开始关注跨境数据流动。1980 年，OECD 发布的《关于保护隐私与个人数据跨境流动的指南》成为从全球角度对跨境数据流动进行规制的第一个法律标准[①]，其中指的"数据"仅为个人数据，指"可识别和可认定的个人的任何信息"。后来随着数字技术的发展，跨境数据流动的含义得到不断扩充。直到 TPP（跨太平洋伙伴关系协定）的签署，才对跨境数据流动的"数据"做了具体的定义，即在形式上为电子，在内容上包括但不局限于个人数据的数据。

目前，国际上对跨境数据流动（Cross-border Data Flows）的概念界定还存在差异，尚未形成统一认知。其内涵与外延界定主要包括两类：一类是数据跨越国界的传输、处理与存储；另一类是尽管数据尚未跨越国界，但能够被第三国主体进行访问。[②]

我们认为，数据跨境流动是指转移数据到他国司法管辖区域或是转移到他国司法管辖区域之后再传输、处理、访问的行为。值得注意的是，跨境数据流动并不是电子商务、数字贸易领域的特有概念。跨境数据流动可以是基于交易的流动，也可以是不基于交易的流动，如跨国集团内部信息的共享。

（二）各国在跨境数据流动治理方面的主要关注点和争议点

从全球范围来看，世界各国对数据主权的博弈日益激烈，数据跨境流动的治理规则在很大程度上关系着数字主权和国家安全，数据跨境流动的治理框架、数据主权、隐私保护等问题成为各国在跨境数据治理方面的关注点。

---

① 刘志雄. 跨境数据流动的全球态势及对我国的启示[J]. 人民论坛，2021(33): 4.
② 张茉楠. 跨境数据流动：全球态势与中国对策[J]. 开放导报，2020(2): 7.

1．治理框架

当前，各国对于跨境数据流动的治理框架尚未达成一致共识。WTO 在规制跨境数据流动方面，已经有了一些实践，WTO 项下的诸边谈判也较为活跃，对促进数字贸易和数字经济发展起到了一定作用。但目前 WTO 框架下还没有专门的协议来规制跨境数据流动，各国对于跨境数据流动的规制持有不同立场，各国的跨境数据流动政策在出台目的、适用范围和严格程度方面均存在较大差异。[①]

美国主张最大程度实现数据跨境自由流动，并禁止数据本地化。在美国多次提交给 WTO 的电子商务文件和签署的《美日数字贸易协定》（U.S.-Japan Digital Trade Agreement）、《美国－墨西哥－加拿大协议》（USMCA）等协议中均强调数据跨境自由流动。美国的主张旨在维护其全球数字经济主导地位，诸如 Meta、谷歌、亚马逊等互联网巨头的利益均建立在美国支持数据自由流动的政策之上。美国的主张得到了澳大利亚、墨西哥、新加坡等国家的支持，这些国家缺乏有全球影响力的本土互联网企业，信息通信产业多依赖美国。

欧盟对完全的跨境数据自由流动持保留态度，主张实施"内松外严"的中立政策。[②] "内松"即欧盟主张在成员国之间消除数据自由流动壁垒、建立统一的数据保护标准，以构建欧盟单一数字市场；"外严"即欧盟《一般数据保护条例》（GDPR）对欧盟境内数据向欧盟境外传输有着严格的管控，对欧盟以外国家或地区数据保护的充分性进行评估，将与欧盟保护水平相当的国家或地区列入"白名单"，允许欧盟数据向上述国家或地区传输。

俄罗斯、印度等部分发展中国家和新兴经济体，出于信息安全、历史传统等原因，采用保守的跨境数据流动治理框架，较为依赖数据本地化。俄罗斯要求公民个人数据和跨国公司数据在俄罗斯境内存储，并建立了严格的审查制度、互联网电子监视、访问限制和"白名单"认证体系。印度在实施本地化要求的同时，提倡对个人数据实施分级分类；对敏感数据、关键个人数据提出严格的

---

① 徐德顺，刘昆. WTO 规制跨境数据流动的实践与建议[J]. 对外经贸实务，2022(2): 4-8.

② 张茉楠. 跨境数据流动：全球态势与中国对策[J]. 开放导报，2020(2): 7.

本地化要求，在印度境内存储副本，在极少特定的情况下可以跨境流动，其中，关键个人数据离境条件比敏感个人数据更为苛刻；而对一般个人数据不作要求。有关跨境数据流动治理框架的主要协定或倡议，详见表 9-1。

表 9-1 关于数据跨境流动的主要协定或倡议

名　称	生效时间	范　围	主　要　内　容
全面与进步跨太平洋伙伴关系协定（CPTTP）	2018 年	亚太11 国	① 允许各缔约方数据跨境规则可以存在多样性和本地化特性。 ② 为缔约方设立了允许数据跨境流动的义务，包括个人信息，如这一活动用于涵盖的人开展业务，为实现合法的公共政策目标除外。 ③ 不得将数据本地化作为市场准入条件的强制性要求，为实现合法的公共政策目标除外
通用数据保护条例（GDPR）	2018 年	欧盟成员国	① 基于充分性认定的传送：只有数据接收方所在国家具有与欧盟实质等同的个人数据保护水平，数据方可向其进行跨境传输。 ② 有约束力的公司准则：跨国公司、集团公司可制定约束企业内部之间进行数据跨境传输的个人数据保护规则，如果欧盟认可 BCR 提供的数据保护水平，便可以在集团内部进行数据跨境传输，无须另行批准。 ③ 采用标准合同条款：是由欧盟委员会或监管机构通过的、企业与企业之间将欧盟公民个人数据跨境传输到欧盟境外所采用的合同模板（适用于位于欧盟的企业向不满足上述"充分性认定"的区域内另一企业跨境传输数据）
数字经济伙伴关系协定（DEPA）	2020 年	新加坡、智利、新西兰	① 缔约方认识到每一缔约方对通过电子方式传输信息可设有各自的监管要求。 ② 每一缔约方应允许通过电子方式跨境传输信息，包括个人信息，如这一活动用于涵盖的人开展业务，为实现合法的公共政策目标除外
美墨加协定（USMCA）	2020 年	美国、墨西哥、加拿大	① 任何一方不得禁止或限制电子方式跨境转移信息（包括个人信息），如果该活动是为受保护人进行业务活动，为实现合法的公共政策目标除外。 ② 任何一方不得要求受保人在其管辖区域内使用或定位计算机设备，以此作为在该管辖区域内开展业务的条件
区域全面经济伙伴关系协定（RCEP）	2022 年	亚太15 国	① 缔约方认识到每一缔约方对于通过电子方式传输信息可能有各自的监管要求。 ② 一缔约方不得阻止涵盖的人为进行商业行为而通过电子方式跨境传输信息，为实现合法的公共政策目标除外

续表

名　　称	生效时间	范　　围	主　要　内　容
促进可信数据自由流动计划	2022 年	G7 成员国	① 加强可信的数据自由流动（Data Free Flow with Trust，简称"DFFT"）的佐证基础，其中包括更好地了解数据本地化、其影响和替代方案。 ② 基于共同点，各国促进未来的互操作性，包括分析标准合同条款（"SCC"）和增强信任的技术等常见做法。 ③ 继续开展监管合作，包括围绕增强隐私技术、数据中介、网络跟踪、紧急风险、跨境沙箱以及促进数据保护框架互操作性的监管方法进行讨论。 ④ 在数字贸易背景下促进 DFFT。 ⑤ 分享有关国际数据空间前景的知识，并视为在组织和部门内部进行可信和自愿共享数据的新方法

资料来源：赛迪智库整理。

2．数据主权和国家安全

"数据主权"（Data Sovereignty）是指网络空间中的国家主权，体现了国家作为控制数据权的主体地位，拥有对本国数据完全控制和独立管理的权利。

美国以"数据主权"和"国家安全"为由，多次打压他国，彰显其"数字霸权"双重标准。2018 年 3 月，美国国会通过《澄清合法使用境外数据法案》（简称"CLOUD 法案"），该法案表面上是限制美国政府调取境外数据，实则是将这一权利合法化，既要求绝对保护本国数据，又要求能随时调取美国公司掌握的全球数据。[①]2020 年 8 月，美国以"国家安全"的名义，禁止美国企业和个人与字节跳动和腾讯进行任何交易；2021 年 1 月，美国出于对"国家安全"的考虑禁止与包括支付宝、微信支付在内的 8 款中国应用软件进行交易；2021 年 10 月，美国撤销中国电信在美国的运营牌照，理由仍是"国家安全"。

由于美国数字科技巨头公司在欧洲占有极大市场份额，欧盟公民在生活和工作中多使用谷歌、亚马逊、脸书等美国公司提供的数字应用和服务，其间产生的数据绝大部分被搜集和储存在美国。欧盟逐渐意识到其所处的被动局面，陆续出台了《一般数据保护条例》《数字市场法》《数字服务法》等一系列政策

[①] 王中美. 跨境数据流动的全球治理框架：分歧与妥协[J]. 国际经贸探索，2021, 37(4): 15.

文件和法律框架，并以违反欧盟数据保护条例为由对 Meta、苹果、亚马逊等美国科技巨头开出巨额罚单，改变对外国科技公司的过度依赖，保护欧洲人管理自己网络和数字空间的自由，掌控欧洲数据主权。

3. 隐私保护

隐私保护，或个人数据保护，是跨境数据流动中最重要的一个问题，很多国家将之设为允许个人跨境数据流动的先决条件之一。特别是近年来随着跨境数据流动规模剧增，越来越多的公司直接掌握个人数据，使得风险激增，对隐私保护提出了前所未有的挑战。

关于隐私保护，美欧的分歧由来已久。欧洲历来重视个人隐私，美欧双方曾签署了《安全港框架协议》(U.S.-EU Safe Harbor Framework)。但 2013 年的"棱镜门"事件曝光后，欧盟对存储在美国科技企业的欧盟个人数据的安全性提出质疑，2015 年 10 月，欧盟法院做出判决，认定前述协议无效。2016 年 7 月，欧盟和美国签署的《隐私盾框架协议》(EU-U.S. Privacy Shield Framework) 协议生效，该协议强化了美国企业的数据保护义务，并对美国政府的大规模监视做出了限制和约束。2020 年 7 月，欧盟法院宣布废除《隐私盾框架协议》，认为在该协议下无法保证欧洲公民不成为美国情报部门的潜在监视目标，欧盟公民的个人数据无法得到应有的保护。

尽管美国始终主张"允许个人数据跨境流动，监管机构有权加以禁止或限制"的原则，但其在隐私保护问题上向欧盟做出一定让步。2022 年 3 月，美国与欧盟宣布达成"跨大西洋数据隐私框架"原则性协议（以下简称"新框架"），美国承诺在新框架下，将进一步限制情报机构数据访问权限，完善欧盟公民数据保护救济权利的保障机制，强化美国企业的跨境数据保护义务。

近年来，我国数字经济蓬勃发展，产业规模持续快速增长，已数年稳居世界第二。与之相对的是，我国跨境数据流动治理体系仍有待完善，与美国、欧盟、新加坡等发达国家和地区存在一定差距，我国应取其所长，加强该领域的国际交流合作，在实践中不断完善我国跨境数据流动治理体系。一是增强数据跨境流动国际治理话语权。主动参与数据跨境流动的多边或双边协定谈判，加速对接《全面与进步跨太平洋伙伴关系协定》《数字经济伙伴关系协定》等数字贸易领域高标准规则；充分利用"一带一路"建设契机，构建跨境数据流动监管的国际互信机制。二是推进数据跨境流动安全保障机制建设。开展数据出境安全评估、标准合同条款、数据保护能力认证、"白名单"等机制建设；探索在上海、海南等自贸区开展先行先试，打造国际数据自由港。三是建立分级分类分区域跨境数据流动的监管制度。对敏感个人数据、商业数据、国家安全敏感数据及关键基础设施信息建立分级管理制度、跨境数据流动合同监管制度、安全风险评估制度等。

三、数字经贸规则未来走向的判断

（一）从协议涵盖范围看，区域/自由贸易协定将成为主流合作平台

从数字经贸规则发展演进的历程可以看出，由于 WTO 成员众多，覆盖发达国家、发展中国家和最不发达国家等多个经济发展水平不同的经济体，各方在数字经贸相关内涵与边界方面尚未达成一致共识，在关键核心议题上存在较大的利益分歧，要达成所有成员方一致同意的谈判成果的可能性较低。因此大量国家和组织纷纷转向签订更加灵活自由的区域贸易协定或自由贸易协定。

（二）从协议签订方式看，灵活、可扩展的平台模式为协议签订提供新思路

DEPA 提供了灵活、可扩展的平台模式，为各方参与部分或全部议题提供选择空间，相较传统贸易协定更加灵活、高效，它为数字经贸规则的发展提供了新的思路。一方面，针对数字经济快速发展、不断革新的特点，DEPA 创新地提出了模块化结构，以"搭积木"的方式有利于部分模块的修订和更新。另一方面，针对成员方利益诉求不同，难以将所有条款在大范围达成广泛共识的难题，DEPA 允许成员方可以灵活地选择参与模块，这一灵活的特点提高了众多国家参与的意愿，并推动协议能够在更广阔的范围内达成共识。

第十章 | Chapter 10

对国际经贸规则重塑的系统性思考与应对

正如开篇所述，经贸规则是伴随着贸易、投资等经济行为的出现而形成的。本书一个重要的判断是，尽管近年来关于全球化倒退的争论不断，但全球化的基本促成要素——通信和运输价格的大幅下降以及两者的技术进步仍在持续，因此全球化持续向纵深发展的趋势不会改变①，国际经贸规则未来的调整方向仍将以顺应全球化趋势为主。但与此同时，"东升西降""西方国家内部分化""不同东方国家的发展差异"等带来的对国际经贸规则诉求的分化也使得规则难以在短期内达到新的平衡和稳定，必将经历长期调整和多方博弈的艰难过程。

本书重点分析了货物贸易规则、出口管制和外资安全审查规则、产业政策和产业补贴规则、供应链国际规则和数字经贸规则等对我产业发展至关重要的议题及发展趋势。不难发现，尽管全球最重要的力量之一——美国逐渐背弃基于规则的多边体系，其对出口管制、外资安全审查、产业补贴等中性贸易工具的滥用，使得这些规则逐渐沦为具有"歧视性"的政治工具；但也应该看到，在货物贸易规则方面以 CPTPP 等为代表的实质性零关税以及削减贸易壁垒符合全球化的利益，数字经贸规则更是新一轮科技革命和产业变革大背景下的必然要求。在这种形势下，我国既要打破美国通过制定"中国专属"国际经贸规则对我围堵的企图，也要看到国际经贸规则新趋势中孕育的机遇。如何在国际经贸规则重塑中找准我国的定位，并很好地利用这些调整与改变，成为我国需要思考的重要命题。本章将尝试性对这一命题进行回答，抛砖引玉，以期与更多心怀"国之大者"的政府官员、学者和企业界人士探讨。

一、坚持世贸组织多边机制和高标准区域协定两个轮子共同推进

（一）捍卫以 WTO 为代表的多边体系

现有多边体系崩塌的后果将导致各国重返丛林法则，但是即使美国拥有全球第一的经济体量，也难以在丛林法则下独善其身。②因此，美国主动放弃了全

---

① 美国战略与国际研究中心（CSIS）高级顾问赖因施《新自由主义的终结？》，2023 年 1 月.
② 同上.

球领导地位和影响力，实际上给我们提供了深度参与国际经贸规则重塑和调整的机会。我国应坚定不移维护真正的多边主义，特别是维护 WTO 这一国际贸易的基石，保证多边体系的正常运行。

此外，还要在后续 WTO 改革中继续坚持我国发展中国家地位和应享受的待遇，同时在具体谈判中做出更大的贡献。尽管从经济总量看我国已经跃居世界第二大经济体，但我国人均 GDP 刚刚越过 1 万美元大关，仅为美国的 1/6。与此同时，也需要从维护多边贸易体制角度，在某些领域做出更大贡献，比如可以考虑进一步降低工业品进口关税，必要时可主动放弃工业品关税领域的特殊与差别待遇，换取 WTO 改革向更有利于我国的方向发展。

（二）借助正式加入 CPTPP 协定谈判契机，与美欧等发达国家尝试开启"四零"规则谈判

一直以来，美国对中国参与国际经贸规则提出基于"对等开放"的"三零"要求（零关税、零壁垒、零补贴）。尽管美国定义的"不公平贸易"有不合理的成分，但不可否认，随着我国已经成为世界第二大经济体，过于强调我国目前仍然是发展中国家显然不利于我国以积极心态参与国际经贸规则重塑。特别是，随着我国产业不断升级，劳动密集型产业不断外迁，未来发展与欧美日发达国家基于比较优势的"产业间贸易"必然大幅减少，而基于生产同类产品然后进行"产业内贸易"将成为必然选择。"产业内贸易"要求我国和发达国家一样，均具有发达的国内消费市场，因此需要相互高度的开放市场，以实现贸易利益的交换。我们要深刻把握这种趋势，在不断通过"双循环"扩大国内消费市场和加大创新驱动的前提下，主动构建"零关税、零补贴、零壁垒和零高技术出口管制"的"四零"贸易规则，强调对滥用出口管制的约束，积极主动引导国际经贸规则和技术安全观的重塑。在此基础上，统筹中美竞争和合作关系全局，在金融服务自由化、竞争政策、知识产权保护、实体清单的重新审议、供应链安全的维护、国家安全管制适用范围的重新界定等方面，以期能够更好引导国际经贸规则向良性方向发展。

（三）在维护国家安全基础上全面参与全球数字贸易规则和前瞻性标准制定

从国内法层面看，我国目前对数据跨境流动有明确限制，《网络安全法》等法律法规中规定了数据本地化要求。然而在 WTO 电子商务诸边谈判中，如何在数据安全和贸易增长中实现平衡，直接关系我国对数据的国际治理能力和规则话语权。①尤其是作为数字经济第二大国和跨境电子商务最大市场，我国在保障数据流动方面存在重要利益，应在保证国家安全前提下积极参与数字贸易新规则的制定。我国决定加入 CPTPP，并已正式申请加入 DEPA 协定，彰显我国参与制定全球经济规则的开放姿态，可借机探索扩大我国在数字贸易治理领域中的话语权，打造数字治理的中国样板。②

二、以高度开放的视角与全球共享市场机遇，同时做好产业安全兜底工作

（一）对中国大部分制造业的关税减让持开放态度

结合积极参与 WTO 改革，主动调整降低我国竞争力较强的纺织服装、机械设备等行业的进口关税，扩大零关税比例，彰显我国进一步扩大对外开放的姿态。对于中国传统优势产业、产能过剩产业、具备一定发展水平的产业，如纺织服装、轻工、电子信息、钢铁等产品，可在货物贸易关税减让中实施零关税。根据产业发展规律，利用过渡期、非线性降税、部分降税等措施为产业发展提供一定的缓冲期。

（二）坚定底线思维，谨慎对待重点产业的关税减让

在中国产业政策体系尚未健全的情况下，关税仍是最为直接、有效的保护

---

① 石静霞. 数字经济背景下的 WTO 电子商务诸边谈判：最新发展及焦点问题[J]. 东方法学，2020(2): 15.
② 靳思远，沈伟. DEPA 中的数字贸易便利化：规则考察及中国应对[J]. 海关与经贸研究，2022, 43(4): 14.

手段。对于价值链较长、产业带动性强、战略性新兴产业、技术门槛较高的重点发展产业，比如高端化工品、高端钢铁、数控机床、部分电子产品、汽车等产品，仍需要在对外谈判中给予适当关税保护，或者设置相对长的降税过渡期。在服从国家政治外交大局的情况下，可适度降低关税，也可依据不同自贸伙伴国的特点有选择地局部开放。

（三）做好制造业关税削减和外资开放的后续准备工作

中国工业领域已经基本实现对外资全面开放，这使得中国参与投资谈判的筹码大幅提高，但也给中国部分产业发展带来一定的风险。在做好产业外资开放准备的同时，尽量避免外资开放对制造业带来的负面影响。

一是必须建立和完善系统的贸易调整援助和产业救济机制。关税削减对不同产业影响不同，在中韩自贸协定和 RCEP 签订之前，我国与自贸伙伴之间顺差较多，自贸协定带来的调整援助的需求并不强烈。但 RCEP 签订后日本和韩国两个中国最主要逆差国的有竞争力产品势必对中国汽车、高端机电等产业造成不利影响。未来，加入 CPTPP 后，中国自贸协定伙伴越来越多，不断提高开放水平，有必要借鉴美国、欧盟、韩国等国家产业保护经验，尽快建立贸易调整援助机制，并成立自贸区项下产业救济基金，对因关税减让而受到冲击的产业和工人提供援助，促进产业调整。

二是完善外商投资安全审查，加强对外资企业并购我国先进制造业企业的安全审查。2020 年 12 月发改委和商务部联合发布的《外商投资安全审查办法》，规定必须进行申报的制造业领域主要聚焦在影响国家安全的"重大装备制造"领域。但实践中，很多被收购的企业并非"重大装备制造"，可能仅仅是在某一领域具有关键地位的中小企业；这些关键企业被外资并购后，对我国产业链供应链韧性和稳定产生较大影响。建议下一步统筹考虑产业利益和国家安全之间的平衡，完善外商投资安全审查标准，维护产业链供应链韧性。

三是探索完善产业企业救济机制，加大对受美国打压领域和企业救济。美国对我国半导体领域企业打压已经"无所不用其极"，随着中美产业竞争加剧，生物医药、光伏、新能源电池等领域企业也面临被全面"围堵"风险，要提前研判并加大救济力度。未来要提高政策精准帮扶力度，探索企业自救、行业救济和政府协助三位一体的综合救济机制。尽快制定产业救济相关的法律法规，明确对受美国等其他国家打压的企业进行扶持的合法性和必要性，细化产业受损害标准，为企业提供贷款贴息等支持政策，帮助企业渡过难关并稳定市场预期。

三、从根本上夯实产业发展基础，提升产业综合实力

（一）夯实基础研发能力，加快自主创新步伐

摆脱美国规则围堵，扭转受制于人的被动局面，最终需要依靠的仍是自主创新能力，特别是基础研发能力的提升。2021 年我国全社会研发经费投入强度为 2.43%，远低于美国的 3.45%，未来应继续增加研发投入。组织模式方面，建立有利于激励基础研究原始创新的体制机制，由龙头企业牵头组织，探索"企业为主导+科研及高校为主力+贯通产业链上下游+政府支持+开放合作"的组织模式[1]，更好发挥基础研究对应用技术研发的支撑、引领作用。国产化应用方面，通过税收优惠、产业投资基金、"首台套、首批次"保险补偿等政策工具，扩大国产技术成果的应用范围和试错、改错机会，提升自主研发能力。

（二）借助全球产业链供应链调整契机，为迈向全球价值链高端奠定基础

突出重点，对关系国计民生和经济安全的战略及敏感领域，要集中资源突破瓶颈，持续推进产业基础高级化、产业链现代化。对于那些可以依靠市场解决的问题，应充分发挥市场机制和企业主体作用；对于打造具有战略威慑意义的"杀手锏"技术和产品，则需政府主动担当、长远布局。建议围绕我战略优势领域，选择若干基础好、实力强、关联性大的重点领域，构建大国博弈的非对称竞争优势。

---

[1] 韩冰. 第四次工业革命背景下的中国制造业发展之路[J]. 今日财富，2019(23): 2.

（三）在自动驾驶、导航定位、人工智能等优势领域，积极参与全球科技治理和国际标准制定

当前我国的基础创新能力、产学研协同效能和工业经济发展实力仍无法在整体上与美国比肩，但我国在自动驾驶、导航定位、人工智能、基因检测、疫苗研制、数字经济、知识产权保护等领域具有应用技术和市场规模优势，在国际标准和科技治理方面有一定话语权。应将全球科技治理和国际标准制定作为我国参与构建科技创新联盟关系的切入点，更加主动地融入全球科技创新网络，在开放合作中提升自身科技创新能力。[1]

（四）分领域按国别开展国际合作，瓦解美国通过联合盟友制约我国发展的企图

美国当前正通过拉拢盟友对我国形成规则合围之势，我国急需化被动为主动，在防御方面团结一切可以团结的力量，找准共同利益逐个分化"同盟"，通过多点"扭抱"冲破包围圈。根据美国要构建技术同盟的成员方之间不同利益诉求，制定单边或多边科技合作行动计划，通过政府外交、行业机构合作等方式搭建多层次产业专项沟通机制或合作平台。

四、强化产业链多边合作与布局，摆脱产业围堵

（一）依托 RCEP 生效和加入 CPTPP 谈判机遇，深化与中日韩之间高端产业链和供应链的合作

对日方面，强化轻工、纺织等中日产业链互补性较强的领域深度合作的同时，将关键材料、高端机床、电子元器件、仪器仪表、塑料制品等具有一定互补性，且同质竞争较弱的领域作为未来中日加强合作的重点。对韩方面，我国

---

① 谢伏瞻. 准确把握构建新发展格局的核心要义与丰富内涵[J]. 中国经济评论, 2022(1):52-54.

与韩国在半导体材料等领域的研发合作有巨大空间，建议未来重点推动中韩半导体领域的合作。

（二）加强与欧盟产业合作，增强中欧产业链互嵌性

加强中欧在"一带一路"沿线投资合作。欧盟部分国家作为"一带一路"沿线国家，在基础设施建设与高端产业领域拥有众多投资机会，未来应推动国内龙头企业走出去拓展欧洲市场；充分发挥中欧班列的大通道优势，加强与沿线国家的产能合作。

聚焦汽车等中欧传统合作领域，扩大产业链供应链合作新空间。随着中国对外开放程度不断加深，欧盟国家各大车企将加深与中国汽车电动化、智能化领域优势企业合作。具体包括：新能源汽车及其相关基础设施建设；智能网联汽车及自动驾驶车辆的广泛应用等。

拓展中欧第三方市场合作空间。截至 2019 年年底，我国已与法国、德国等 14 个欧盟国家达成第三方市场合作共识，在基础设施、能源、环保、金融等优势互补领域开展机制化合作。[①]积极争取丝路基金与欧洲复兴开发银行"第三方合作基金"融资支持，探索将我国优势产能和欧盟国家的先进技术及海外经营经验与发展中国家的需求有效对接，共同拓展第三方市场，向第三方提供新的产品服务，实现 1+1+1>3 的效果。

（三）加强与东盟产业链绑定，应对亚太区域形势变局

当前东盟已成为我国最大贸易伙伴。我们宜加强与东南亚国家的产业链垂直分工协作，优先在智能手机、纺织服装、集成电路等行业推动构建区域产业链共同体，形成以我为主的区域产业链供应链格局。

---

① 沈铭辉，张中元. 推进东北亚区域合作的现实基础与路径选择[J]. 东北亚论坛，2019, 28(1): 16.

（四）积极谋划提前布局，在助力新兴经济体工业化中分享其发展红利

近年来，印度、印度尼西亚、尼日利亚、菲律宾、越南、埃及等人口过亿的发展中国家工业化进程显著加快，对高性价比的中国制造，特别是投资品、中间产品的需求快速增长，这将给我国全球布局产业链供应链带来历史性机遇。未来应主动谋划我相关产业的全球新定位，与发展中国家、新兴经济体形成错位发展格局，深度推进我国与发展中大国在交通、能源、数字等基础设施方面的合作，深化国际产能合作，推动产业有序转移，抓住发展中国家工业化进程加快的战略机遇，分享其发展红利，巩固提升我国在全球产业链供应链体系中的地位。

五、完善与高水平开放相适应的产业政策扶持体系

（一）推动 WTO 产业补贴规则改革完善，留足我国产业补贴政策实施空间

通过产业升级捍卫在全球产业链供应链位置是我们的核心经济利益，是我们必须捍卫的发展权利，而要实现这一目标也离不开产业政策的引导和扶持。产业政策是引导产业发展的中性工具，在各国产业发展初期和发生公共危机事件时期都曾大量使用，新冠疫情后各国采取的供应链调整等政策都属于产业政策的范畴。

（1）借助 WTO 多边机制维护自身利益。WTO 机制改革成为美欧日企图通过规则重塑遏制中国发展的多边战场，尽管三者在总方向上高度一致，但在补贴规则等具体领域仍存在不同立场。可适当利用这一立场引导规则改革方向。

（2）团结和维护发展中国家利益，提出合理改革方案。一是反对"补贴通报惩罚机制"，建立帮助发展中国家完善通报的机制。二是将《补贴协定》修改与《农业协定》修改绑定，规制发达国家在农业领域的巨额补贴。三是要求恢复不可诉补贴，保障发展中国家提升本国科技研发、环境保护和地区均衡发展

的能力。四是反对将国有企业直接视作"公共机构"补贴主体，坚持所有制中立。

（二）在坚持公平、开放、透明的市场规则基础上不断调整和完善我产业政策扶持体系

要充分认识到中国现有产业政策确实存在透明度不够、普惠性不足、补贴效果不明显等问题，存在一定改进空间。未来可以从五方面改革和提升：一是要坚决取消从中央到地方的出口补贴和进口替代补贴等禁止性补贴，确保现有补贴政策与 WTO 多边规则保持一致；二是补贴形式上要避免或者减少具有法律或者事实专向性的补贴政策。尤其是要减少专门的行业补贴，改变过去"一行业、一政策"的扶持方式，梳理相关政策的共同点，建立综合性补贴计划，用兼容性更强的补贴受益者资格来扩大政策的普惠性，减少补贴的专向性；三是补贴环节要更多从直接生产向上游的研发转移，更多关注创新和产业化支持体系构建；四是产业政策要坚持所有制中立，为国有企业、民营企业和外资企业营造公平的产业政策发展环境；五是建立严格的地方政府补贴约束机制，加强地方政府补贴的透明度与审查机制。①

---

① 民盟中央. 建议严格约束地方政府产业补贴行为. 海峡财经导报，2020.

参考资料

一、中英文著作

[1] 金中夏. 全球化向何处去——重建中的世界贸易投资规则与格局[M]. 北京：中国金融出版社，2010.

[2] 世界贸易组织等. 全球价值链发展报告（2019）——技术革新、供应链贸易和全球化下的工人[M]. 北京：对外经济贸易大学出版社，2020.

[3] 邢予青. 中国出口之谜-解码"全球价值链"[M]. 上海：三联书店出版社，2022.

[4] 王新奎. 全球贸易投资发展新趋势[M]. 上海：上海人民出版社，2021.

[5] 徐奇渊，东艳. 全球产业链重塑——中国的选择[M]. 北京：中国人民大学出版社，2021.

[6] 中国社会科学院世界经济与政治研究所虹桥国际经济论坛研究中心. 世界开放报告 2022[M]. 北京：中国社会科学出版社，2022.

[7] 詹姆斯·巴克斯. 贸易与自由[M]. 黄鹏等译. 上海：上海人民出版社，2013.

[8] 道格拉斯·欧文. 贸易的冲突：美国贸易政策 200 年[M]. 北京：中信出版社，2019.

[9] 格雷厄姆·艾利森. 注定一战：中美能避免修昔底德陷阱吗？[M]. 陈定定，傅强译. 上海：上海人民出版社，2018.

[10] 黄鹏. 世界经济再平衡下的国际经贸规则重构[M]. 上海：上海人民出版社，2020.

[11] 梁一新，关兵，韩力. 中国与 CPTPP：货物贸易机遇与挑战[M]. 北京：电子工业出版社，2023.

[12] 查尔斯 P 金德尔伯格. 1929—1933 年世界经济萧条[M]. 宋承先，洪文达译. 上海：上海译文出版社，1986.

[13] 杜大伟，王直等. 全球价值链发展报告（2017）—全球价值链对经济发展的影响：测度与分析[M]. 北京：社会科学文献出版社，2018.

[14] 理查德·鲍德温. 大合流：信息技术和新全球化[M]. 李志远，刘晓捷，罗长远译. 上海：格致出版社，2020.

[15] 沈玉良，等. 全球数字贸易规则促进指数报告 2020[M]. 上海：复旦大学出版社出版，2021.

[16] Chang, H.-J. Kicking Away the Ladder: Development Strategy in Historical Perspective[M]. London: Anthem Press, 2002.

[17] Chris Miller. Chip War: The Fight for the World's Most Critical Technology[M]. Scribner, 2022.

[18] Clark J B. Essentials of economic theory: as applied to modern problems of industry and public policy[M]. DigiCat, 2022.

[19] Elms D K, Low P. Global value chains in a changing world[M]. WTO: World Trade Organization, 2013.

[20] Gereffi G, Kaplinsky R. The value of value chains: spreading the gains from globalization[M]. Institute of Development Studies, 2001.

[21] Smith K E I. What Is Globalization?[M] Sociology of Globalization. Routledge, 2018.

[22] Steger M B. Globalization[M]. Sterling Publishing Company, Inc., 2010.

[23] Held D, McGrew A. Globalization/anti-globalization: Beyond the great divide[M]. Polity, 2007.

二、中英文论文

[1] 罗伯特·基欧汉，约瑟夫·奈，陈昌升. 全球化：来龙去脉[J]. 国外社

会科学文摘，2000(10).

[2] 刁大明，王丽. 中美关系中的"脱钩"：概念，影响与前景[J]. 太平洋学报，2020(7).

[3] 樊海潮，张丽娜. 中间品贸易与中美贸易摩擦的福利效应：基于理论与量化分析的研究[J]. 中国工业经济，2018(9).

[4] 高柏. 走出萨缪尔森陷阱——打造后全球化时代的开放经济[J]. 文化纵横，2020(6).

[5] 葛顺奇，罗伟. 跨国公司进入与中国制造业产业结构——基于全球价值链视角的研究[J]. 经济研究，2015, 50(11).

[6] 罗伟，吕越. 外商直接投资对中国参与全球价值链分工的影响[J]. 世界经济，2019(5).

[7] 卢先堃. 世界贸易组织的新起点——对第 12 届部长级会议成果的评价与前景展望[J]. 国际经济评论，2022(5).

[8] 李峥. 美国推动中美科技"脱钩"的深层动因及长期趋势[J]. 现代国际关系，2020(1).

[9] 林伯强，李爱军. 碳关税的合理性何在？[J]. 经济研究，2012(11).

[10] 刘檀. 维护多边贸易机制 MC12 成果待尽快落实[J]. 中国对外贸易，2022(9).

[11] 刘志雄. 跨境数据流动的全球态势及对我国的启示[J]. 人民论坛，2021(33).

[12] 包善良. 中美贸易争端的演进过程、动因及发展趋势[J]. 国际关系研究，2018(04).

[13] 白晓明. 如何加速构建我国供应链韧性与安全性[J]. 当代金融家，2021(10).

[14] 陈良奎，简基松，杨昕. 西方国家外资审查制度的"逆全球化"趋势

及中国的对策[J]. 决策与信息，2021(7).

[15] 陈园. 企业向绿色转型的税收优惠政策门槛有望降低[J]. 中国对外贸易，2022(9).

[16] 崔凡. 国际高标准经贸规则的发展趋势与对接内容[J]. 人民论坛·学术前沿，2022.01.

[17] 关志雄. 中美经济摩擦进入新阶段：矛盾焦点从贸易失衡转向技术转移[J]. 国际经济评论，2018(4).

[18] 纪月清，程圆圆，张兵兵. 进口中间品、技术溢出与企业出口产品创新[J]. 产业经济研究，2018(5).

[19] 靳思远，沈伟. DEPA 中的数字贸易便利化：规则考察及中国应对[J]. 海关与经贸研究，2022, 43(4).

[20] 柯静. WTO 电子商务谈判与全球数字贸易规则走向[J]. 国际展望，2020, 12(3).

[21] 理查德·鲍德温. 未来的全球化[J]. 董事会，2021.

[22] 李志军. 美国对华出口管制与美对华贸易逆差：实质与对策[J]. 国际技术经济研究，1999, 2(4).

[23] 李志军. 敏感地带——美国对华技术出口管制及影响[J]. 国际贸易，1999(4).

[24] 梁一新. 美国对华高技术封锁：影响与应对[J]. 国际贸易，2018(12).

[25] 梁一新. 中美贸易摩擦背景下加入 RCEP 对中国经济及相关产业影响分析[J]. 国际贸易，2020(8).

[26] 李计广，郑育礼. "双失灵理论"视角下的 WTO 改革与路径[J]. 国际贸易，2022(11).

[27] 李俊久，席爽. 全球价值链分工下中美贸易失衡的实证研究——基于增加值贸易核算方法[J]. 经济视角，2018(2).

[28] 李子文. 发达国家和地区的供应链政策及对我国的启示[J]. 中国经贸导刊，2019(6).

[29] 吕越，盛斌. 探究"中国制造"的全球价值链"低端锁定"之谜[J]. 清华金融评论，2018(10).

[30] 马盈盈，崔晓敏. 全球产业链的发展与重构：大趋势与新变化[J]. 全球化，2021(2).

[31] 聂平香. 国际投资规则的演变及趋势. 国际经济合作，2014(07).

[32] 裴长洪，郑文. 中国入世 10 周年与全球多边贸易体制的变化[J]. 财贸经济，2011(11).

[33] 任宏达. 数字贸易国际规则的多元发展与中国元素——以中国申请加入《数字经济伙伴关系协定》为视角[J]. 中国发展观察，2021(24).

[34] 沈国兵. 美国出口管制与中美贸易平衡问题[J]. 世界经济与政治，2006(3).

[35] 沈铭辉，张中元. 推进东北亚区域合作的现实基础与路径选择[J]. 东北亚论坛，2019, 28(1).

[36] 盛斌，吕越. 从价值链视角探求全球经贸治理改革[J]. 中国社会科学报，2020(08).

[37] 石静霞. 数字经济背景下的 WTO 电子商务诸边谈判：最新发展及焦点问题[J]. 东方法学，2020(2).

[38] 苏庆义. 中美"脱钩"论与"萨缪尔森陷阱"[J]. 世界知识，2019(15).

[39] 苏庆义，高凌云. 全球价值链分工位置及其演进规律[J]. 统计研究，2015(12).

[40] 孙忆. 国际制度压力与中国自贸区战略[J]. 国际政治科学，2016(3).

[41] 王东光. 国家安全审查：政治法律化与法律政治化[J]. 中外法学，2016, 28(5).

[42] 王光，闫实强，卢进勇. 开放经济环境中的补贴政策:多边规则，争端风险与政策空间[J]. 国际贸易，2021(01).

[43] 王国红. 《斯姆特—霍利关税法案》对 1929 年经济危机的影响[J]. 北方经贸，2011(12).

[44] 王岚，盛斌. 全球价值链分工背景下的中美增加值贸易与双边贸易利益[J]. 财经研究，2014, 40(9).

[45] 王小梅，秦学志，尚勤. 金融危机以来贸易保护主义对中国出口的影响[J]. 数量经济技术经济研究，2014(5).

[46] 王孝松，刘元春. 出口管制与贸易逆差——以美国高新技术产品对华出口管制为例[J]. 国际经贸探索，2017, 33(1).

[47] 王中美. 欧美供应链韧性战略的悖论与中国应对[J]. 太平洋学报，2022, 30(1).

[48] 吴其胜. 国际投资规则新发展与中国的战略选择[J]. 国际关系研究，2014(2).

[49] 项松林，田容至. 发达国家外资国家安全审查政策的影响[J]. 开放导报，2020(5).

[50] 肖河，徐奇渊. 国际秩序互动视角下的中美关系[J]. 美国研究，2019, 33(2).

[51] 谢伏瞻. 准确把握构建新发展格局的核心要义与丰富内涵[J]. 中国经济评论，2022(1).

[52] 徐德顺，刘昆. WTO 规制跨境数据流动的实践与建议[J]. 对外经贸实务，2022(2).

[53] 原倩. 萨缪尔森之忧，金德尔伯格陷阱与美国贸易保护主义[J]. 经济学动态，2018(10).

[54] 姚颖，刘侃，费成博，等. 美国碳边境调节机制工作进展及思考[J]. 环

境保护，2021,49(10).

[55] 易小准，李晓，盛斌，等. 俄乌冲突对国际经贸格局的影响[J]. 国际经济评论，2022(3).

[56] 余永定. 中美经贸摩擦的深层根源及未来走向[J]. 财经问题研究，2019(8).

[57] 张华荣 王琰. 积极维护多元稳定的国际经济格局和经贸关系[J]. 福州大学学报（哲学社会科学版），2022(06).

[58] 张建平. 中国与TPP的距离有多远？[J]. 国际经济评论，2016(2).

[59] 张杰. 中美战略格局下全球供应链演变的新趋势与新对策[J]. 探索与争鸣，2020(12).

[60] 张杰. 中美科技创新战略竞争的博弈策略与共生逻辑[J]. 亚太经济，2019(4).

[61] 张茉楠. 跨境数据流动：全球态势与中国对策[J]. 开放导报，2020(2).

[62] 张向晨，徐清军，王金永. WTO改革应关注发展中成员的能力缺失问题[J]. 国际经济评论，2019(1).

[63] 张宇燕. 理解百年未有之大变局[J]. 国际经济评论，2019(5):12.

[64] 张悦，崔日明. 国际投资规则演进与中国的角色变迁[J]. 现代经济探讨，2020(07).

[65] 赵鼎新. "创造性破坏"与"垫背陷阱"——美国的性质与中国的应对[J]. 社会科学文摘，2022(1).

[66] 赵海，姚曦，徐奇渊. 从美国对华加征关税商品排除机制看中美贸易摩擦[J]. 银行家，2020(1): 4.

[67] 周建军. 美国产业政策的经验与启示[J]. 经济导刊，2016(12): 5.

[68] 周杰俣，崔莹. 碳边境税及对我国的影响[J]. 中国财政，2021(19): 3.

[69] 周祺，左思明. 高水平区域自由贸易协定下原产地规则趋势，影响及

中国应对[J]. 国际经济合作，2021(6).

[70] Anderson K. Globalization, WTO, and ASEAN[J]. ASEAN Economic Bulletin, 2001.

[71] Antràs P, Chor D. On the measurement of upstreamness and downstreamness in global value chains[J]. World Trade Evolution: Growth, Productivity and Employment, 2018.

[72] Wang Q, Zhao M, Li R, et al. Decomposition and decoupling analysis of carbon emissions from economic growth: A comparative study of China and the United States[J]. Journal of Cleaner Production, 2018, 197.

[73] Wang V. A New CFIUS: Refining the Committee's Multimember Structure with for-Cause Protections[J]. Geo. Wash. L. Rev., 2022, 90.

[74] Wei L. Towards economic decoupling? Mapping Chinese discourse on the China-US trade war[J]. The Chinese Journal of International Politics, 2019, 12(4).

[75] Appolloni A, Jabbour C J C, D'Adamo I, et al. Green recovery in the mature manufacturing industry: The role of the green-circular premium and sustainability certification in innovative efforts[J]. Ecological Economics, 2022, 193.

[76] Awan A G. Wave of Anti-Globalization and Capitalism and its impact on World Economy[J]. Global Journal of Management and Social Sciences, 2016, 2(4).

[77] Baldwin R. Trade and Industrialization after Globalization's Second Unbundling: How Building and Joining a Supply Chain Are Different and Why It Matters[J]. NBER Chapters, 2013.

[78] Baldwin R, Freeman R. Risks and global supply chains: What we know and what we need to know[J]. Annual Review of Economics, 2022, 14.

[79] Banga R. Measuring value in global value chains[J]. Background Paper RVC-8. Geneva: UNCTAD, 2013.

[80] Bin-Nashwan S A, Hassan M K, Muneeza A. Russia–Ukraine conflict:

2030 Agenda for SDGs hangs in the balance[J]. International Journal of Ethics and Systems, 2022.

[81] Bown C P. How COVID-19 medical supply shortages led to extraordinary trade and industrial policy[J]. Asian Economic Policy Review, 2022, 17(1).

[82] Capri A. Strategic US-China decoupling in the tech sector[J]. Hinrich Foundation, 2020.

[83] Carla Norrlöf The Ibn Khaldûn Trap and Great Power Competition with China[J].The Washington Quarterly, 2021.

[84] Dallas M P, Ponte S, Sturgeon T J. Power in global value chains[J]. Review of International Political Economy, 2019, 26(4).

[85] Daojiong Z, Dong T. China in international digital economy governance[J]. China Economic Journal, 2022, 15(2).

[86] Doellgast V, Wagner I. Collective regulation and the future of work in the digital economy: Insights from comparative employment relations[J]. Journal of Industrial Relations, 2022.

[87] Galiffa C, Bercero I G. How WTO-consistent tools can ensure the decarbonization of emission-intensive industrial sectors[J]. American Journal of International Law, 2022, 116.

[88] Gao H. Promising Trail or Perilous Trap? Engaging China in the WTO and Beyond[J]. American Journal of International Law, 2022, 116.

[89] García-Herrero A, Tan J. Deglobalisation in the context of United States-China decoupling[J]. Policy Contribution, 2020, 21.

[90] Gereffi G, Humphrey J, Sturgeon T. The governance of global value chains[J]. Review of international political economy, 2005, 12(1).

[91] Gibbon P, Bair J, Ponte S. Governing global value chains: an introduction[J]. Economy and society, 2008, 37(3).

[92] Humphrey J, Schmitz* H. Governance in global value chains[J]. IDS bulletin, 2001, 32(3).

[93] Jagtap S, Trollman H, Trollman F, et al. The Russia-Ukraine conflict: Its implications for the global food supply chains[J]. Foods, 2022, 11(14).

[94] Johnson K, Gramer R. The great decoupling[J]. Foreign Policy, 2020, 14.

[95] Johnson R C. Measuring global value chains[J]. Annual Review of Economics, 2018, 10.

[96] Katada S N. How Can the Indo-Pacific Structure Keep the United States Engaged and China Compliant?: Japan's Geoeconomic Challenges with the CPTPP and IPEF[J]. East Asian Policy, 2022, 14(04).

[97] Kwilinski A, Dzwigol H, Dementyev V. Model of entrepreneurship financial activity of the transnational company based on intellectual technology[J]. International Journal of Entrepreneurship, 2020, 24.

[98] Kyle Bagwell, Robert W. Staiger.An Economic Theory of GATT[J].The American Economic Review, March 1999, Vol.89, Iss.1.

[99] Labin D K, Muratova R R. The CPTPP Dispute Settlement Mechanism: Is There a Way out of the WTO Crisis or Is This a New Model?[J]. China and WTO Review, 2022, 8(1).

[100] Lee J. Decoupling the US Economy from China after COVID-19[J]. Hudson Institute, 2020.

[101] Li X. The Development of Southeast Asia's Digital Economy and China's Cross-border E-commerce in the Region[J]. Science Insights, 2022, 40(5).

[102] Los B, Timmer M P, de Vries G J. How global are global value chains? A new approach to measure international fragmentation[J]. Journal of regional science, 2015, 55(1).

[103] Lund, Susan, et al. Globalization in transition: The future of trade and

value chains[R]. McKinsey Global Institute, 2019.

[104] Malkin A. The made in China challenge to US structural power: industrial policy, intellectual property and multinational corporations[J]. Review of International Political Economy, 2022, 29(2).

[105] Moon D. IPEF and the Reconfiguration of the East Asian Economic Order[J]. East Asian Policy, 2022, 14(04).

[106] Mueller M L, Farhat K. Regulation of platform market access by the United States and China: Neo-mercantilism in digital services[J]. Policy & Internet, 2022.

[107] O'ROURKE K, WILLIAMSON J. When did globalization begin? [J] European Review of Economic History, 2002.6(1).

[108] Ozdemir D, Sharma M, Dhir A, et al. Supply chain resilience during the COVID-19 pandemic[J]. Technology in Society, 2022, 68.

[109] Radu L G. Transnational companies and their role in globalization[J]. LESIJ-Lex ET Scientia International Journal, 2009, 16(1): 397-406.

[110] Robertson R, White K E. What is globalization[J]. The Blackwell companion to globalization, 2007.

[111] Sassen S. Globalization or denationalization?[J].Taylor& Francis,2003.

[112] Schöfer T, Weinhardt C. Developing-country status at the WTO: the divergent strategies of Brazil, India and China[J]. International Affairs, 2022, 98(6).

[113] Shi W, Li B. In the name of national security: Foreign takeover protection and firm innovation efficiency[J]. Global Strategy Journal, 2022.

[114] Short M, Baucherel K, Rahimian F, et al. Digital Trade Technology and Policy-Barriers and Opportunities: A Scoping Report for a Centre for Digital Trade and Innovation[J]. 2022.

[115] Tae Yoo I, Chong-Han Wu C. Way of authoritarian regional hegemon? Formation of the RCEP from the perspective of China[J]. Journal of Asian and African Studies, 2022, 57(6).

[116] Vind I. Transnational companies as a source of skill upgrading: The electronics industry in Ho Chi Minh City[J]. Geoforum, 2008, 39(3).

[117] Wolff A W. WTO 2025: Enhancing global trade intelligence[J]. Peterson Institute for International Economics Working Paper, 2022.

[118] Wolfe R, Tu X, Hoekman B. China and WTO Reform[J]. Robert Schuman Centre for Advanced Studies Research Paper, 2022.

三、智库研究报告

[1] 麦肯锡全球研究院. 变革中的全球化：贸易与价值链的未来图景 [R].2019.

[2] Rodrik. Industrial policy for the twenty-first century[R].CEPR Discussion Paper No. 4767,London: Centre for Economic Policy Research, 2004.

[3] Wang Z, Wei S J, Yu X, et al. Measures of participation in global value chains and global business cycles[R]. National Bureau of Economic Research, 2017.

[4] Zoltan Pozsar.War and Industrial Policy[R]. From Credit Suisse AG, 2022.

[5] James Bacchus. Biden and Trade at Year One: The Reign of Polite Protectionism[R]. Cato Institute, 2021.

[6] Gary Clyde Hufbauer (PIIE), Megan Hogan (PIIE), Yilin Wang (PIIE). For inflation relief, the United States should look to trade liberalization[R]. The Peterson Institute for International Economics. 2022(03).

[7] Bendiek A, Stürzer I. Advancing European internal and external digital sovereignty: The Brussels effect and the EU-US Trade and Technology Council[R]. SWP Comment, 2022.

后　　记

　　赛迪研究院工业经济研究所长期跟踪国际经贸及产业发展动向，围绕全球政经格局变迁、全球产业链供应链重塑、货物贸易谈判、数字经贸规则、投资与出口管制等相关议题开展理论研究和实证分析，由此形成一系列研究成果。《国际经贸规则变局与重塑》一书正是赛迪研究院在此领域长期深耕的集大成者，希望能够为我国参与国际经贸规则重塑提供一定产业角度的思考。全书共十章，其中编写分工为：第一章由梁一新、乔晓完成，第二章由梁一新、关兵、韩力完成，第三章由梁一新、韩力完成，第四章由关兵、韩力、苍岚、孟凡达、梁一新完成，第五章由韩力、李鑫、梁一新完成，第六章由张赛赛、韩力、丁悦、梁一新完成，第七章由梁一新、乔晓、王昊完成，第八章由梁一新、韩力、张学俊完成，第九章由贾子君、王宇霞、王越、李奕晨完成，第十章由韩力、梁一新、关兵完成。梁一新、关兵作为本项研究的主持人和负责人，还承担了课题的立项申请、研究设计、研讨活动组织、成果发布、书稿的统稿和校对等。本书在研究和编写过程中得到了研究智库、行业和企业专家的大力支持与指导，在此一并表示衷心的感谢。

　　值本书写作之际，全球正遭遇逆全球化，国际经贸规则面临深度调整。但应该看到，危机中育新机，变局中开新局，中国只有直面竞争挑战，才能在斗争中成长，于斗争中成就。我们的研究也紧跟国内外形势的最新变化，力争推出更多的成果。